최상위권 독해의 비결, **추론**

KB080483

용한행

추론독해

3

초등 국어 **3단계**

3 · 4학년 권장

용선행 추론독해가 필요한 이유

추론을 잡아야 독해가 된다

글에는 모든 정보가 다 담겨 있지 않습니다. 읽는 이가 알 만한 정보나 맥락상 알 수 있는 내용은 생략되어 있지요. 그러니 독해를 잘하려면 문맥을 통해 생략된 정보를 짐작하고, 글의 내용과 배경지식을 연결 지으며 읽을 수 있어야 합니다. 이것이 추론입니다.

새 국어과 교육과정에서도 추론적 읽기가 강화되었습니다. 글의 내용을 제대로 정확하게 읽어 내는 능력이 '추론'에 달려 있기 때문입니다.

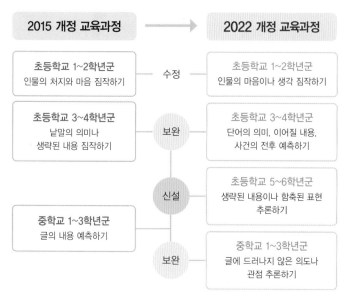

2015 개정 교육과정	→	2022 개정 교육과정
초등학교 1~2학년군 인물의 처지와 마음 짐작하기	수정	초등학교 1~2학년군 인물의 마음이나 생각 짐작하기
초등학교 3~4학년군 낱말의 의미나 생략된 내용 짐작하기	보완	초등학교 3~4학년군 단어의 의미, 이어질 내용, 사건의 전후 예측하기
	신설	초등학교 5~6학년군 생략된 내용이나 함축된 표현 추론하기
중학교 1~3학년군 글의 내용 예측하기	보완	중학교 1~3학년군 글에 드러나지 않은 의도나 관점 추론하기

▲ 추론적 읽기가 강화된 2022 개정 국어과 교육과정

용선행 추론독해가 특별한 이유

읽기 이론과 교육과정에 기초한 체계적인 커리큘럼

단계가 올라갈수록

\# 전략은_심화되고
\# 지문은_길어지고
\# 핵심은_더_꼼꼼하게
\# 어휘는_더_탄탄하게

	1단계	**2단계**
내용 이해	① 문장 이해하기 (기초) ② 문장 부호 알기 (기초) ③ 중심 낱말 찾기 ④ 글의 내용 확인하기	① 중심 문장 찾기 ② 설명하는 대상의 특징 찾기 ③ 인물의 마음 변화 알기 ④ 장면 떠올리며 읽기 ⑤ 의견과 까닭 파악하기
구조·표현 파악	⑤ 누가 무엇을 했는지 알기 ⑥ 인물의 생각 알기	⑥ 중요한 내용 정리하기 ⑦ 장소 변화에 따라 일이 일어난 차례 알기
추론	⑦ 시간 흐름에 따라 일이 일어난 차례 알기 ⑧ 꾸며 주는 말 알기	⑧ 뒷이야기 상상하기 ⑨ 인물의 모습과 행동 상상하기 ⑩ 알맞은 문장 짐작하기
평가	⑨ 인물의 마음 짐작하기 ⑩ 알맞은 낱말 짐작하기	⑪ 글쓴이의 의견과 나의 의견 비교하기
창의	⑪ 글쓴이의 생각 판단하기 ⑫ 일상생활에 적용하기	⑫ 자료에 적용하기

● 500~800자의 지문
● 생활문(감상문, 기행문, 일기, 편지글 등), 설명문, 논설문
● 전래 동화, 창작 동화, 세계 명작 동화, 동시, 극
● 비슷한 말, 반대되는 말, 헷갈리는 말, 관용 표현 학습

논리적 추론을 위한 **전략·문제·연습**

**빈틈없는
추론 전략**

인물의 마음·행동·가치관 짐작하기, 생략된 낱말과 문장 짐작하기, 낱말의 뜻 짐작하기, 이어질 내용 짐작하기, 함축된 표현의 의미 추론하기, 작가의 의도 짐작하기 등 추론적 사고력을 향상시키는 읽기 전략을 빠짐없이 구성하였습니다.

**다양한
추론 문제**

추론은 아이들이 문제를 풀 때 가장 어려워하는 유형입니다. 다양하고 질 좋은 ★추론 문제를 통해 추론 능력을 탄탄히 다질 수 있습니다.

**효과적인
추론 연습**

문제 아래에 💡어떻게 알았나요?를 두어, 문제를 풀 때 글 속에서 근거를 찾는 방법을 연습하게 하였습니다. 이는 글에 드러난 정보에 기반하여 내용을 능동적으로 추론하며 읽는 습관을 길러 줄 것입니다.

3단계

① 중심 문장과 뒷받침 문장 알기
② 사실과 의견 구별하기
③ 글의 목적 파악하기

④ 글의 내용 간추리기
⑤ 이야기의 내용 간추리기
⑥ 시의 특징 알기

⑦ 낱말의 뜻 짐작하기
⑧ 이어 주는 말 짐작하기
⑨ 이야기의 분위기 파악하기

⑩ 인물의 행동 평가하기
⑪ 서로 다른 의견 비교하기

⑫ 인물의 가치관을 삶에 적용하기

4단계

① 글의 주제 찾기
② 인물, 사건, 배경 알기

③ 감각적 표현 알기
④ 원인과 결과 파악하기
⑤ 주장과 근거 파악하기

⑥ 뒷받침 문장 짐작하기
⑦ 어울리는 시각 자료 짐작하기
⑧ 인물의 성격 파악하기
⑨ 이어질 내용 짐작하기

⑩ 뒷받침 문장의 적절성 판단하기
⑪ 근거의 타당성 판단하기

⑫ 질문하며 읽기

5단계

① 글쓴이의 관점 파악하기
② 인물의 갈등 이해하기

③ 비유하는 표현 이해하기
④ 설명 방법 알기: 정의, 예시, 열거, 인과
⑤ 설명 방법 알기: 비교, 대조
⑥ 설명 방법 알기: 분류, 분석

⑦ 소재의 의미 추론하기
⑧ 인물이 추구하는 가치 추론하기
⑨ 생략된 내용 추론하기

⑩ 내용의 타당성 판단하기
⑪ 두 글의 관점 분석하기

⑫ 자료를 통해 문제 해결하기

6단계

① 글의 종류에 따라 다르게 읽기
② 말하는 이 파악하기

③ 반어와 역설 이해하기
④ 설명하는 글의 짜임 알기
⑤ 주장하는 글의 짜임 알기

⑥ 함축된 표현의 의미 추론하기
⑦ 작품의 시대 상황 추론하기
⑧ 작가의 의도 해석하기

⑨ 표현의 적절성 판단하기
⑩ 글쓴이의 관점 평가하기

⑪ 구체적인 상황에 적용하기
⑫ 두 글을 통합적으로 읽기

- 700~1,100자의 지문
- 인문·사회·과학·예술 영역의 설명문, 논설문
- 고전 소설, 현대 소설, 세계 명작 소설, 현대 시, 현대 수필
- 내용 구조화로 핵심 정리
- 다의어, 동형어, 헷갈리는 말, 한자어 학습

- 900~1,300자의 지문
- 인문·사회·과학·예술 영역의 설명문, 논설문
- 고전 소설, 현대 소설, 세계 명작 소설, 현대 시, 현대 수필
- 문단별 요약으로 핵심 정리
- 다의어, 동형어, 헷갈리는 말, 뜻을 더하는 말, 한자어 학습

용선쌤 **추론독해**의 구성과 특징

읽기 전략

개념 설명을 읽고 확인 문제를 풀어 보며
초등 3~4학년 수준에서 필수적인 읽기 전략을 익힙니다.

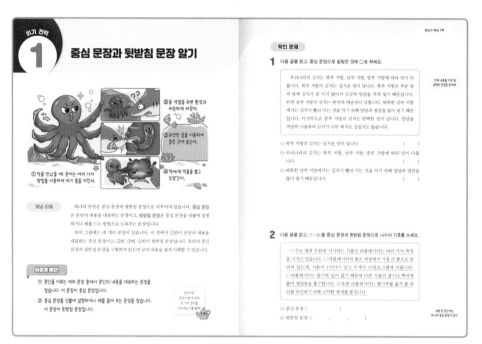

개념 이해
읽기 전략을 쉽게 이해할 수 있도록 재미있는 그림과 함께 제시하였습니다.

이렇게 해요!
읽기 전략을 사용하는 방법을 간단히 정리하였습니다.

확인 문제
짧은 지문과 적용 문제를 통해 읽기 전략을 제대로 이해했는지 점검할 수 있게 하였습니다.

연습

비교적 쉬운 지문과 4개의 중요 문제로
독해의 기본기를 다집니다.

 교과 연계
지문 내용과 연계된 교과목 및 단원을 제시하였습니다.

어휘 풀이
지문 속 어려운 어휘를 한자와 함께 풀이해 주었습니다. 왼쪽 체크 박스를 활용해 학습 여부를 확인할 수 있습니다.

전략 적용
읽기 전략을 적용해 풀어야 하는 문제를 표시해 두었습니다.

어떻게 알았나요?
답을 어떻게 찾았는지 써 보며 지문에서 답을 찾는 습관을 들일 수 있게 하였습니다.

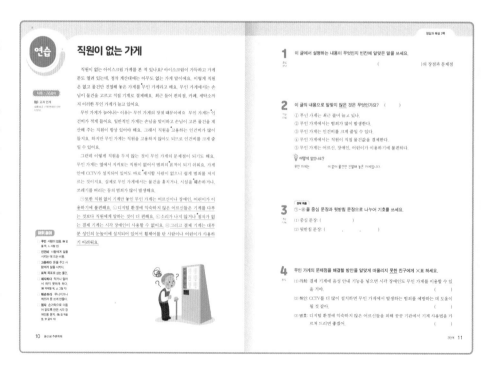

실전 다양한 영역의 지문과 5개의 문제, 지문의 요점을 파악하는 핵심 정리,
어휘 확인 및 확장 학습을 통해 남다른 독해 실력을 쌓습니다.

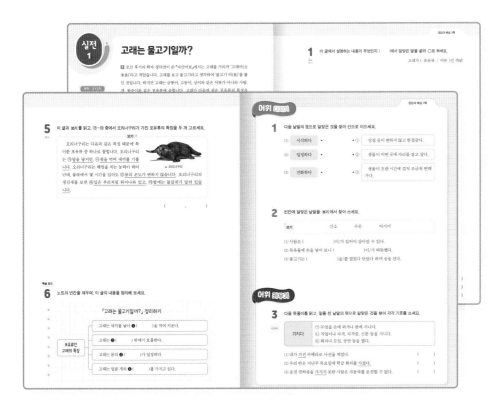

핵심 정리

지문의 구조를 스스로 분석하고 핵심어를 복습할 수 있게 하였습니다.

어휘 다지기

지문에서 배운 어휘를 다시 한 번 확인하며 어휘 실력을 탄탄히 다질 수 있게 하였습니다.

어휘 키우기

어휘 지식을 확장할 수 있도록 지문과 관련된 다의어, 동형어, 헷갈리는 말, 한자어 학습을 구성하였습니다.

정답과 해설 정답을 빠르게 확인할 수 있는 정답표,
친절하고 자세한 해설을 제공하였습니다.

오답 피하기

오답이 오답인 이유를 명쾌하게 설명하였습니다.

이 문제를 틀렸다면

문제에 대한 힌트를 주어, 틀린 문제를 다시 풀어 보고 정답을 찾을 수 있게 하였습니다.

차례

중심 문장과 뒷받침 문장 알기

② 몸 색깔을 주변 환경과 비슷하게 바꾼다.

③ 유연한 몸을 이용하여 좁은 곳에 숨는다.

① 적을 만났을 때 문어는 여러 가지 방법을 사용하여 자기 몸을 지킨다.

④ 적에게 먹물을 뿜고 도망간다.

개념 이해

하나의 문단은 중심 문장과 뒷받침 문장으로 이루어져 있습니다. 중심 문장은 문단의 내용을 대표하는 문장이고, **뒷받침 문장**은 중심 문장을 덧붙여 설명하거나 예를 드는 방법으로 도와주는 문장입니다.

위의 그림에는 네 개의 문장이 있습니다. 이 중에서 ①번이 문단의 내용을 대표하는 중심 문장이고, ②번, ③번, ④번이 뒷받침 문장입니다. 문단의 중심 문장과 뒷받침 문장을 구별하며 읽으면 글의 내용을 쉽게 이해할 수 있습니다.

이렇게 해요!

① 문단을 이루는 여러 문장 중에서 문단의 내용을 대표하는 문장을 찾습니다. 이 문장이 중심 문장입니다.

② 중심 문장을 덧붙여 설명하거나 예를 들어 주는 문장을 찾습니다. 이 문장이 뒷받침 문장입니다.

> 문단이란 문장이 몇 개 모여 한 가지 생각을 나타내는 것을 말해!

확인 문제

1 다음 글을 읽고, 중심 문장으로 알맞은 것에 ○표 하세요.

> 우리나라의 김치는 북부 지방, 남부 지방, 중부 지방에 따라 맛이 다릅니다. 북부 지방의 김치는 싱거운 맛이 납니다. 북부 지방은 추운 날씨 탓에 김치가 잘 익지 않아서 소금과 양념을 적게 넣기 때문입니다. 반면 남부 지방의 김치는 짠맛과 매운맛이 강합니다. 따뜻한 남부 지방에서는 김치가 빨리 익는 것을 막기 위해 양념과 젓갈을 많이 넣기 때문입니다. 마지막으로 중부 지방의 김치는 담백한 맛이 납니다. 양념을 적당히 사용하여 김치가 너무 짜지도 싱겁지도 않습니다.

전체 내용을 가장 잘 표현한 문장을 찾아봐.

(1) 북부 지방의 김치는 싱거운 맛이 납니다.   (   )

(2) 우리나라의 김치는 북부 지방, 남부 지방, 중부 지방에 따라 맛이 다릅니다.   (   )

(3) 따뜻한 남부 지방에서는 김치가 빨리 익는 것을 막기 위해 양념과 젓갈을 많이 넣기 때문입니다.   (   )

2 다음 글을 읽고, ㉠~㉣을 중심 문장과 뒷받침 문장으로 나누어 기호를 쓰세요.

> ㉠주로 열대 우림에 서식하는 식물인 라플레시아는 여러 가지 특징을 가지고 있습니다. ㉡라플레시아의 꽃은 세상에서 가장 큰 꽃으로 알려져 있는데, 지름이 1미터가 넘고 무게가 10킬로그램에 이릅니다. ㉢라플레시아는 줄기와 잎이 없기 때문에 다른 식물의 줄기나 뿌리에 붙어 영양분을 흡수합니다. ㉣또한 라플레시아는 꽃가루를 옮겨 줄 파리를 유인하기 위해 고약한 냄새를 풍깁니다.

(1) 중심 문장: (   )

(2) 뒷받침 문장: (,   ,   )

보통 한 문단에는 하나의 중심 문장이 있어.

직원이 없는 가게

사회 | 764자

📖 교과 연계
사회 3-2 사회 변화와 다양한 문화

　　직원이 없는 아이스크림 가게를 본 적 있나요? 아이스크림이 가득하고 가게 문도 열려 있는데, 정작 계산대에는 아무도 없는 가게 말이에요. 이렇게 직원은 없고 물건만 진열해 놓은 가게를 무인 가게라고 해요. 무인 가게에서는 손님이 물건을 고르고 직접 기계로 결제해요. 최근 들어 편의점, 카페, 세탁소까지 이러한 무인 가게가 늘고 있어요.

　　무인 가게가 늘어나는 이유는 무인 가게의 장점 때문이에요. 무인 가게는 인건비가 적게 들어요. 일반적인 가게는 손님을 맞이하고 손님이 고른 물건을 계산해 주는 직원이 항상 있어야 해요. 그래서 직원을 고용하는 인건비가 많이 들지요. 하지만 무인 가게는 직원을 고용하지 않아도 되므로 인건비를 크게 줄일 수 있어요.

　　그런데 이렇게 직원을 두지 않는 것이 무인 가게의 문제점이 되기도 해요. 무인 가게는 옆에서 지켜보는 직원이 없어서 범죄의 표적이 되기 쉬워요. 가게 안에 CCTV가 설치되어 있어도 바로 제지할 사람이 없으니 쉽게 범죄를 저지르는 것이지요. 실제로 무인 가게에서는 물건을 훔치거나, 시설을 훼손하거나, 쓰레기를 버리는 등의 범죄가 많이 발생해요.

　　㉠또한 직원 없이 기계만 놓인 무인 가게는 어르신이나 장애인, 어린이가 이용하기에 불편해요. ㉡디지털 환경에 익숙하지 않은 어르신들은 기계를 다루는 것보다 직원에게 말하는 것이 더 편해요. ㉢소리가 나지 않거나 점자가 없는 결제 기계는 시각 장애인이 사용할 수 없어요. ㉣그리고 결제 기계는 대부분 성인의 눈높이에 설치되어 있어서 휠체어를 탄 사람이나 어린이가 사용하기 어려워요.

어휘 풀이

□ **무인** 사람이 없음. (無 없을 무, 人 사람 인)

□ **인건비** 사람에게 일을 시키는 데 드는 비용.

□ **고용하다** 돈을 주고 사람에게 일을 시키다.

□ **표적** 목표로 삼는 물건.

□ **제지하다** 막거나 말려서 하지 못하게 하다. (制 억제할 제, 止 그칠 지)

□ **훼손하다** 무너지거나 깨뜨려 못 쓰게 만들다.

□ **점자** 손가락으로 더듬어 읽도록 만든 시각 장애인용 문자. (點 점 찍을 점, 字 글자 자)

1
중심
생각

이 글에서 설명하는 내용이 무엇인지 빈칸에 알맞은 말을 쓰세요.

(   )의 장점과 문제점

2
내용
이해

이 글의 내용으로 알맞지 <u>않은</u> 것은 무엇인가요? (   )

① 무인 가게는 최근 들어 늘고 있다.

② 무인 가게에서는 범죄가 많이 발생한다.

③ 무인 가게는 인건비를 크게 줄일 수 있다.

④ 무인 가게에서는 직원이 직접 물건값을 결제한다.

⑤ 무인 가게는 어르신, 장애인, 어린이가 이용하기에 불편하다.

💡 **어떻게 알았나요?**

무인 가게는 [   ] 이 없이 물건만 진열해 놓은 가게입니다.

3

전략 적용

⑦~ⓔ을 중심 문장과 뒷받침 문장으로 나누어 기호를 쓰세요.

내용
이해

(1) 중심 문장: (   )

(2) 뒷받침 문장: (,   ,   )

4
창의

무인 가게의 문제점을 해결할 방안을 알맞게 떠올리지 <u>못한</u> 친구에게 ✕표 하세요.

(1) 라희: 결제 기계에 음성 안내 기능을 넣으면 시각 장애인도 무인 가게를 이용할 수 있

을 거야.   (   )

(2) 해인: CCTV를 더 많이 설치하면 무인 가게에서 발생하는 범죄를 예방하는 데 도움이

될 것 같아.   (   )

(3) 병호: 디지털 환경에 익숙하지 않은 어르신들을 위해 공공 기관에서 기계 사용법을 가

르쳐 드리면 좋겠어.   (   )

고래는 물고기일까?

과학 | 915자

📖 교과 연계
과학 3-1 동물의 생활

1 조선 후기의 학자 정약전이 쓴 『자산어보』에서는 고래를 가리켜 '고래어(古來魚)'라고 적었습니다. 고래를 보고 물고기라고 생각하여 '물고기 어(魚)'를 붙인 것입니다. 하지만 고래는 금붕어, 고등어, 상어와 같은 어류가 아니라 사람, 개, 원숭이와 같은 포유류에 속합니다. 고래가 다음과 같은 포유류의 특징을 가지고 있기 때문입니다.

2 첫째, 고래는 새끼를 낳아 젖을 먹여 키웁니다. 어류는 대부분 물속에서 알을 낳으며 젖을 먹이지 않습니다. 하지만 포유류인 고래는 2~5년 주기로 새끼를 낳고 젖을 먹여 키웁니다.

▲ 어미 고래와 새끼 고래

3 둘째, 고래는 물 밖에서 •호흡합니다. 어류가 물속에서 •아가미로 숨을 쉬는 것과 달리, 고래는 아가미가 없어서 물 밖으로 나와 폐로 숨을 쉽니다. 고래는 물속에서 숨을 꾹 참고 있다가 •산소가 부족해지면 물 위로 올라옵니다. 그리고 등에 있는 콧구멍으로 크게 숨을 쉽니다. 고래가 분수처럼 물을 뿜어내는 모습은 사실 콧구멍으로 호흡하는 모습입니다.

4 셋째, 고래는 몸의 온도가 •일정합니다. 어류는 •수온이 바뀌면 자기 몸의 온도를 바꾸지만, 고래는 항상 37~40도를 유지합니다. 그래서 고래는 여름이 되면 더위를 피해 시원한 바다를 찾아가고, 겨울이 되면 다시 따뜻한 바다로 옮겨 갑니다.

5 넷째, 고래는 일곱 개의 목뼈를 가지고 있습니다. 포유류의 목뼈는 대부분 일곱 개입니다. 사람이든 목이 긴 기린이든, 목뼈의 길이는 달라도 그 개수는 모두 같습니다. 반면, 어류는 목이 없기 때문에 목뼈도 없습니다. 만약 고래가 어류였다면 목뼈가 없었을 것입니다.

6 이처럼 고래는 물고기와 생김새가 비슷하지만 어류가 아닌 포유류입니다. 포유류인 고래가 어떻게 바다에 •서식하게 되었을까요? 과학자들은 아주 먼 옛날 고래의 조상은 육지에 살았으나, 먹이를 구하기 위해 하나둘 바다로 나갔고 바다 환경에 적응하면서 오늘날의 고래로 •진화했다고 설명합니다.

어휘 풀이

- □ **호흡하다** 숨을 쉬다.
- □ **아가미** 물속에서 사는 동물이 숨을 쉴 수 있게 하는 기관.
- □ **산소** 사람이 숨을 쉬는 데 없어서는 안 되는, 공기 속에 많이 들어 있는 물질.
- □ **일정하다** 성질 등이 변하지 않고 한결같다.
- □ **수온** 물의 온도. (水 물 수, 溫 따뜻할 온)
- □ **서식하다** 생물이 어떤 곳에 자리를 잡고 살다.
- □ **진화하다** 생물이 오랜 시간에 걸쳐 조금씩 변해 가다.

1
중심
생각

이 글에서 설명하는 내용이 무엇인지 (   )에서 알맞은 말을 골라 ○표 하세요.

고래가 (포유류 / 어류)인 까닭

2
내용
이해

이 글의 내용으로 알맞지 <u>않은</u> 것은 무엇인가요? (   )

① 고래의 조상은 육지에 살았다.

② 고래는 물고기와 생김새가 비슷하다.

③ 고래는 새끼를 낳아 젖을 먹여 키운다.

④ 고래는 몸의 온도를 일정하게 유지한다.

⑤ 고래는 물 밖에서 아가미와 폐로 호흡한다.

💡 **어떻게 알았나요?**

어류는   로 숨을 쉽니다.

3
내용
이해

전략 적용
5문단의 중심 문장으로 알맞은 것은 무엇인가요? (   )

① 포유류의 목뼈는 대부분 일곱 개입니다.

② 반면, 어류는 목이 없기 때문에 목뼈도 없습니다.

③ 넷째, 고래는 일곱 개의 목뼈를 가지고 있습니다.

④ 만약 고래가 어류였다면 목뼈가 없었을 것입니다.

⑤ 사람이든 목이 긴 기린이든, 목뼈의 길이는 달라도 그 개수는 모두 같습니다.

4
구조
파악

이 글의 특징으로 알맞은 것에 ○표 하세요.

(1) 다양한 종류의 고래를 예로 들고 있다.   (   )

(2) 포유류인 고래와 어류의 차이점을 알려 주고 있다.   (   )

(3) 고래가 자라는 과정을 시간 순서에 따라 설명하고 있다.   (   )

5 이 글과 보기 를 읽고, ㉮~㉲ 중에서 오리너구리가 가진 포유류의 특징을 두 개 고르세요.

창의

보기

오리너구리는 다음과 같은 특징 때문에 특이한 포유류 중 하나로 꼽힙니다. 오리너구리는 ㉮알을 낳지만, ㉯젖을 먹여 새끼를 기릅니다. 오리너구리는 헤엄을 치는 능력이 뛰어난데, 물속에서 몇 시간을 있어도 ㉰몸의 온도가 변하지 않습니다. 오리너구리의 생김새를 보면 ㉱입은 부리처럼 튀어나와 있고, ㉲발에는 물갈퀴가 달려 있습니다.

▲ 오리너구리

(,   )

핵심 정리

6 노트의 빈칸을 채우며, 이 글의 내용을 정리해 보세요.

「고래는 물고기일까?」 정리하기

포유류인
고래의 특징

- 고래는 새끼를 낳아 ❶ (   )을 먹여 키운다.
- 고래는 ❷ (   ) 밖에서 호흡한다.
- 고래는 몸의 ❸ (   )가 일정하다.
- 고래는 일곱 개의 ❹ (   )를 가지고 있다.

어휘 다지기

1 다음 낱말의 뜻으로 알맞은 것을 찾아 선으로 이으세요.

(1) 서식하다 •

(2) 일정하다 •

(3) 진화하다 •

• ① 성질 등이 변하지 않고 한결같다.

• ② 생물이 어떤 곳에 자리를 잡고 살다.

• ③ 생물이 오랜 시간에 걸쳐 조금씩 변해 가다.

2 빈칸에 알맞은 낱말을 보기 에서 찾아 쓰세요.

보기	산소	수온	아가미

(1) 사람은 ( )이/가 있어야 살아갈 수 있다.

(2) 목욕물에 손을 넣어 보니 ( )이/가 따뜻했다.

(3) 물고기는 ( )을/를 열었다 닫았다 하며 숨을 쉰다.

어휘 키우기

3 다음 뜻풀이를 읽고, 밑줄 친 낱말의 뜻으로 알맞은 것을 찾아 각각 기호를 쓰세요.

다의어

가지다	㉠ 무엇을 손에 쥐거나 몸에 지니다. ㉡ 직업이나 자격, 자격증, 신분 등을 지니다. ㉢ 회의나 모임, 공연 등을 열다.

(1) 내가 가진 카메라로 사진을 찍었다. ( )

(2) 우리 반은 지난주 목요일에 학급 회의를 가졌다. ( )

(3) 운전 면허증을 가지지 못한 사람은 자동차를 운전할 수 없다. ( )

과학과 예술의 조화, 석굴암

예술 | 992자

📖 교과 연계
사회 4-1 우리 지역의 국가유산

1 ㉠오랫동안 신라의 수도였던 경상북도 경주에는 당시에 지어진 건축물이 많이 남아 있습니다. 경주시 토함산에 위치한 '석굴암'도 그중 하나입니다. 석굴암은 신라 시대의 석굴 사원으로, '과학과 예술의 완벽한 조화'라는 평가를 받으며 1995년에 유네스코 세계 문화유산으로 등재되었습니다. 석굴암은 옛 신라인들의 독창적인 건축 기술과 빼어난 예술성을 엿볼 수 있는 걸작입니다.

2 석굴암은 세계에서 유일한 인공 석굴 사원입니다. ㉡다른 나라에서는 대부분 천연 동굴의 벽을 조각하여 석굴 사원을 만들었습니다. 그런데 우리나라의 천연 동굴은 단단한 화강암으로 이루어져 있어 당시의 도구로는 벽을 파내기 어려웠습니다. 그래서 신라인들은 산의 꼭대기 부근을 파서 터를 닦고, 수백 개의 돌을 짜맞추어 공간을 확보한 다음, 그 위를 흙과 돌로 덮어서 인공 석굴을 만들었습니다. 이는 세계 어디에서도 찾아볼 수 없는 건축 기술입니다.

3 석굴암의 천장은 반원 모양의 아치형으로 되어 있습니다. 위쪽을 덮은 흙과 돌의 무게로 인해 석굴이 무너지지 않도록 천장을 아치형으로 만든 것입니다. ㉢이러한 아치형 구조는 매우 정교한 기술이 요구됩니다. 네모난 돌을 접착제도 없이 둥글게 쌓아 올려 천

▲ 석굴암의 내부 모습

장을 만든 기술은 오늘날에도 흉내 내기 어려울 정도입니다.

4 석굴암은 자연적으로 일정한 습도를 유지하도록 설계되었습니다. ㉣석굴암과 같은 굴 형태의 건축물은 안과 밖의 온도 차이 때문에 습기가 잘 생깁니다. 하지만 석굴암은 바닥에 항상 차가운 물이 흐르게 하여 내부가 습해지는 것을 방지하였습니다. 차가운 물 덕분에 석굴 안의 습기가 바닥으로 모이고, 이것이 땅으로 스며들면서 습도가 적절히 유지될 수 있었습니다.

5 ㉤석굴암의 본존불상은 뛰어난 예술성을 자랑합니다. 본존불상의 통통한 얼굴과 가늘게 뜬 눈, 부드러운 눈썹, 엷은 미소를 띤 입 등은 근엄하면서도 자비로운 느낌을 줍니다. 그리고 본존불상은 얼굴, 가슴, 어깨, 무릎의 너비가 1:2:3:4의 비율로 되어 있는데, 이 비율은 가장 아름다운 인체의 비율과 흡사합니다.

어휘 풀이

☐ **등재되다** 이름이나 어떤 내용이 장부에 적혀 올려지다. (登 오를 등, 載 실을 재)

☐ **독창적** 다른 것을 모방하지 않고 새로운 것을 처음으로 만들어 내거나 생각해 내는 것.

☐ **인공** 사람의 힘으로 만든 것.

☐ **확보하다** 확실히 가지고 있다. (確 굳을 확, 保 보전할 보)

☐ **반원** 원의 절반. (半 반 반, 圓 둥글 원)

☐ **정교하다** 솜씨나 기술이 빈틈이 없이 자세하고 뛰어나다.

☐ **근엄하다** 점잖고 엄숙하다.

☐ **흡사하다** 거의 같을 정도로 비슷하다.

1 이 글에 대한 설명으로 알맞은 것에 ○표 하세요.

중심
생각

(1) 석굴암에 다녀온 뒤 느낀 점을 쓴 글이다. ( )

(2) 석굴암을 관람할 때 지켜야 할 점을 안내하는 글이다. ( )

(3) 석굴암의 건축 기술과 예술성에 대해 설명하는 글이다. ( )

2 전략 적용
각 문단과 그 중심 문장이 알맞게 짝 지어진 것은 무엇인가요? ( )

내용
이해

① **1** ― ㉠   ② **2** ― ㉡   ③ **3** ― ㉢   ④ **4** ― ㉣   ⑤ **5** ― ㉤

💡 어떻게 알았나요?

중심 문장은 문단의 내용을 [   ] 하는 문장입니다.

3 석굴암에 대한 설명으로 알맞지 <u>않은</u> 것은 무엇인가요? ( )

내용
이해

① 석굴암은 세계에서 유일한 인공 석굴 사원이다.

② 석굴암은 신라의 수도였던 경주에 위치해 있다.

③ 석굴암의 본존불상은 근엄하면서도 자비로운 느낌을 준다.

④ 석굴암의 천장은 네모난 돌을 접착제로 이어 붙여 만들었다.

⑤ 석굴암은 자연적으로 일정한 습도를 유지하도록 설계되었다.

4 **2**문단을 읽고 든 생각을 알맞게 말한 친구의 이름을 쓰세요.

★ 추론

현아: 석굴암은 산의 꼭대기 부근에 있겠구나.

시우: 우리나라에는 천연 동굴이 전혀 없었나 봐.

성훈: 세계 어디를 가도 석굴 사원을 찾기는 어렵겠어.

( )

5 이 글과 보기 를 읽고 알 수 있는 석굴암과 불국사의 공통점이 <u>아닌</u> 것에 ✕표 하세요.

창의

보기

> 불국사는 경주시 토함산에 있는 신라 시대의 대표적인 사원입니다. 불국사에는 여러 개의 불상과 탑, 나무로 만든 건축물들이 한데 어우러져 있습니다. 그중에서도 대웅전 앞뜰에 나란히 서 있는, 다보탑과 석가탑이라는 두 개의 탑이 유명합니다. 신라 사람들의 뛰어난 예술 감각과 기술이 빚어낸 불국사는 그 가치를 인정받아 1995년에 유네스코 세계 문화유산으로 등재되었습니다.

(1) 경주시 토함산에 있다.   (   )

(2) 신라 시대에 만들어졌다.   (   )

(3) 대웅전 앞뜰에 두 개의 탑이 서 있다.   (   )

(4) 1995년에 유네스코 세계 문화유산으로 등재되었다.   (   )

핵심 정리

6 노트의 빈칸을 채우며, 이 글의 내용을 정리해 보세요.

「과학과 예술의 조화, 석굴암」 정리하기

석굴암이란?
경주시 토함산에 위치한 ❶(   ) 시대의 석굴 사원으로, 1995년에 유네스코 세계 문화유산으로 등재되었다.

석굴암의 건축 기술	석굴암의 예술성
세계에서 유일한 ❷( ) 석굴 사원이다.	
천장이 ❸( )으로 되어 있다.	❺( )의 표정과 비율은 뛰어난 예술성을 자랑한다.
자연적으로 일정한 ❹( )를 유지하도록 설계되었다.	

어휘 다지기

1 다음 낱말의 뜻으로 알맞은 것을 찾아 선으로 이으세요.

(1) 근엄하다 •

(2) 정교하다 •

(3) 흡사하다 •

• ① 점잖고 엄숙하다.

• ② 거의 같을 정도로 비슷하다.

• ③ 솜씨나 기술이 빈틈이 없이 자세하고 뛰어나다.

2 빈칸에 알맞은 낱말을 보기 에서 찾아 쓰세요.

| 보기 | 반원 | 인공 | 독창적 |

(1) 어제 본 무지개는 완전한 (   ) 모양이었다.

(2) 그는 지금까지 없었던 (   )인 발명품을 선보였다.

(3) 우리나라에는 자연 호수보다 강물을 끌어와 만든 (   ) 호수가 많다.

어휘 키우기

3 다음 뜻을 가진 '건(建)'이 사용된 낱말에 모두 ∨표 하세요.

한자어

建
세울 건

예 건축(建築): 집이나 성, 다리 등의 구조물을 그 목적에 따라 설계하여 흙이나 나무, 돌, 벽돌, 쇠 등을 써서 세우거나 쌓아 만드는 일.

(1) 건조(▨燥): 말라서 물기나 습기가 없음. ☐

(2) 건립(▨立): 동상, 탑, 기념비 등을 만들어 세움. ☐

(3) 창건(創▨): 건물이나 조직, 나라 등을 처음으로 세우거나 만듦. ☐

사실과 의견 구별하기

개념 이해

　　피구 경기를 보는 두 친구의 말 중에서 '현지가 은우를 맞혔다'는 것은 사실이고, '우리 반이 질 것 같아서 아쉽다'는 것은 의견입니다. 이처럼 **사실**은 실제로 있었던 일이나 현재 일어나는 일을 뜻하고, **의견**은 어떤 대상이나 일에 대한 생각을 뜻합니다. 사실은 누구에게나 똑같이 받아들여지지만, 의견은 사람마다 다를 수 있습니다. 글을 읽으며 정보를 정확하게 파악하기 위해서는 사실과 의견을 구별하는 것이 중요합니다.

이렇게 해요!

① 한 일, 본 일, 들은 일과 같이 실제로 있었던 일이나 현재 일어나는 일은 '사실'입니다.

② 대상이나 일에 대한 생각, 판단, 느낌은 '의견'입니다.

의견은 사람마다 다르기 때문에 글쓴이의 의견과 나의 의견이 다를 수도 있어.

확인 문제

1 다음 글을 읽고, ㉠~㉢ 중 의견에 해당하는 것을 찾아 기호를 쓰세요.

> ㉠1953년에 한국 전쟁이 끝난 뒤, 남한과 북한은 군사적 충돌을 막기 위해 휴전선을 따라 각각 2킬로미터씩 비무장 지대를 설정하였습니다. ㉡비무장 지대에는 무기를 배치하거나 군사 시설을 설치할 수 없고, 일반인의 출입도 엄격히 통제됩니다. ㉢그래서 오랫동안 인간의 발길이 닿지 않았습니다. ㉣현재 비무장 지대는 천연기념물과 멸종 위기종을 포함하여 5,000여 종의 생물이 서식하는 생태계의 보고입니다. ㉤앞으로도 비무장 지대의 자연환경을 잘 보전하면 좋겠습니다.

글쓴이는 비무장 지대에 대해 어떻게 생각하고 있을까?

(   )

2 다음 글을 읽고, 사실과 의견을 바르게 구별하지 <u>못한</u> 친구의 이름을 쓰세요.

> 피터르 몬드리안은 네덜란드의 화가입니다. 그는 점과 선, 면만을 이용해 사물을 단순화하여 표현한 그림으로 유명합니다. 그가 1930년에 그린 〈빨강, 파랑, 노랑의 구성〉은 검은색 직선과 크기가 다른 일곱 개의 면으로 구성된 작품입니다. 강렬한 세 가지 원색의 면은 흰색의 면과 어우러지며 조화롭게 배치되어 있습니다. 질서와 균형이 담긴 이 그림을 보면 안정감이 느껴지고 마음이 편안해집니다.

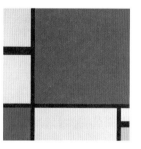
▲ 〈빨강, 파랑, 노랑의 구성〉

> 가인: 피터르 몬드리안이 네덜란드의 화가라는 것은 사실이야.
> 다희: 몬드리안이 1930년에 〈빨강, 파랑, 노랑의 구성〉을 그렸다는 것은 의견이야.
> 예랑: 〈빨강, 파랑, 노랑의 구성〉을 보면 안정감이 느껴지고 마음이 편안해진다는 것은 의견이야.

'사실'은 실제로 있었던 일이고, '의견'은 대상에 대한 생각이나 느낌이야.

(   )

우주 과학관에 가다

과학 | 927자

📖 교과 연계
과학 4-2 밤하늘 관찰

▲ 나로 우주 센터 우주 과학관

　며칠 전 우리 가족은 나로 우주 센터 우주 과학관에 다녀왔다. 내가 사는 광주에서 전라남도 고흥에 있는 우주 과학관까지는 차로 두 시간쯤 걸렸다. 우주 과학관에 가까워지자 '우주로 가는 길'이라고 적힌 표지판이 보였다. ㉠그 표지판을 보니 정말로 우주여행을 가는 것 같아 마음이 설레었다.

　1층 전시관에는 우주 체중계가 있었다. 우주 체중계는 금성, 화성, 토성과 같은 행성에서 몸무게가 얼마인지를 알려 주는 기계이다. 나도 직접 우주 체중계에 올라가 몸무게를 재 보았다. 지구에서 내 몸무게는 35킬로그램이지만, 화성에서는 13킬로그램이었다. 그 이유가 궁금해서 안내문을 읽어 보았다. ㉡행성에 따라 몸무게에 차이가 나는 까닭은 중력 때문이었다. 모든 행성은 물체를 끌어당기는 힘인 중력을 가지고 있는데, 중력의 크기는 행성마다 조금씩 다르다. 지구의 중력이 10이라면 화성의 중력은 4 정도이다. 그래서 지구에서보다 화성에서 몸무게가 더 적게 나간다고 한다.

　2층에서 가장 신기한 곳은 우주 정거장을 재현해 놓은 공간이었다. ㉢우주 정거장은 지구 궤도를 도는 커다란 인공위성으로, 우주 비행사가 이곳에서 생활하며 우주를 관측하고 연구한다. 우주 정거장의 침실에 들어간 나는 생필품들이 벽에 붙어 있는 것을 보고 놀랐다. 우주 정거장은 중력의 영향이 거의 없기 때문에 모든 물건이 공중에 떠다닌다. 그래서 물건들이 움직이지 않게 고정해 두는 것이라고 한다.

　우리는 다시 1층으로 내려와 기획 전시실로 갔다. 전시실에서는 한국 로켓의 역사를 보여 주고 있었다. 우리나라 최초의 액체 연료 로켓, 처음으로 우리 땅에서 발사한 나로호, 국내 기술만으로 개발한 누리호까지……. 수많은 시험과 실패를 반복하며 로켓 기술을 발전시켜 온 과정을 보니 과학자들에 대한 존경심이 더욱 커졌다. ㉣과학관을 나오면서 나도 누리호와 같은 로켓을 쏘아 올리는 과학자가 되어야겠다고 다짐했다.

어휘 풀이

☐ **재현하다** 다시 나타내다. (再 다시 재, 現 나타날 현)

☐ **궤도** 행성, 혜성, 인공위성 등이 중력의 영향을 받아 다른 천체의 둘레를 돌면서 그리는 곡선의 길.

☐ **관측하다** 눈이나 기계로 자연 현상을 관찰하여 측정하다. (觀 볼 관, 測 잴 측)

☐ **생필품** 일상생활에 반드시 있어야 할 물품. (生 날 생, 必 반드시 필, 品 물건 품)

☐ **연료** 태워서 빛이나 열을 내거나 기계를 움직이는 에너지를 얻을 수 있는 물질.

☐ **발사하다** 활, 총, 대포, 로켓 등을 쏘다.

1 이 글에 대한 설명으로 알맞은 것은 무엇인가요? (　　　)

중심
생각

① 우주 과학관에 가는 방법을 설명한 글이다.
② 우주 과학관에서 보고 느낀 것을 쓴 글이다.
③ 우주 정거장에서 일어난 일을 설명한 글이다.
④ 로켓의 역사에 관한 책을 읽고 나서 쓴 글이다.
⑤ 로켓 과학자가 더 많이 필요하다는 주장을 쓴 글이다.

2 이 글을 읽고 알 수 있는 내용으로 알맞지 <u>않은</u> 것은 무엇인가요? (　　　)

내용
이해

① 행성마다 중력의 크기가 조금씩 다르다.
② 중력의 영향이 없으면 물건이 공중에 떠다닌다.
③ 지구에서보다 화성에서 몸무게가 더 적게 나간다.
④ 나로 우주 센터 우주 과학관은 전라남도 고흥에 있다.
⑤ 우리나라 땅에서 처음 발사한 로켓의 이름은 누리호이다.

💡 어떻게 알았나요?

　　　　　　　는 국내 기술만으로 개발한 로켓입니다.

3

전략 적용

㉠~㉣을 사실과 의견으로 나누어 기호를 쓰세요.

내용
이해

(1) 사실: (　　　　　,　　　　　)
(2) 의견: (　　　　　,　　　　　)

4 글쓴이가 경험한 순서에 맞게 기호를 쓰세요.

구조
파악

㉮ 우주 정거장을 재현한 공간을 둘러보았다.
㉯ 우주 체중계에 올라가 몸무게를 재 보았다.
㉰ '우주로 가는 길'이라고 적힌 표지판을 보았다.
㉱ 기획 전시실에서 한국 로켓의 역사를 살펴보았다.

(　　　) → (　　　) → (　　　) → (　　　)

애니메이션은 어떻게 만들까?

예술 | 946자

어느 날 뾰족한 귀를 흔들며 번쩍번쩍 전기 마법을 쓰는 동물이 나타나 함께 모험을 떠나자고 하면 어떨까요? 현실에서는 불가능하지만, 애니메이션의 세계에서는 가능합니다. 흥미진진한 애니메이션을 보고 있으면 쌓였던 스트레스가 해소되고 기분까지 좋아집니다. 이러한 애니메이션은 어떻게 만드는 것일까요?

애니메이션을 만드는 원리는 '잔상 효과'입니다. 잔상 효과란 눈으로 보고 있던 모습이 없어진 후에도 잠시 동안 그 모습이 남아 있는 현상을 말합니다. 물체가 눈앞에서 사라지더라도 뇌는 짧은 시간 동안 그 물체의 상을 기억하고 있어서 발생하는 착시 현상입니다. 우리의 뇌가 보이는 것을 그대로 인식하지 않고 착각을 일으키기도 한다니 흥미롭지요.

잔상 효과는 실생활에서도 확인할 수 있습니다. 환하게 불을 켠 전등을 바라보다가 갑자기 불을 껐을 때, 잠깐 불빛이 보이는 것이 대표적인 예입니다. 촛불을 한참 보고 있다가 눈을 감으면 그 촛불의 상이 희미하게 나타나는 것 또한 잔상 효과입니다. 불을 끄거나 눈을 감으면 아무것도 보이지 않아야 하는데, 잔상 효과 때문에 물체의 상이 남아 있는 것처럼 느껴지는 것입니다.

애니메이션은 이러한 잔상 효과를 이용하여 연속된 움직임을 표현합니다. 우리가 보는 애니메이션은 사실 움직이는 영상이 아니라 정지된 그림입니다. 동작이 미세하게 다른 여러 장의 그림을 짧은 간격으로 보여 주면, 앞의 그림의 잔상이 남아 있는 상태에서 뒤의 그림이 나오게 됩니다. 그 결과 우리 눈에는 각각의 그림이 ⟨ ㉠ ⟩ 마치 움직이는 것처럼 보입니다. 일반적으로 1초에 스물네 장의 그림이 지나가야 자연스러운 움직임을 나타낼 수 있다고 합니다. 따라서 한두 시간짜리 애니메이션을 만들기 위해서는 수만 장의 그림이 필요합니다.

우리도 직접 간단한 애니메이션을 만들어 볼 수 있습니다. 공책의 페이지마다 연속된 동작을 하나씩 그린 뒤 책장을 빠른 속도로 넘기면, 애니메이션처럼 그림이 움직인답니다.

어휘 풀이

- **해소되다** 어려운 일이나 문제가 되는 상태가 해결되어 없어지다. (解 풀 해, 消 사라질 소)
- **상** 눈에 보이거나 마음에 그려지는 사물의 형체.
- **착시** 착각하여 잘못 보는 현상.
- **실생활** 이론이나 상상이 아닌 실제의 생활.
- **연속되다** 끊이지 않고 계속 이어지다. (連 잇닿을 연, 續 이을 속)
- **미세하다** 분간하기 어려울 정도로 아주 작다. (微 작을 미, 細 가늘 세)
- **책장** 책을 이루는 하나하나의 장.

1
중심
생각

이 글에서 설명하는 내용이 무엇인지 빈칸에 알맞은 말을 쓰세요.

(　　　　　　　　　　　　　)을 만드는 원리

2
내용
이해

이 글의 내용으로 알맞지 <u>않은</u> 것은 무엇인가요? (　　　)

① 실생활에서 잔상 효과를 확인할 수 있다.
② 우리의 뇌는 항상 보이는 것을 그대로 인식한다.
③ 공책을 이용해 간단한 애니메이션을 만들 수 있다.
④ 애니메이션은 영상이 아니라 정지된 그림을 보는 것이다.
⑤ 수만 장의 그림이 있어야 한두 시간짜리 애니메이션을 만들 수 있다.

💡 어떻게 알았나요?

잔상 효과는 　　　　　　의 착각으로 발생하는 착시 현상입니다.

전략 적용
3
내용
이해

이 글의 내용을 사실과 의견으로 알맞게 구별한 것에 ○표 하세요.

(1) 사실 − 애니메이션을 보고 있으면 스트레스가 해소되고 기분이 좋아진다. (　　　)

(2) 사실 − 촛불을 한참 보다가 눈을 감으면 그 촛불의 상이 희미하게 나타난다.
(　　　)

(3) 의견 − 1초에 스물네 장의 그림이 지나가야 자연스러운 움직임을 나타낼 수 있다.
(　　　)

(4) 의견 − 잔상 효과란 눈으로 보고 있던 모습이 없어진 후에도 잠시 동안 그 모습이 남
아 있는 현상을 말한다. (　　　)

4
★ 추론

㉠에 들어갈 알맞은 말은 무엇인가요? (　　　)

① 떨어져　　　② 멈추어　　　③ 없어져　　　④ 연결되어　　　⑤ 중단되어

5 이 글을 읽고 보기 를 이해한 내용으로 알맞지 <u>않은</u> 것에 ✕표 하세요.

창의

보기

1879년, 영국의 사진가 에드워드 마이브리지는 연속된 움직임을 재생하는 기계인 '주프락시스코프'를 발명하였습니다. 주프락시스코프는 동그랗고 납작한 유리판의 가장자리에 동물의 사진을 여러 장 붙인 뒤 유리판을 돌려, 마치 동물이 움직이는 것처럼 보이게 하는 기계였습니다.

▲ 주프락시스코프

(1) 주프락시스코프는 잔상 효과를 이용한 기계일 것이다. ( )

(2) 주프락시스코프에는 동작이 미세하게 다른 사진들을 붙일 것이다. ( )

(3) 주프락시스코프를 느리게 돌려야 동물의 움직임이 자연스러울 것이다. ( )

(4) 주프락시스코프에 사진 대신 그림을 붙이면 애니메이션처럼 보일 것이다. ( )

핵심 정리

6 노트의 빈칸을 채우며, 이 글의 내용을 정리해 보세요.

「애니메이션은 어떻게 만들까?」 정리하기

❶ ( )의 정의	잔상 효과의 예시
눈으로 보고 있던 모습이 없어진 후에도 잠시 동안 그 모습이 남아 있는 현상을 말한다.	불을 켠 전등을 바라보다가 갑자기 불을 끄면 잠깐 ❷ ( )이 보인다. 촛불을 보고 있다가 ❸ ( )을 감으면 그 촛불의 상이 희미하게 나타난다.

애니메이션의 원리

잔상 효과를 이용하여 정지된 그림으로 연속된 ❹ ( )을 표현한다.

어휘 다지기

1 다음 낱말의 뜻으로 알맞은 것을 찾아 선으로 이으세요.

(1) 미세하다 • • ① 끊이지 않고 계속 이어지다.

(2) 연속되다 • • ② 분간하기 어려울 정도로 아주 작다.

(3) 해소되다 • • ③ 어려운 일이나 문제가 되는 상태가 해결되어 없어지다.

2 빈칸에 알맞은 낱말을 보기 에서 찾아 쓰세요.

보기   착시   책장   실생활

(1) 책이 오래되어서 (   )이/가 누렇게 바랬다.

(2) 과학 수업에서 배운 내용을 (   )에 적용해 보았다.

(3) 작가는 직선이 곡선으로 보이는 (   )을/를 이용해 그림을 그렸다.

어휘 키우기

3 다음 뜻풀이를 읽고, 밑줄 친 낱말의 뜻으로 알맞은 것을 찾아 각각 기호를 쓰세요.

동형어

㉠ 상¹(床) 음식을 차려 올리거나 작은 물건들을 올려놓을 수 있는 가구.
㉡ 상²(像) 눈에 보이거나 마음에 그려지는 사물의 형체.
㉢ 상³(賞) 잘한 일이나 우수한 성적을 칭찬하여 주는 물건.

(1) 노래 대회에서 1등을 해서 상을 받았다.   (   )

(2) 안경을 쓰지 않으면 물건의 상이 흐릿해 보인다.   (   )

(3) 친구 집에 놀러 갔더니 상에 음식을 한가득 차려 주셨다.   (   )

'데이 문화'의 문제점

새로운 학년이 시작되고 며칠이 지나면, 친구들끼리 사탕을 주고받는 모습을 흔히 볼 수 있습니다. 3월 14일 화이트 데이 때 문입니다. 어떤 특정한 날에 정해진 선물을 주고받는 '데이 문화'가 우리 학교에서도 유행하고 있습니다. 그러나 저는 다음과 같은 이유로 데이 문화에 반대합니다.

첫째, 데이 문화는 기업이 물건을 팔기 위해 만든 상술에 불과합니다. ㉠원래 기념일은 축하하거나 기릴 만한 일이 있을 때, 이를 기억하기 위해 만든 날입니다. 하지만 기념일과 달리 각종 '데이'들은 그 유래가 불분명하며 특별한 의미가 없습니다. 기업이 특정 상품의 소비를 부추겨 돈을 벌 목적으로 만들어 낸 날이기 때문입니다. 예를 들어 화이트 데이는 일본의 과자 회사들이 사탕을 많이 팔기 위해 만들었다고 알려져 있습니다. ㉡이처럼 각종 '데이'는 무의미하기 때문에 챙길 필요가 없다고 생각합니다.

둘째, 데이 문화 때문에 뜻깊은 기념일이 묻힙니다. 11월 11일은 숫자 '11' 모양의 막대 과자를 선물하는 날로 유명합니다. ㉢그런데 이날은 법정 기념일인 농업인의 날이기도 합니다. 농업인의 날은 먹거리를 책임져 주시는 농민분들께 감사한 마음을 전하고, 우리 농산물의 소중함을 되새기는 의미 있는 날입니다. 하지만 데이 문화로 인해 농업인의 날을 아는 사람은 많지 않습니다. ㉣각종 '데이'를 챙기느라 정작 중요한 기념일이 가려져서는 안 됩니다.

셋째, 선물을 주거나 받지 못하는 친구들이 상처를 받을 수 있습니다. 용돈이 부족해서 선물을 준비하지 못하는 친구도 있고, 다른 사람만큼 선물을 받지 못하는 친구도 있습니다. 이러한 친구들은 마음이 위축되고 소외감을 느끼게 됩니다. ㉤모두가 함께 즐길 수 없는 데이 문화는 바람직하지 않습니다.

그러므로 데이 문화에 무조건 휩쓸리지 말아야 합니다. 각종 '데이'마다 친구에게 의미 없는 선물을 주는 것보다, 평소에 정성이 담긴 편지를 써서 건네면 어떨까요? 고마웠던 일이나 친구의 장점을 쓴 따뜻한 글로도 충분히 마음을 전달할 수 있습니다.

어휘 풀이

☐ **상술** 장사하는 재주나 꾀. (商 장사 상, 術 꾀 술)

☐ **기리다** 뛰어난 업적이나 본받을 만한 정신, 위대한 사람 등을 칭찬하고 기억하다.

☐ **유래** 사물이나 일이 생겨난 내력.

☐ **부추기다** 남을 이리저리 들쑤셔서 어떤 일을 하게 만들다.

☐ **법정** 법으로 정함. (法 법법, 定 정할 정)

☐ **위축되다** 어떤 힘에 눌려 기를 펴지 못하게 되다.

☐ **소외감** 무리에 끼지 못하고 따돌림을 당해 멀어진 듯한 느낌.

1

중심
생각

글쓴이의 의견이 무엇인지 (   )에서 알맞은 말을 골라 ○표 하세요.

글쓴이는 (기념일 / 데이 문화)에 (찬성 / 반대)한다.

2

내용
이해

이 글의 내용으로 알맞지 <u>않은</u> 것에 ✕표 하세요.

(1) 사탕을 주고받는 화이트 데이는 일본의 법정 기념일이다.   (   )

(2) 11월 11일은 우리 농산물의 소중함을 되새기는 의미 있는 날이다.   (   )

(3) '데이 문화'란 어떤 특정한 날에 정해진 선물을 주고받는 문화이다.   (   )

3

내용
이해

전략 적용

㉠~㉣을 사실과 의견으로 알맞게 구분한 것은 무엇인가요?   (   )

사실		의견
① ㉠, ㉡	—	㉢, ㉣, ㉤
② ㉠, ㉢	—	㉡, ㉣, ㉤
③ ㉢, ㉣	—	㉠, ㉡, ㉤
④ ㉠, ㉢, ㉣	—	㉡, ㉤
⑤ ㉡, ㉣, ㉤	—	㉠, ㉢

💡 어떻게 알았나요?

대상이나 일에 대한 생각, 판단, 느낌은 [   ] 입니다.

4

★ 추론

이 글을 읽고 짐작한 내용으로 알맞지 <u>않은</u> 것을 찾아 기호를 쓰세요.

㉮ 기념일은 유래가 분명하고 의미가 있는 날일 것이다.

㉯ 각종 '데이'는 항상 농업인의 날과 날짜가 겹칠 것이다.

㉰ 11월 11일에 있는 '데이'도 기업이 막대 과자를 팔기 위해 만든 날일 것이다.

(   )

5 다음 중 글쓴이와 <u>다른</u> 의견을 말한 친구는 누구인가요?   (   )

① 지호: 앞으로 중요하고 의미 있는 기념일을 찾아서 기억해야겠어.

② 민서: 각종 '데이'가 다가오면 마음이 위축되고 부담스러워서 힘들었어.

③ 유나: '데이'들을 계기로 친해지고 싶었던 친구들과 가까워질 수 있을 거야.

④ 지우: 사탕을 선물하는 것보다 편지로 마음을 전달하는 것이 훨씬 좋다고 생각해.

⑤ 수경: 기업이 돈을 벌 목적으로 만들었다니 이제부터는 '데이'들을 챙기지 않겠어.

핵심 정리

6 노트의 빈칸을 채우며, 이 글의 내용을 정리해 보세요.

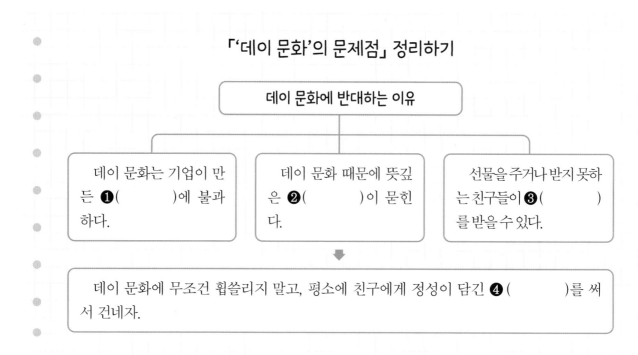

「'데이 문화'의 문제점」 정리하기

데이 문화에 반대하는 이유

데이 문화는 기업이 만든 ❶(   )에 불과하다.

데이 문화 때문에 뜻깊은 ❷(   )이 묻힌다.

선물을 주거나 받지 못하는 친구들이 ❸(   )를 받을 수 있다.

데이 문화에 무조건 휩쓸리지 말고, 평소에 친구에게 정성이 담긴 ❹(   )를 써서 건네자.

어휘 다지기

1 다음 낱말의 뜻으로 알맞은 것을 찾아 선으로 이으세요.

(1) 기리다 •

(2) 부추기다 •

(3) 위축되다 •

• ① 어떤 힘에 눌려 기를 펴지 못하게 되다.

• ② 남을 이리저리 들쑤셔서 어떤 일을 하게 만들다.

• ③ 뛰어난 업적이나 본받을 만한 정신, 위대한 사람 등을 칭찬하고 기억하다.

2 빈칸에 알맞은 낱말을 보기 에서 찾아 쓰세요.

| 보기 | 법정 | 유래 | 소외감 |

(1) 추석의 ( )은/는 신라 시대 때로 거슬러 올라간다.

(2) 어린이날은 ( ) 공휴일이라 학교에 가지 않아도 된다.

(3) 전학생이 ( )을/를 느끼지 않도록 모두가 환영해 주었다.

어휘 키우기

3 다음 뜻을 가진 '무(無)'가 사용된 낱말에 모두 ∨표 하세요.

한자어

| 無
없을 무 | 예 무의미(無意味): 아무 뜻이나 가치가 없음. |

(1) 무죄(■罪): 아무런 잘못이나 죄가 없음. ☐

(2) 무선(■線): 전자 기기에 전선이나 코드 등이 없음. ☐

(3) 무장(■裝): 전쟁이나 전투를 하기 위한 장비 등을 갖춤. ☐

3 글의 목적 파악하기

알려 주기
반달가슴곰은 가슴에 반달 모양의 무늬가 있다.

설득하기
반달가슴곰에게 함부로 먹이를 주면 안 된다.

개념 이해

글의 목적이란 글쓴이가 글을 쓴 이유를 말합니다. 글의 목적을 파악하며 글을 읽으려면 어떻게 해야 할까요?

설명하는 글은 어떠한 대상에 대해 알려 주기 위해 쓴 글입니다. 그러므로 글쓴이가 무엇을 설명하는지를 찾아야 합니다. 이와 달리, 주장하는 글은 어떤 문제에 대해 자기 의견을 내세워 설득하기 위해 쓴 글입니다. 주장하는 글에서는 글쓴이의 의견을 찾아야 글의 목적을 잘 파악할 수 있습니다.

이렇게 해요!

① 어떠한 대상을 설명하는 글인지, 글쓴이의 의견을 주장하는 글인지 파악합니다.

② 설명하는 글에서는 글쓴이가 설명하는 대상이 무엇인지 찾아봅니다.

③ 주장하는 글에서는 글쓴이가 내세우는 의견이 무엇인지 찾아봅니다.

글을 쓴 목적을 알면 글의 내용을 정확하게 이해할 수 있어!

확인 문제

1 다음 글의 목적으로 알맞은 것에 ○표 하세요.

> 우리는 매일 여러 장의 종이를 쓰고 버립니다. 그중에는 길에서 받은 광고지, 학교에서 나누어 준 활동지처럼 종이의 한쪽 면만 사용한 이면지도 많습니다. 이러한 이면지를 버리지 말고 재활용하는 습관을 들여야 합니다. 낙서를 하거나 수학 문제를 풀 때, 새 종이 대신 이면지를 쓰는 것입니다. 이렇게 이면지를 재활용하면 종이를 만들기 위해 베어지는 나무를 줄일 수 있습니다. 실제로 온 국민이 하루에 A4 용지 한 장만 덜 써도 4,500그루의 나무를 살릴 수 있다고 합니다. 이면지를 재활용하는 우리의 작은 실천이 환경을 보호하는 큰 힘이 될 것입니다.

이면지와 관련하여 글쓴이가 하고 싶은 말이 무엇인지 생각해 봐.

(1) 이면지의 문제점을 알려 주는 글이다. ( )

(2) 이면지를 재활용하자고 설득하는 글이다. ( )

2 글쓴이가 이 글을 쓴 목적으로 알맞은 것을 찾아 기호를 쓰세요.

> 패럴림픽은 신체적 장애가 있는 선수들이 참가하는 국제 스포츠 대회입니다. 1948년에 하반신 마비 환자들이 참여한 작은 경기에서 시작한 패럴림픽은 현재 천 명 이상이 참가하는 대규모 대회로 발전하였습니다.
>
> 패럴림픽에는 올림픽과 동일한 종목이 많습니다. 경기 규칙은 올림픽과 비슷하지만, 선수들의 신체적 특성에 따라 조금씩 다르게 진행됩니다. 예를 들어 패럴림픽의 아이스하키에서 선수들은 스케이트가 아닌 썰매를 타고 빙판 위를 달립니다. 한편, 패럴림픽에만 있는 종목도 있습니다. 방울이 든 공을 던져 상대 팀 골대에 넣는 '골볼'은 시각 장애 선수들에게 특화된 종목으로 올림픽에는 없습니다.

이 글은 설명하는 글일까, 주장하는 글일까?

> ㉮ 패럴림픽의 역사와 종목을 알려 주기 위해
> ㉯ 패럴림픽과 올림픽의 종목이 달라야 한다고 설득하기 위해

( )

연습

법 중의 법, 헌법

사회 | 906자

7월 17일은 우리나라의 5대 국경일 중 하나인 제헌절입니다. 제헌절은 1948년 7월 17일에 대한민국 헌법을 만들어 국민에게 널리 알린 것을 기념하는 날입니다. 제헌절이 되면 집과 학교, 거리 곳곳에 태극기를 게양하여 우리나라의 헌법이 탄생한 것을 축하합니다. 헌법이 대체 무엇이기에 모두가 기념하고 축하하는 것일까요?

헌법은 국가의 법 중에서 가장 기본이 되는 중요한 법입니다. 우리나라에는 헌법 말고도 여러 종류의 법이 있지만, 이 법들은 헌법을 바탕으로 만들어지며 헌법에 어긋나서는 안 됩니다. 그래서 헌법은 '법 중의 법'이라고 불립니다.

헌법에는 ㉠국민이 누려야 할 권리가 명시되어 있습니다. 우리나라 헌법에서는 성별·종교·직업·장애 등을 이유로 차별받지 않을 권리, 국가의 간섭을 받지 않고 생각하고 행동할 권리, 국가에 인간다운 생활을 요구할 권리, 국가에 어떤 일을 해 달라고 요구할 권리, 국민의 한 사람으로서 정치에 참여할 권리 등을 보장하고 있습니다. 우리가 원하는 직업을 선택할 수 있는 것도 헌법에 이러한 권리가 보장되어 있기 때문입니다.

헌법에는 국민의 권리와 함께, ㉡국민이 지켜야 할 의무도 명시되어 있습니다. 우리나라 헌법에는 자녀가 교육을 받게 해야 하는 교육의 의무, 맡은 일을 성실히 해야 하는 근로의 의무, 세금을 내야 하는 납세의 의무, 나라의 영토를 지켜야 하는 국방의 의무, 환경을 보호하기 위해 노력해야 하는 환경 보전의 의무가 나타나 있습니다. 어린이라면 반드시 초등학교에 다녀야 하는 것도 헌법으로 규정된 의무입니다.

헌법 제2장의 첫 번째 조문에는 "모든 국민은 인간으로서의 존엄과 가치를 가지며, 행복을 추구할 권리를 가진다."라는 구절이 있습니다. 이렇듯 헌법은 국민의 권리와 인간다운 삶을 보장하여, 모든 국민이 존중받고 행복한 삶을 살 수 있도록 하기 위해 존재합니다.

어휘 풀이

□ **게양하다** 깃발을 높이 달다.

□ **명시되다** 분명하게 드러나 보이다. (明 밝을 명, 示 보일 시)

□ **간섭** 직접 관계가 없는 남의 일에 부당하게 참견함.

□ **보장하다** 어떤 일이 잘 이루어지도록 조건을 마련하거나 보호하다.

□ **조문** 규정이나 법을 항목별로 나누어 적어 놓은 글.

□ **존엄** 어떤 사람이나 신분이 매우 높고 엄숙함. (尊 높을 존, 嚴 엄할 엄)

□ **추구하다** 목적을 이루기 위해 계속 따르며 구하다. (追 쫓을 추, 求 구할 구)

1 전략 적용

중심
생각

이 글의 목적으로 알맞은 것은 무엇인가요? (   )

① 제헌절의 유래를 알려 주기 위해서

② 헌법을 잘 지키자고 설득하기 위해서

③ 헌법의 내용과 의의를 알려 주기 위해서

④ 우리나라의 5대 국경일을 알려 주기 위해서

⑤ 헌법의 내용을 고쳐야 한다고 설득하기 위해서

💡 어떻게 알았나요?

이 글은 주장하는 글이 아니라,   글입니다.

2

내용
이해

이 글을 읽고 답할 수 있는 질문이 <u>아닌</u> 것은 무엇인가요? (   )

① 헌법은 왜 존재할까?

② 헌법을 어기면 어떻게 될까?

③ 헌법과 관련 있는 국경일은 무엇일까?

④ 헌법에 명시된 권리에는 어떤 것이 있을까?

⑤ 헌법에 명시된 의무에는 어떤 것이 있을까?

3

★ 추론

이 글을 읽고 짐작한 내용이 알맞지 <u>않은</u> 친구의 이름을 쓰세요.

지훈: 헌법의 내용이 바뀌면 다른 법의 내용도 바뀌겠어.

정우: 헌법은 가장 기본이 되는 법이니까 모든 나라가 똑같을 거야.

은채: 어떤 법이 헌법에 어긋난다고 판단되면 고치거나 없애야겠네.

(   )

4

창의

다음 내용이 ㉠과 ㉡ 중 무엇의 예인지 찾아 각각 기호를 쓰세요.

(1) 길에 함부로 쓰레기를 버리지 않는다. (   )

(2) 만 18세 이상이 되면 선거에 참여한다. (   )

(3) 살고 싶은 지역으로 자유롭게 이사한다. (   )

(4) 1년간 벌어들인 소득에 따라 세금을 낸다. (   )

미래를 위한 에너지

과학 | 938자

📖 교과 연계
과학 4-2 기후변화와 우리 생활

우리가 공부하고 뛰어놀기 위해 에너지가 필요한 것처럼, 기계가 작동하기 위해서도 에너지가 필요합니다. 우리는 음식을 섭취하여 에너지를 얻습니다. 그렇다면 기계를 작동시키는 에너지는 어디에서 얻을까요? 인간이 오랫동안 이용해 온 에너지원은 석유, 석탄, 천연가스와 같은 화석 연료입니다. 그런데 화석 연료는 땅속에 묻혀 있는 양이 정해져 있어서 무한정 쓸 수 없고, 에너지로 전환되는 과정에서 대기를 오염시킵니다. ☐ ㉠ ☐ 사람들은 화석 연료 에너지를 대신할 수 있는 신재생 에너지에 주목하였습니다.

신재생 에너지의 종류는 다양합니다. 첫 번째는 자연의 힘을 이용한 에너지입니다. 태양 에너지는 태양의 빛과 열을 이용하는 것으로, 우리나라에서 가장 많이 활용되는 신재생 에너지입니다. 또한 바람의 힘을 이용하는 풍력 에너지, 높은 곳에서 물이 떨어지는 힘을 이용하는 수력 에너지, 밀물과 썰물의 높이 차이를 이용하는 조력 에너지도 여기에 포함됩니다.

두 번째는 생물을 이용한 에너지입니다. 생물과 관련 있음을 뜻하는 영어 단어인 '바이오(bio)'를 붙여 '바이오 에너지'라고도 합니다. 바이오 에너지는 농작물 찌꺼기, 가축의 배설물, 음식물 쓰레기와 같이 생물에서 비롯된 자원을 이용하여 얻는 에너지를 말합니다.

세 번째는 수소를 이용한 에너지입니다. 수소는 모든 물질 가운데 가장 가벼운 기체로, 물에서 얻을 수 있습니다. 수소는 공기 중의 산소와 만나면 화학 반응을 일으켜 에너지를 만들어 냅니다. 이때 오염 물질은 전혀 발생하지 않고 오직 물만 배출됩니다. 다만 현재까지는 대부분의 수소가 물이 아닌 화석 연료에서 생산되기 때문에, 수소 에너지를 완전한 친환경 에너지로 보기는 어렵습니다.

신재생 에너지는 아무리 써도 고갈되지 않고 무한하게 쓸 수 있는 에너지입니다. 게다가 환경 오염 물질을 배출하지 않으므로 환경친화적이고, 화석 연료를 수입하는 데 드는 비용을 절감할 수 있어 경제적입니다.

어휘 풀이

☐ **섭취하다** 영양분 등을 몸속에 받아들이다.

☐ **무한정** 정해지거나 제한된 것이 없음. (無 없을 무, 限 한계 한, 定 정할 정)

☐ **전환되다** 다른 방향이나 상태로 바뀌다.

☐ **배설물** 생물체가 몸 밖으로 내보내는 똥이나 오줌, 땀 같은 노폐물.

☐ **고갈되다** 자원이나 물질 등이 다 써서 없어지다. (枯 마를 고, 渴 목마를 갈)

☐ **환경친화적** 자연환경을 오염하지 않고 자연 그대로의 환경과 잘 어울리는 것.

☐ **절감하다** 아껴서 줄이다.

1

중심
생각

전략 적용

이 글의 목적으로 알맞은 것에 ◯표 하세요.

(1) 화석 연료 에너지를 사용하자고 설득하는 글이다.   (   )

(2) 신재생 에너지의 종류와 장점을 알려 주는 글이다.   (   )

(3) 환경 오염 물질을 배출하면 안 된다고 설득하는 글이다.   (   )

(4) 음식을 섭취하여 에너지를 얻는 방법을 알려 주는 글이다.   (   )

2

내용
이해

이 글의 내용으로 알맞지 <u>않은</u> 것은 무엇인가요?   (   )

① 화석 연료는 땅속에 묻혀 있다.

② 수소가 산소와 만나면 에너지를 만들어 낸다.

③ 신재생 에너지는 쓸 수 있는 양이 정해져 있다.

④ 태양 에너지는 태양의 빛과 열을 이용한 것이다.

⑤ 생물을 이용한 에너지는 바이오 에너지라고 불린다.

⚡ 어떻게 알았나요?

신재생 에너지는 아무리 써도   되지 않는 에너지입니다.

3

내용
이해

수소 에너지에 대해 바르게 이해한 친구의 이름을 쓰세요.

> 지수: 수소 에너지를 사용하면 물이 배출돼.
>
> 민경: 수소 에너지는 완전한 친환경 에너지야.
>
> 기현: 현재 대부분의 수소는 물에서 생산되고 있어.

(   )

4

★ 추론

㉠에 들어갈 이어 주는 말로 알맞은 것은 무엇인가요?   (   )

① 그래서   ② 그러나   ③ 그리고   ④ 하지만   ⑤ 왜냐하면

5 ㉮~㉭와 관련 있는 신재생 에너지가 무엇인지 찾아 두 개씩 기호를 쓰세요.

창의

> ㉮ 땅속에서 올라오는 열
> ㉯ 밀을 수확하고 남은 밀짚
> ㉰ 소 농장에서 배출되는 소똥
> ㉱ 바닷가로 밀려오는 파도의 움직임

(1) 생물을 이용한 에너지: (,   )
(2) 자연의 힘을 이용한 에너지: (,   )

핵심 정리

6 노트의 빈칸을 채우며, 이 글의 내용을 정리해 보세요.

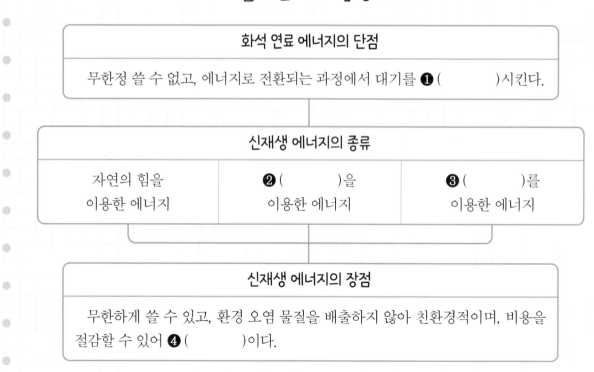

「미래를 위한 에너지」 정리하기

화석 연료 에너지의 단점
무한정 쓸 수 없고, 에너지로 전환되는 과정에서 대기를 ❶ (   )시킨다.

신재생 에너지의 종류		
자연의 힘을 이용한 에너지	❷ ( )을 이용한 에너지	❸ ( )를 이용한 에너지

신재생 에너지의 장점
무한하게 쓸 수 있고, 환경 오염 물질을 배출하지 않아 친환경적이며, 비용을 절감할 수 있어 ❹ (   )이다.

어휘 다지기

1 다음 낱말의 뜻으로 알맞은 것을 찾아 선으로 이으세요.

(1) 고갈되다 • • ① 아껴서 줄이다.

(2) 전환되다 • • ② 다른 방향이나 상태로 바뀌다.

(3) 절감하다 • • ③ 자원이나 물질 등이 다 써서 없어지다.

2 빈칸에 알맞은 낱말을 보기 에서 찾아 쓰세요.

보기   무한정   배설물   환경친화적

(1) 일회용품을 적게 사용하는 것은 (   )인 행동이다.

(2) 가축의 (   )은 농사를 지을 때 거름으로 사용할 수 있다.

(3) 비가 그치기를 (   ) 기다릴 수 없어서 비를 맞으며 집에 갔다.

어휘 키우기

3 다음 밑줄 친 낱말과 같은 뜻의 '들다'가 쓰인 것에 V표 하세요.

다의어

화석 연료를 수입하는 데 드는 비용을 절감할 수 있어 경제적입니다.

(1) 가로수에 울긋불긋하게 단풍이 들었다. □

(2) 이번 글짓기 대회에서 3등 안에 드는 것이 목표이다. □

(3) 기차를 타면 금방 도착하지만, 버스로 가면 시간이 많이 든다. □

또 하나의 가족, 반려견

인문 | 935자

📖 교과 연계
사회 3-2 사회 변화와 다양한 문화

1 예전에는 사람과 함께 사는 개를 '애완견'이라고 불렀습니다. 하지만 요즘은 '반려견'이 더 널리 쓰입니다. '애완'은 보고 즐기는 대상이라는 뜻이 있는 반면, '반려'는 '짝이 되는 친구'라는 뜻입니다. 강아지를 가족처럼 여기는 사람들이 늘어나면서 그 명칭이 달라진 것입니다. 그럼에도 여전히 우리 사회에서는 반려견의 유기, ㉠반려견을 기르는 사람과 기르지 않는 사람 사이의 갈등 등 여러 가지 문제가 발생하고 있습니다. 이를 해결하기 위해서는 올바른 반려견 문화가 정착되어야 합니다.

2 올바른 반려견 문화의 첫걸음은 반려견을 기르려는 사람이 책임감을 가지고 반려견을 맞이하는 것입니다. '귀여운데 나도 길러 볼까?'처럼 가벼운 마음으로 반려견을 데려와서는 안 됩니다. 이렇게 데려올 경우, 시간이나 비용 등의 부담이 커졌을 때 기르는 것을 쉽게 포기하게 됩니다. 반려견은 상품이 아니라 하나의 생명입니다. 따라서 반려견을 돌볼 시간이 있는지, 반려견의 사료와 용품을 구매할 능력이 있는지 등을 신중하게 따져 본 뒤에 반려견 입양을 결정해야 합니다.

3 반려견을 기르는 보호자는 반려견 예절을 지켜야 합니다. 공동 주택에서 반려견을 기를 때는 소음이나 배설물로 이웃에게 피해가 가지 않도록 주의해야 합니다. 또 반려견과 외출할 때는 반려견에게 목줄이나 가슴 줄을 착용시키고, 보호자의 연락처가 적힌 인식표를 부착하며, 배설물을 수거할 봉투를 챙겨야 합니다.

4 반려견을 기르지 않는 사람들이 지켜야 할 예절도 있습니다. 산책 중인 반려견에게 소리를 지르거나, 보호자의 허락 없이 반려견을 만져서는 안 됩니다. 이러한 행동을 하면 반려견이 놀라서 사람을 공격할 위험이 있습니다.

5 올바른 반려견 문화는 반려견을 기르려는 사람, 기르고 있는 사람, 기르지 않는 사람 모두가 동물을 존중하고 서로를 배려할 때 정착될 수 있습니다. 인간과 반려견이 공존하는 행복한 사회를 위해 우리부터 노력합시다.

어휘 풀이

☐ **명칭** 사람이나 사물 등을 가리켜 부르는 이름.

☐ **유기** 내다 버림. (遺 남길 유, 棄 버릴 기)

☐ **정착되다** 새로운 문화 현상 등이 당연한 것으로 사회에 받아들여지다.

☐ **부담** 어떠한 의무나 책임을 짐.

☐ **부착하다** 떨어지지 않게 붙이거나 달다.

☐ **수거하다** 거두어 가다. (收 거둘 수, 去 갈 거)

☐ **공존하다** 서로 도와서 함께 존재하다. (共 함께 공, 存 있을 존)

1 **전략 적용**
글쓴이가 이 글을 쓴 목적으로 알맞은 것을 찾아 기호를 쓰세요.

중심
생각

㉮ 새로운 반려견 문화를 소개하기 위해
㉯ 반려견과 관련된 여러 가지 문제점을 알려 주기 위해
㉰ 올바른 반려견 문화를 정착시켜야 한다고 설득하기 위해

(   )

2 이 글의 내용으로 알맞은 것에 ○표 하세요.

내용
이해

(1) 공동 주택에서 반려견을 길러서는 안 된다. (   )

(2) 가벼운 마음으로 반려견을 데려오면 기르는 것을 쉽게 포기할 수 있다. (   )

(3) 올바른 반려견 문화는 반려견을 기르는 사람의 노력만으로 정착될 수 있다. (   )

(4) 강아지를 가족처럼 여기게 되면서 '애완견'이라는 말이 널리 쓰이게 되었다. (   )

3 ㉠을 해결할 방법으로 알맞지 <u>않은</u> 것은 무엇인가요? (   )

내용
이해

① 산책 중인 반려견에게 소리를 지르지 않는다.
② 반려견과 외출할 때 반려견에게 가슴줄을 착용시킨다.
③ 보호자의 허락 없이 반려견을 마음대로 만지지 않는다.
④ 반려견이 하나의 생명이라는 책임감을 가지고 입양한다.
⑤ 이웃에게 피해가 가지 않도록 반려견의 배설물을 잘 치운다.

4 반려견을 입양하기 전에 한 행동이 적절하지 <u>않은</u> 친구의 이름을 쓰세요.

창의

가람: 학교에 다녀와서 강아지를 산책시킬 시간이 있는지 확인해 보았어.
다정: 친구네 강아지가 귀여워서 같은 종의 강아지를 데려오기로 마음먹었어.
희나: 내 용돈으로 반려견을 기를 때 필요한 물건을 살 수 있는지 따져 보았어.

(   )

5 다음 내용이 들어가기에 알맞은 문단은 어디인가요? (   )

★ 추론

> 몸집이 커서 사람들에게 공포심을 줄 수 있는 반려견은 외출할 때 입마개를 착용시키는 것이 좋습니다. 입마개를 했더라도 지나가는 사람이 반려견을 무서워한다면, 보호자는 반려견을 데리고 길옆으로 비켜서서 그 사람이 안전하게 지나갈 때까지 기다려 주어야 합니다.

① **1** 문단   ② **2** 문단   ③ **3** 문단   ④ **4** 문단   ⑤ **5** 문단

💡 어떻게 알았나요?

반려견의 입마개 착용은 반려견을 기르는 [   ] 가 지켜야 할 예절입니다.

핵심 정리

6 노트의 빈칸을 채우며, 이 글의 내용을 정리해 보세요.

「또 하나의 가족, 반려견」 정리하기

올바른 반려견 문화

반려견을 기르려는 사람	반려견을 기르고 있는 사람	반려견을 기르지 않는 사람
자신의 상황을 따져 본 뒤, ❶ ( )을 가지고 반려견을 맞이한다.	❷ ( )에게 피해가 가지 않도록 주의하고, 반려견과 외출할 때 필요한 물품을 챙긴다.	산책 중인 반려견에게 소리를 지르거나 보호자의 ❸ ( ) 없이 반려견을 만지지 않는다.

어휘 다지기

1 다음 낱말의 뜻으로 알맞은 것을 찾아 선으로 이으세요.

(1) 부착하다 •

(2) 수거하다 •

(3) 정착되다 •

• ① 거두어 가다.

• ② 떨어지지 않게 붙이거나 달다.

• ③ 새로운 문화 현상 등이 당연한 것으로 사회에 받아들여지다.

2 빈칸에 알맞은 낱말을 보기 에서 찾아 쓰세요.

보기	명칭	부담	유기

(1) 내가 맡은 일은 쉽고 간단해서 별로 (　　　　　　)이/가 없다.

(2) 주인에게 버림받은 동물들은 (　　　　　　) 동물 보호소로 보내진다.

(3) 서울 사대문 중 하나인 '남대문'의 정확한 (　　　　　　)은/는 '숭례문'이다.

어휘 키우기

3 다음 뜻을 가진 '동(動)'이 사용된 낱말에 모두 ∨표 하세요.

한자어

動
움직일 동

예 동물(動物): 사람을 제외한 날짐승 등의 움직이는 생물.

(1) 작동(作): 기계 등을 움직이게 함. ☐

(2) 냉동(冷): 생선이나 육류 등을 신선하게 보관하기 위해 얼림. ☐

(3) 운동(運): 사람이 몸을 단련하거나 건강을 위해 몸을 움직이는 일. ☐

4 글의 내용 간추리기

개념 이해

    간추리기란 긴 글을 짧게 줄이는 것을 말합니다. 하지만 글의 분량을 그저 짧게 줄이기만 해서는 안 됩니다. 글의 핵심적인 내용을 빠뜨리지 않아야 하지요. 그래서 글을 잘 간추리려면 문단별로 중심 문장을 찾는 것이 중요합니다. 문단의 중요한 내용이 중심 문장에 담겨 있기 때문입니다.

    글의 내용을 간추릴 때는 각 문단에서 중심 문장을 찾은 다음, 이 중심 문장들을 자연스럽게 이어 주면 됩니다.

이렇게 해요!

① 각 문단의 중심 문장을 찾습니다.

② 중심 문장들을 이어서 전체 내용을 하나로 정리합니다.

③ 문장을 이을 때는 '그리고', '그래서', '그러나'와 같은 이어 주는 말을 사용할 수 있습니다.

> 중심 문장이 잘 드러나지 않는다면, 그 문단의 중요한 내용을 찾아서 정리해 봐.

확인 문제

[1~2] 다음 글을 읽고, 물음에 답하세요.

> **1** 비대면 진료는 스마트폰이나 컴퓨터 등을 이용하여 의사에게 진료를 받는 서비스입니다. 환자가 직접 병원에 방문하여 진료를 받는 대면 진료와 반대되는 개념이지요. 우리나라에서 비대면 진료는 원칙적으로 불법입니다. 하지만 코로나19 이후, 병원 내 감염을 막기 위해 비대면 진료가 한시적으로 허용되었습니다.
>
> **2** 비대면 진료의 장점은 병원에 가지 않고도 누구나 쉽게 의료 서비스를 받을 수 있다는 점입니다. 거동이 불편한 노인이나 평일에 일을 하는 근로자처럼 병원을 찾기 힘든 사람들은 제때에 진료를 받지 못해 병을 키우곤 합니다. 비대면 진료는 이러한 사람들이 치료 시기를 놓치지 않고 건강을 관리할 수 있게 해 줍니다.
>
> **3** 비대면 진료는 의사가 환자의 말에만 의존하여 문제를 파악해야 한다는 단점도 있습니다. 대면 진료에서는 의사가 환자에게 증상을 묻는 것뿐만 아니라, 청진기로 소리를 듣거나 문제가 있는 신체 부위를 만져 보는 등 다양한 방법으로 환자를 진단합니다. 하지만 비대면 진료에서는 환자의 몸 상태를 의사가 직접 살펴볼 수 없습니다. 이로 인해 의사가 잘못된 진단을 내릴 위험이 있습니다.

1 **1**~**3** 문단의 중심 문장을 찾아 각각 밑줄을 그어 보세요.

> 중심 문장은 문단의 내용을 대표하는 문장이야.

2 다음 빈칸에 알맞은 말을 넣어 이 글의 내용을 간추리세요.

> 1번 문제에서 밑줄 그은 중심 문장을 참고해 봐.

> (1)(   ) 진료는 스마트폰이나 컴퓨터 등을 이용하여 진료를 받는 서비스이다. 비대면 진료의 (2)(   )은 병원에 가지 않고도 누구나 쉽게 의료 서비스를 받을 수 있다는 점이다. 그러나 의사가 환자의 말에만 의존하여 문제를 파악해야 하기 때문에 잘못된 진단을 내릴 위험이 있다는 (3)(   )도 있다.

연습

북극여우가 추위에서 살아남는 법

과학 | 823자

교과 연계
과학 3-1 동물의 생활

1 동물은 저마다 독특한 생김새를 가지고 있어요. 각자 살아가는 환경에 맞추어 오랜 시간 적응해 왔기 때문이지요. 북극에 사는 북극여우도 마찬가지예요. ㉠북극여우는 바닷물이 얼 만큼 춥고 사방이 눈과 얼음으로 뒤덮인 북극의 환경에서도 살아남을 수 있는 생김새를 가졌어요.

2 ㉡북극여우는 추위를 막아 주는 털이 몸 전체에 빽빽하게 나 있어요. 북극여우의 털은 숲이나 사막에 사는 여우의 털보다 두껍고 촘촘해서 몸을 따뜻하게 유지할 수 있어요. 그리고 기온이 내려가면 추위를 견딜 수 있도록 털이 두 배가량 더 빨리 자라요.

3 ㉢북극여우는 귀가 짧고 작아서 몸 안의 열이 밖으로 잘 빠져나가지 않아요. 추운 곳에서는 바깥으로 노출되는 몸의 면적이 작을수록 유리해요. 그래야 몸에 있는 열을 덜 빼앗기기 때문이에요. 날씨가 추울 때 몸을 작게 웅크려 바깥에 닿는 면적을 줄이는 것을 떠올리면 이해하기 쉬울 거예요. 이처럼 북극여우는 짧고 작은 귀 덕분에 몸의 열을 지킬 수 있어요.

4 ㉣북극여우의 발바닥은 보온 효과가 뛰어나요. 북극여우는 날이 추워지면 발바닥의 혈관을 확장하여 따뜻한 피를 발바닥으로 더 많이 보내요. 게다가 북극여우는 발바닥이 두툼한 털로 덮여 있어 맨발이 언 땅에 곧바로 닿지 않아요. 그래서 북극여우는 눈이나 얼음 위를 걸어도 동상에 걸리지 않아요.

5 북극여우는 계절에 따라 털 색깔이 달라져요. ㉤북극은 대부분 겨울이지만, 1년에 한두 달 정도 여름이 있어요. 눈이 많은 겨울 동안 북극여우의 털은 흰색을 띠어요. 새하얀 눈과 비슷한 색깔이라 몸을 쉽게 숨길 수 있지요. 그리고 눈이 녹아 땅이 드러나는 여름이 오면, 북극여우의 털은 땅 색깔을 닮은 짙은 회갈색으로 바뀐답니다.

어휘 풀이

□ **적응하다** 어떠한 조건이나 환경에 익숙해지거나 알맞게 변화하다.

□ **면적** 일정한 면이 차지하는 크기.

□ **유리하다** 이익이 있다. (有 있을 유, 利 이로울 리)

□ **보온** 따뜻한 온도를 일정하게 유지함. (保 보전할 보, 溫 따뜻할 온)

□ **확장하다** 범위, 크기, 세력 등을 늘려서 넓히다.

□ **동상** 심한 추위 때문에 피부가 얼어서 상하는 것. (凍 얼 동, 傷 다칠 상)

1

내용
이해

북극여우에 대한 설명으로 알맞은 것을 두 개 고르세요.   (,   )

① 숲이나 사막에 산다.

② 귀의 혈관을 확장할 수 있다.

③ 기온이 올라가면 털이 더 빨리 자란다.

④ 얼음 위를 걸어도 동상에 걸리지 않는다.

⑤ 여름이 되면 털이 짙은 회갈색으로 바뀐다.

2

내용
이해

각 문단과 그 중심 문장을 알맞게 연결하지 <u>못한</u> 것은 무엇인가요?   (   )

① **1** — ㉠   ② **2** — ㉡   ③ **3** — ㉢   ④ **4** — ㉣   ⑤ **5** — ㉤

3

구조
파악

전략 적용

이 글의 내용을 다음과 같이 간추릴 때, (   )에서 알맞은 말을 골라 ◯표 하세요.

> 북극여우는 북극의 (1)(추운 / 따뜻한) 환경에서도 살아남을 수 있는 생김새를 가졌다. 북극여우의 몸 전체에는 두꺼운 털이 (2)(듬성하게 / 빽빽하게) 나 있다. 북극여우의 (3)(귀 / 코)는 짧고 작아서 몸 안의 열이 밖으로 잘 빠져나가지 않고, 발바닥은 (4)(보냉 / 보온) 효과가 뛰어나다. 북극여우의 털은 몸을 쉽게 숨길 수 있도록 계절에 따라 (5)(양 / 색깔)이 달라진다.

 어떻게 알았나요?

북극여우는 날이 추워지면 따뜻한 피를   으로 더 많이 보냅니다.

4

★추론

북극여우의 모습으로 알맞은 것에 ◯표 하세요.

(1)

(   )

(2)

(   )

지명에서 유래된 재미있는 우리말

인문 | 896자

📖 교과 연계
사회 3-1 일상에서 만나는 과거

우리말 중에는 특정한 지역의 이름과 관련된 것들이 있습니다. 안성맞춤, 벽창호, 함흥차사 등이 그러한 예입니다. 이 말들에는 그 지역에 얽힌 재미난 이야기가 담겨 있습니다.

'필요에 맞게 잘 만들어진 물건'을 뜻하는 안성맞춤은 경기도 안성의 품질 좋은 유기에서 비롯된 말입니다. 예로부터 안성의 유기는 튼튼하고 질이 좋기로 유명했습니다. 유기를 만드는 솜씨가 뛰어난 장인들이 이 지역에 많았기 때문입니다. 안성의 장인에게 유기를 주문하면, 주문자가 요구한 대로 정교하게 모양을 만들어 주었다고 합니다. 이렇듯 안성에서 맞춘 유기는 마음이 흡족할 만큼 훌륭하다고 하여 안성맞춤이라는 말이 생겨났습니다.

'고집이 매우 센 사람'을 이르는 벽창호는 평안북도 벽동과 창성의 소에서 유래한 말입니다. 이 지역에서 나는 소는 유달리 억세고 무뚝뚝하며 말을 잘 듣지 않았습니다. ☐ ㉠ ☐ 고집불통인 소가 있으면 '벽창우'라고 불렀습니다. 벽창우란 벽동과 창성의 앞 글자에다 소를 뜻하는 한자 '우(牛)'를 붙인 낱말입니다. 벽창우는 세월이 흐르면서 발음이 '벽창호'로 변했고, '말이 통하지 않는 고집쟁이'라는 의미를 갖게 되었습니다.

'심부름을 간 사람이 좀처럼 오지 않음'이라는 뜻의 함흥차사는 함경남도 함흥으로 간 차사와 관련된 말입니다. 조선 초기, 태조 이성계의 다섯 번째 아들인 이방원은 난을 일으켜 왕의 자리에 올랐습니다. 아들에게 크게 실망한 이성계는 궁을 떠나 고향인 함흥으로 가 버렸습니다. 이방원은 아버지를 다시 모셔 오기 위해 여러 명의 차사를 함흥으로 보냈습니다. 그러자 백성들 사이에는 함흥에 간 차사들이 이성계에게 죽임을 당해 돌아오지 못한다는 소문이 퍼졌습니다. 비록 이 소문은 역사적 사실이 아니었지만, 이후로도 한번 간 사람이 소식도 없이 돌아오지 않는 경우에 함흥차사라는 말을 쓰게 되었습니다.

어휘 풀이

☐ **유기** 놋쇠로 만든 그릇.

☐ **장인** 손으로 물건을 만드는 일을 직업으로 하는 사람.

☐ **요구하다** 필요하거나 받아야 할 것을 달라고 청하다. (要 중요할 요, 求 구할 구)

☐ **흡족하다** 조금도 모자람이 없을 정도로 넉넉하여 만족하다.

☐ **억세다** 팔, 다리, 골격 등이 매우 크고 거칠어 힘이 세다.

☐ **고집불통** 자기의 생각이나 주장을 굽힐 줄 모르고 고집이 셈.

☐ **차사** 임금이 중요한 임무를 위하여 보내던 사람.

☐ **난** 전쟁이나 나라 안에서 일어난 싸움. (亂 어지러울 난)

1 이 글에서 설명하는 내용이 무엇인지 빈칸에 알맞은 말을 각각 쓰세요.

중심
생각

특정한 (　　　　　　)의 (　　　　　　　　)과 관련된 우리말

2 이 글을 읽고 알 수 있는 내용으로 알맞지 <u>않은</u> 것은 무엇인가요?　(　　　)

내용
이해

① 이성계는 이방원의 아버지이다.

② 벽창호의 원래 발음은 '벽창우'이다.

③ 벽동과 창성은 평안북도에 있는 지역의 이름이다.

④ 이방원이 함흥으로 보낸 차사들은 모두 죽임을 당했다.

⑤ 안성에서는 장인에게 원하는 모양의 유기를 주문할 수 있었다.

어떻게 알았나요?

함흥에 간　　　　　　와 관련된 소문은 역사적　　　　　이 아니었습니다.

3
전략 적용

다음은 이 글의 내용을 간추린 것입니다. ㉮~㉱ 중 알맞지 <u>않은</u> 것을 찾아 기호를 쓰세요.

구조
파악

> ㉮우리말 중에는 특정한 지역의 이름과 관련된 것들이 있습니다. ㉯안성맞춤은 경기도 안성의 품질 좋은 유기에서 비롯된 말로, '필요에 맞게 잘 만들어진 물건'을 뜻합니다. ㉰벽창호는 평안북도 벽동과 창성의 소에서 유래한 말로, 고집불통인 소를 부를 때 사용합니다. ㉱그리고 함흥차사는 함경남도 함흥으로 간 차사와 관련된 말로, 심부름을 간 사람이 좀처럼 오지 않을 때 씁니다.

(　　　　　)

4 ㉠에 들어갈 이어 주는 말로 알맞은 것은 무엇인가요?　(　　　)

★추론

① 그래서　　　② 그러나　　　③ 그리고　　　④ 하지만　　　⑤ 왜냐하면

5 빈칸에 들어갈 우리말로 알맞은 것을 찾아 선으로 이으세요.

창의

(1) 엄마가 생일 선물로 사 주신 신발이
나에게 [   ]이었어.

(2) 준비물을 사러 간 동생이 올 때가
지났는데 아직도 [   ]야.

(3) 민준이는 [   ]여서 친구들이
아무리 조언해 주어도 듣지 않아.

• ① 벽창호

• ② 안성맞춤

• ③ 함흥차사

핵심 정리

6 노트의 빈칸을 채우며, 이 글의 내용을 정리해 보세요.

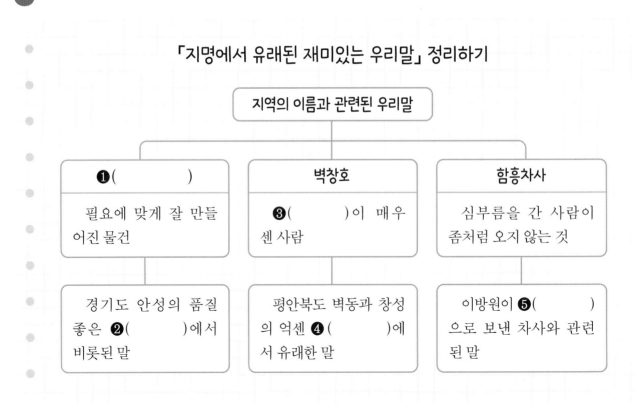

「지명에서 유래된 재미있는 우리말」 정리하기

지역의 이름과 관련된 우리말

❶( )	벽창호	함흥차사
필요에 맞게 잘 만들어진 물건	❸( )이 매우 센 사람	심부름을 간 사람이 좀처럼 오지 않는 것
경기도 안성의 품질 좋은 ❷( )에서 비롯된 말	평안북도 벽동과 창성의 억센 ❹( )에서 유래한 말	이방원이 ❺( )으로 보낸 차사와 관련된 말

어휘 다지기

1 다음 낱말의 뜻으로 알맞은 것을 찾아 선으로 이으세요.

(1) 억세다 •

(2) 요구하다 •

(3) 흡족하다 •

• ① 필요하거나 받아야 할 것을 달라고 청하다.

• ② 팔, 다리, 골격 등이 매우 크고 거칠어 힘이 세다.

• ③ 조금도 모자람이 없을 정도로 넉넉하여 만족하다.

2 빈칸에 알맞은 낱말을 보기 에서 찾아 쓰세요.

보기	유기	장인	고집불통

(1) ( )인 지수는 뭐든지 자기 마음대로 하려고 한다.

(2) 놋쇠로 만든 ( )은/는 우리나라 고유의 그릇이다.

(3) 이분은 전통적인 방식으로 도자기를 굽는 ( )이다.

어휘 키우기

3 다음 뜻풀이를 읽고, 밑줄 친 낱말의 뜻으로 알맞은 것을 찾아 각각 기호를 쓰세요.

다의어

통하다	㉠ 막힘이 없이 흐르다. ㉡ 마음이나 생각 등이 다른 사람에게 잘 전달되거나 이해되다. ㉢ 어떤 과정이나 경험을 바탕으로 하다.

(1) 오래 알고 지낸 친구와는 마음이 잘 통한다. ( )

(2) 이곳은 공기가 잘 통하지 않아 퀴퀴한 냄새가 난다. ( )

(3) 그는 꾸준한 연습을 통하여 시합에서 이길 수 있었다. ( )

일상을 구독하세요

사회 | 978자

📖 교과 연계
사회 4-1 경제활동과 지역 간 교류

㉠'구독 경제'란 일정 기간마다 비용을 내고 상품이나 서비스를 이용하는 경제 활동을 말합니다. 원래 '구독'은 정기적으로 발행되는 신문이나 잡지 등을 배달받는 것을 의미했습니다. 그러나 이제는 읽을거리만이 아니라 꽃이나 음식, 음악, 동영상 콘텐츠에 이르기까지 다양한 품목을 구독하는 시대가 되었습니다. 구독 경제를 도입하는 기업이 점점 많아지면서, 구독 경제의 규모는 나날이 커지고 있습니다.

구독 경제에는 크게 두 가지 유형이 있습니다. ㉡첫 번째는 월 사용료를 내면 물건을 정기적으로 배송해 주는 '정기 배송 유형'입니다. 앞서 설명한 신문이나 잡지 구독이 이 유형에 해당합니다. 최근에는 그 종류가 확장되어 식료품, 생필품, 의류 등 생활에 필요한 거의 모든 상품을 구독할 수 있습니다. 또한 매달 동일한 제품을 보내 주는 것을 넘어서, 소비자의 건강 상태나 취향을 분석하여 맞춤형 제품을 보내 주는 구독 서비스도 등장했습니다.

두 번째는 일정한 요금을 내고 콘텐츠를 무제한으로 이용하는 '무제한 이용 유형'입니다. ㉢마치 놀이공원에서 자유 이용권을 끊으면 그 안에 있는 놀이기구를 마음껏 탈 수 있는 것과 비슷합니다. 이 유형은 음악, 영화, 전자책과 같은 디지털 콘텐츠를 제공하는 기업에서 주로 활용하고 있습니다. 한 달에 얼마를 지불하면 그 기간 동안 스마트폰으로 마음껏 음악을 들을 수 있는 서비스가 대표적인 예입니다.

㉣구독 경제는 편리하고 경제적이라는 장점이 있습니다. 정기 배송 유형은 매번 직접 주문하지 않아도 때가 되면 알아서 제품을 배송해 주기 때문에 편리합니다. 그리고 무제한 이용 유형은 따로따로 구매하는 것보다 저렴한 비용으로 다양한 콘텐츠를 즐길 수 있어서 경제적입니다.

㉤구독 경제에는 단점도 있습니다. 정기적으로 상품을 배송받다 보면 제때 사용하지 못한 제품이 계속 쌓여서 결국 버리게 되는 경우가 있습니다. 또 콘텐츠를 전혀 이용하지 않아도 무제한으로 이용한 것과 똑같은 비용이 결제되므로 반드시 경제적이라고 볼 수는 없습니다.

어휘 풀이

□ **일정** 어떤 것의 크기, 모양, 범위, 시간 등이 하나로 정해져 있음. (— 하나 일, 定 정할 정)

□ **발행되다** 책이나 신문 등이 찍혀서 세상에 나오다.

□ **콘텐츠** 인터넷이나 컴퓨터 통신 등을 통하여 제공되는 각종 정보나 그 내용물.

□ **도입하다** 기술, 방법, 물자 등을 들여오다.

□ **규모** 물건이나 현상의 크기나 범위.

□ **지불하다** 돈을 내거나 값을 치르다.

1 이 글을 읽고 알 수 있는 내용이 <u>아닌</u> 것에 ✕표 하세요.

내용
이해

(1) 구독 경제의 뜻 ( )

(2) 구독 경제의 유형 ( )

(3) 구독 경제의 장단점 ( )

(4) 구독 경제의 등장 배경 ( )

2 '정기 배송 유형'의 특징으로 알맞은 것을 두 개 고르세요. (,)

내용
이해

① 월 사용료를 내야 한다.

② 최근에는 거의 활용되지 않는다.

③ 필요할 때마다 직접 주문해야 한다.

④ 신문이나 잡지 구독이 이 유형에 해당한다.

⑤ 매달 동일한 제품을 보내 주는 서비스만 제공한다.

💡 어떻게 알았나요?

소비자의 건강 상태나 취향을 분석하여 [   ] 제품을 보내 주는 서비스도 등장했습니다.

3

전략 적용

㉠~㉤ 중 이 글의 내용을 간추릴 때 꼭 필요한 문장이 <u>아닌</u> 것은 무엇인가요? ( )

구조
파악

① ㉠   ② ㉡   ③ ㉢   ④ ㉣   ⑤ ㉤

4 이 글을 읽고, '무제한 이용 유형'에 대해 알맞게 짐작한 것을 찾아 기호를 쓰세요.

★ 추론

㉮ 매달 다른 꽃을 배송받고 싶을 때도 이용할 수 있을 것이다.

㉯ 디지털 콘텐츠를 이용할 수 있는 전자 기기가 필요할 것이다.

㉰ 콘텐츠를 하나만 이용할 때는 더 적은 비용이 결제될 것이다.

( )

5 다음은 구독 경제 서비스를 이용한 경험을 말한 것입니다. 구독 경제의 단점을 경험한 친구의 이름을 쓰세요.

창의

> 지웅: 칫솔을 구독하는 서비스를 신청해 보았어. 칫솔을 바꿔야 할 때쯤 알아서 새 칫솔이 오더라.
>
> 수빈: 우리 집은 우유를 구독한 적이 있어. 그런데 며칠 동안 우유를 마시지 않았더니 상해서 결국 버렸어.
>
> 다경: 영화 구독 서비스를 신청해서 영화를 마음껏 보았어. 한 편씩 구매했다면 더 많은 돈을 내야 했을 거야.

(   )

6 노트의 빈칸을 채우며, 이 글의 내용을 정리해 보세요.

「일상을 구독하세요」 정리하기

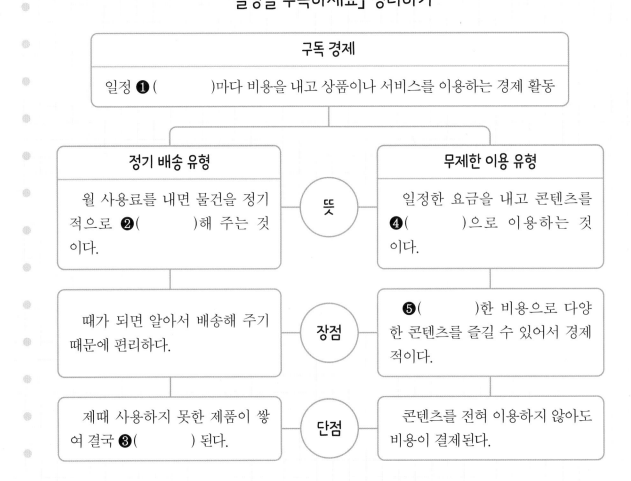

구독 경제

일정 ❶(   )마다 비용을 내고 상품이나 서비스를 이용하는 경제 활동

정기 배송 유형		무제한 이용 유형
월 사용료를 내면 물건을 정기적으로 ❷( )해 주는 것이다.	뜻	일정한 요금을 내고 콘텐츠를 ❹( )으로 이용하는 것이다.
때가 되면 알아서 배송해 주기 때문에 편리하다.	장점	❺( )한 비용으로 다양한 콘텐츠를 즐길 수 있어서 경제적이다.
제때 사용하지 못한 제품이 쌓여 결국 ❸( ) 된다.	단점	콘텐츠를 전혀 이용하지 않아도 비용이 결제된다.

어휘 다지기

1 다음 낱말의 뜻으로 알맞은 것을 찾아 선으로 이으세요.

(1) 도입하다 •

(2) 발행되다 •

(3) 지불하다 •

• ① 돈을 내거나 값을 치르다.

• ② 기술, 방법, 물자 등을 들여오다.

• ③ 책이나 신문 등이 찍혀서 세상에 나오다.

2 빈칸에 알맞은 낱말을 보기 에서 찾아 쓰세요.

보기   규모   일정   콘텐츠

(1) 얼마 전에 (   )이/가 큰 대형 병원이 새로 지어졌다.

(2) 요즘은 스마트폰으로 여러 가지 (   )을/를 감상한다.

(3) 그 대회는 실력이 (   ) 수준이 되어야 참가할 수 있다.

어휘 키우기

3 다음 설명을 읽고, (   )에서 알맞은 낱말을 골라 ○표 하세요.

헷갈리는 말

| 반드시 | 틀림없이 꼭.
예 규칙을 반드시 지키다. |
| 반듯이 | 비뚤어지거나 굽거나 흐트러지지 않고 바르게.
예 손수건을 반듯이 펴다. |

(1) 의자에 (반드시 / 반듯이) 앉아서 책을 읽었다.

(2) 내일은 (반드시 / 반듯이) 일찍 일어날 것이다.

(3) 모자를 벗었다가 (반드시 / 반듯이) 고쳐 썼다.

이야기의 내용 간추리기

개념 이해

이야기에서는 시간과 장소에 따라 여러 가지 일이 펼쳐집니다. 시간이 흐르면서 새로운 일이 생기기도 하고, 인물이 여기저기로 장소를 이동하면서 다양한 일을 겪기도 하지요. 그러므로 이야기 속 시간과 장소가 어떻게 변화했는지를 파악하고, 이에 따라 인물에게 일어난 일을 정리하면 이야기의 내용을 간추릴 수 있습니다.

이렇게 해요!

① 시간과 장소의 변화에 따라 일어난 일을 순서대로 정리합니다.
- 시간을 나타내는 말: '어느 날', '아침', '여름' 등
- 장소를 나타내는 말: '집 앞에서', '숲속에', '학교로' 등
② 정리한 내용을 자연스럽게 이어서 전체 이야기를 간추립니다.

이야기를 짧게 간추리면 중요한 내용이 무엇인지 쉽게 알 수 있어!

확인 문제

[1~2] 다음 글을 읽고, 물음에 답하세요.

> 마량은 그림 그리기를 아주 좋아하는 아이였어요. 어느 날, 평소처럼 방에서 그림을 그리던 마량은 깜빡 잠이 들었어요. 그런데 꿈에 신령님이 나타나 마량에게 붓 한 자루를 주었어요. 마량이 꿈에서 깼을 때 신기하게도 손에 붓이 들려 있었어요. 마량이 그 붓으로 그림을 그리자 놀라운 일이 일어났어요. 새를 그리면 진짜 새가 되어 하늘로 날아가고, 토끼를 그리면 진짜 토끼가 되어 폴짝 뛰어갔어요.
>
> "이건 요술 붓이로구나!"
>
> 그날 저녁, 마량은 어려운 처지에 있는 사람들을 자기 집 앞마당으로 불러 모았어요. 그리고는 필요한 것들을 요술 붓으로 그려 주었지요. 이 소문을 들은 욕심쟁이 왕은 마량을 붙잡아 오게 했어요.
>
> 다음 날 아침, 욕심쟁이 왕은 궁궐로 붙잡혀 온 마량에게 황금으로 된 산을 그리라고 명령했어요. 마량은 꾀를 내어 바다 위에 황금으로 된 섬과 배 한 척을 그렸어요. 그림을 본 왕은 서둘러 배에 올라탔어요.
>
> "바람을 일으켜 이 배를 섬으로 보내 다오."
>
> 마량은 바람 대신 거센 폭풍을 그려 넣었어요. 그러자 왕이 탄 배가 뒤집히고 말았지요. 마량은 왕을 남겨 둔 채 요술 붓을 들고 떠나 버렸답니다.
>
> ―「신기한 요술 붓」

이 이야기는 인물이 겪는 일을 시간의 흐름에 따라 보여 주고 있어.

1 이 글에서 시간을 나타내는 말을 세 개 찾아 동그라미 치세요.

2 다음 빈칸에 알맞은 낱말을 넣어 이 글의 내용을 간추리세요.

> 어느 날 (1)(   )에서 잠든 마량은 꿈에서 신령님께 요술 붓 한 자루를 받았다. 그날 저녁, 마량은 어려운 처지에 있는 사람들을 자기 집 (2)(   )으로 불러 필요한 것들을 요술 붓으로 그려 주었다. 다음 날 아침, 왕은 마량을 (3)(   )로 붙잡아 와 황금 산을 그리라고 명령했다. 마량은 꾀를 내어 바다 위에 황금 섬과 배 한 척을 그렸고, 왕이 배에 올라타자 폭풍을 그려 배를 뒤집히게 만들고 떠나 버렸다.

시간을 나타내는 말을 단서로 빈칸에 들어갈 말을 찾아봐.

비밀의 화원 | 프랜시스 버넷

메리는 녹슨 열쇠를 손에 꼭 쥔 채 담쟁이덩굴이 잔뜩 덮인 담장 앞에 섰습니다. 그때였습니다. 불어오는 바람에 담쟁이덩굴이 흔들리며 그 사이로 무언가가 보였습니다. 바로 열쇠 구멍이었습니다.

'여기가 바로 신비로운 비밀의 화원이구나!'

㉠메리는 콩닥대는 가슴을 진정시키며 문을 열고 들어갔습니다. 그곳은 듣던 것보다 더 신비롭고 멋진 곳이었습니다. 하지만 10년 동안이나 방치되었기 때문에 메리의 손길이 필요해 보였습니다. 메리는 그때부터 몰래 비밀의 화원을 드나들며 꽃을 가꾸었습니다. 그러는 사이 병약했던 메리는 조금씩 건강을 되찾았습니다.

그러던 어느 날, 메리는 사촌 콜린이 울고 있는 것을 보았습니다. 콜린은 다리를 쓰지 못해 줄곧 방 안에서 누워 지냈습니다. ㉡메리는 콜린을 보며 비밀의 화원을 발견하기 전 자신의 모습이 떠올랐습니다.

"콜린, 나와 함께 나가 보지 않을래?"

메리는 콜린이 비밀의 화원에 가면 걷게 될지도 모른다는 생각이 들었습니다. 외출을 꺼리던 콜린도 비밀의 화원만큼은 꼭 가 보고 싶었습니다. 메리는 콜린을 휠체어에 태워 비밀의 화원에 데려갔습니다. 메리가 비밀의 화원의 문을 열자, ㉢콜린의 눈앞에 생전 처음 보는 풍경이 펼쳐졌습니다. 알록달록한 꽃들 위로 나비와 새들이 날아다니고 있었던 것입니다. 콜린은 태어나서 처음으로 활짝 웃었습니다. 메리가 콜린에게 말했습니다.

"너도 이곳에서는 다시 걸을 수 있을 거야!"

"하지만 난 한 번도 제대로 걸어 본 적이 없는걸."

"나도 너희 집에 처음 왔을 때는 너처럼 몸이 약했어. 하지만 이 화원에 신비한 힘이 있나 봐. 이곳을 가꾸다 보니 점점 건강해졌어."

그날 이후, 메리는 콜린이 매일 비밀의 화원에서 걷는 연습을 하도록 도와주었습니다. 콜린은 처음에는 한 발짝도 떼지 못했지만, 포기하지 않고 연습했습니다. ㉣콜린이 비밀의 화원에 드나든 지 일주일쯤 만에, 콜린은 무려 열 걸음이나 걸을 수 있게 되었습니다.

어휘 풀이

□ **녹슬다** 금속이 공기 중의 산소와 결합하여 붉은색이나 푸른색 등으로 변하다.

□ **방치되다** 돌봄이나 관심을 받지 않고 그대로 두어지다. (放 놓을 방, 置 둘 치)

□ **병약하다** 병 때문에 몸이 약하다. (病 병 병, 弱 약할 약)

□ **꺼리다** 자신에게 피해가 생길까 봐 어떤 일이나 사물을 싫어하거나 피하다.

□ **떼다** 걸음을 옮기어 놓다.

1 이 글에 대한 설명으로 알맞은 것은 무엇인가요? (   )

중심
생각

① 동물을 사람처럼 표현하고 있다.

② 메리와 콜린 사이의 갈등이 드러난다.

③ 메리와 콜린을 방해하는 악당이 등장한다.

④ 메리가 발견한 장소를 중심으로 이야기가 전개된다.

⑤ 메리와 콜린이 직접 자신의 경험을 이야기하고 있다.

2 이 글을 읽고 떠올린 장면으로 알맞지 <u>않은</u> 것에 ✕표 하세요.

내용
이해

(1) 콜린이 방 안에서 누워 지내는 모습   (   )

(2) 콜린이 비밀의 화원을 보고 활짝 웃는 모습   (   )

(3) 메리가 콜린을 억지로 비밀의 화원에 데려가는 모습   (   )

(4) 메리가 담쟁이덩굴 사이에서 열쇠 구멍을 발견하는 모습   (   )

💡 어떻게 알았나요?

외출을 꺼리던   도 비밀의 화원에는 꼭 가 보고 싶었습니다.

3 ㉠~㉢에서 메리와 콜린이 느꼈을 마음을 <u>잘못</u> 짐작한 친구의 이름을 쓰세요.

★ 추론

> 지연: ㉠에서 메리는 설레고 기대되는 마음이 들었을 거야.
>
> 규민: ㉡에서 메리는 콜린을 도와주고 싶은 마음이 들었을 거야.
>
> 해주: ㉢에서 콜린은 혼자만 비밀의 화원에 드나든 메리가 미웠을 거야.
>
> 소정: ㉣에서 콜린은 자신도 걸을 수 있게 되었다는 생각에 몹시 기뻤을 거야.

(   )

4 전략 적용

다음 빈칸에 알맞은 말을 넣어 이 글의 내용을 간추리세요.

구조
파악

> 비밀의 (1)(   )을 발견한 메리는 몰래 그곳을 드나들며 꽃을 가꾸었다. 그러던 어느 날, 메리는 사촌 (2)(   )이 울고 있는 것을 보고 콜린을 비밀의 화원에 데려갔다. 그날 이후, 메리는 콜린이 매일 비밀의 화원에서 (3)(   ) 연습을 하도록 도와주었다. (4)(   )쯤 만에, 콜린은 열 걸음이나 걸을 수 있게 되었다.

만년 셔츠 | 방정환

소설 | 1,068자

살이 터지도록 추운 날, 체조 시간이었어요.

"모두 웃옷 벗어!"

선생님의 명령에 모든 학생이 웃옷을 벗는데, 창남이만 벗지 않고 있었어요.

"한창남! 왜 웃옷을 안 벗니?"

창남이는 고개를 푹 숙였어요. 그러고는 한참 동안 멈칫멈칫하다가 고개를 들고 말했어요.

"선생님, 만년 셔츠도 좋습니까?"

"만년 셔츠? 만년 셔츠가 무엇이냐?"

"맨몸입니다."

화가 난 체조 선생님은 창남이에게 다가가 웃옷을 벗으라고 호령했어요. 창남이가 웃옷을 벗자 셔츠도 적삼도 입지 않은 맨몸이 드러났어요. 선생님은 깜짝 놀라고, 학생들은 깔깔 웃었어요.

"한창남! 왜 셔츠를 안 입었니?"

"없어서 못 입었습니다."

선생님의 무섭던 눈에 눈물이 돌고, 학생들도 웃음을 멈추었어요. 다들 '창남이네가 그토록 가난했던가.'라고 생각했지요. 선생님이 다정하게 물었어요.

"창남아, 정말 셔츠가 없니?"

"오늘하고 내일만 없습니다. 모레 형님이 인천에서 올라와서 사 줍니다."

"그럼 웃옷을 다시 입거라. 모두 창남이의 용기를 배우도록 해!"

㉠만년 셔츠! 그날부터 만년 셔츠란 말이 온 학교에 퍼져서 모두가 창남이를 만년 셔츠라고 부르게 되었어요.

다음 날, 창남이가 교문 근처에 오자마자 온 학교 학생이 크게 웃기 시작했어요. 창남이가 맨몸에 양복저고리와 얇고 해진 바지를 입고 있었기 때문이었지요. 선생님은 창남이에게 무슨 일인지 물었어요.

"어째서 날마다 옷이 한 가지씩 없어지는 것이냐?"

"그저께 저녁에 바람이 몹시 불던 날, 동네에 큰불이 나서 저희 집도 반쯤 탔습니다. 그래서 모두 없어졌습니다."

"그렇지만 양복바지는 어저께도 입고 있지 않았니? 불은 그저께 나고……."

"저희 집은 반만 타다 남아서 건진 물건이 있지만, 모두 다 타 버린 집들도 많습니다. 어머니께서 우리는 먹고 잘 수 있으니, 입을 것 한 벌씩만 남기고 추

어휘 풀이

☐ **웃옷** 가장 겉에 입는 옷.

☐ **만년** 언제나 변함없이 한결같은 상태.

☐ **맨몸** 아무것도 입지 않은 몸.

☐ **호령하다** 지휘하여 명령하다. (號 부르짖을 호, 令 명령할 령)

☐ **적삼** 윗도리에 입는 한 겹으로 된 저고리 모양의 옷.

☐ **해지다** 닳아서 구멍이 나거나 찢어지다.

☐ **편찮다** 병을 앓는 상태에 있다.

위에 떨고 있는 동네 사람들에게 나눠 주자고 하셨습니다. 그래서 동네 어른들께 옷을 나누어 드렸지요. 양복바지는 어제저녁까지만 해도 제가 입고 있었습니다. 그런데 어제저녁에 이웃집 영감님이 편찮으셔서 벗어 드리고, 가을에 입던 바지를 꺼내 입고 온 것입니다."

ⓛ창남이의 말이 끝나자 모든 학생과 선생님이 조용히 고개를 숙였어요.

1

내용
이해

이 글의 내용으로 알맞지 <u>않은</u> 것은 무엇인가요? (   )

① 창남이는 모레 형님이 셔츠를 사 줄 것이라고 말했다.
② 창남이의 집이 몽땅 불에 타서 가족들이 추위에 떨었다.
③ 체조 선생님은 웃옷을 벗은 창남이를 보고 깜짝 놀랐다.
④ 체조 선생님은 학생들에게 모두 웃옷을 벗으라고 명령했다.
⑤ 학생들은 교문 근처에 나타난 창남이의 모습을 보고 크게 웃었다.

2

내용
이해

㉠의 까닭으로 알맞은 것에 ◯표 하세요.

(1) 창남이가 똑같은 셔츠를 만 년 동안 입을 것 같아서   (   )
(2) 창남이가 만 년이나 된 것 같은 낡고 해진 셔츠를 입고 다녀서   (   )
(3) 창남이가 셔츠를 입지 않은 자신의 맨몸을 만년 셔츠라고 말해서   (   )

3

구조
파악

전략 적용

다음은 이 글의 내용을 간추리기 위해 인물에게 일어난 일을 정리한 것입니다. 일이 일어난 순서에 맞게 기호를 쓰세요.

> ㉮ 다음 날, 창남이가 맨몸에 양복저고리와 얇고 해진 바지를 입고 왔다.
> ㉯ 창남이가 동네에 큰불이 나서 사람들에게 옷을 나누어 주었다고 말했다.
> ㉰ 체조 시간에 선생님이 호령하여 창남이가 웃옷을 벗었는데 맨몸이 드러났다.
> ㉱ 창남이가 셔츠를 입지 않은 이유를 들은 선생님은 모두 창남이의 용기를 배우라고 말했다.

(   ) → (   ) → (   ) → (   )

4 ⓛ에서 선생님과 학생들이 떠올렸을 생각으로 가장 알맞은 것은 무엇인가요?   (   )

★추론

① '우리 집은 불에 타지 않아서 다행이야.'

② '창남이가 나에게도 옷을 나누어 주면 좋겠어.'

③ '어려움에 처한 이웃을 돕느라 그랬던 것이구나.'

④ '얇고 해진 바지를 입은 창남이의 모습이 우스워.'

⑤ '자기가 입을 것까지 다른 사람에게 다 주다니, 정말 한심해.'

5 창남이에 대해 알맞게 평가하지 <u>못한</u> 것을 두 개 고르세요.   (,   )

평가

① 가난하지만 쾌활하다.   ② 남보다 자신을 먼저 생각한다.

③ 어려운 이웃을 배려할 줄 안다.   ④ 자존심이 세고 질투심이 강하다.

⑤ 자신의 형편을 부끄러워하지 않고 당당하게 행동한다.

어떻게 알았나요?

창남이는 이웃집 영감님이 편찮으셔서   를 벗어 드리고 가을에 입던 바지를 꺼내 입고 왔습니다.

핵심 정리

6 노트의 빈칸을 채우며, 이 글의 내용을 정리해 보세요.

「만년 셔츠」 정리하기

추운 날, 체조 시간	다음 날
• 웃옷을 벗으라는 ❶( )의 명령에 창남이가 한참 동안 멈칫거렸다. • 창남이가 웃옷을 벗자 맨몸이 드러났다. 창남이는 셔츠가 없어 입지 못했다고 말했다. • 선생님은 창남이의 용기를 칭찬했고, 그날부터 학교에 소문이 퍼져 모두가 창남이를 ❷( )라고 불렀다.	• ❸( )이가 맨몸에 양복저고리와 얇고 해진 바지를 입고 등교했다. 학생들은 크게 웃었고, 선생님은 무슨 일인지 물었다. • 창남이는 동네에 ❹( )이 나서 이웃들에게 옷을 나누어 주었다고 말했다. 이 말을 듣고 모든 학생과 선생님이 고개를 숙였다.

어휘 다지기

1 다음 낱말의 뜻으로 알맞은 것을 찾아 선으로 이으세요.

(1) 편찮다 •

(2) 해지다 •

(3) 호령하다 •

• ① 지휘하여 명령하다.

• ② 병을 앓는 상태에 있다.

• ③ 닳아서 구멍이 나거나 찢어지다.

2 빈칸에 알맞은 낱말을 보기 에서 찾아 쓰세요.

보기   만년   맨몸   웃옷

(1) 날씨가 너무 추워서 두꺼운 (   )을 걸쳤다.

(2) 나는 (   ) 꼴찌에 머무를 수 없어 열심히 공부했다.

(3) 친구들이 차례로 옷을 벗더니 (   )으로 계곡물에 뛰어들었다.

어휘 키우기

3 다음 뜻풀이를 읽고, 밑줄 친 낱말의 뜻으로 알맞은 것을 찾아 각각 기호를 쓰세요.

다의어

돌다	㉠ 물체가 일정한 점이나 선을 중심으로 원을 그리면서 움직이다. ㉡ 눈물이나 침 등이 생기다. ㉢ 소문이나 전염병 등이 어떤 지역에 퍼지다.

(1) 맛있는 음식을 보니 군침이 <u>돈다</u>.   (   )

(2) 새로 전학생이 온다는 이야기가 <u>돌았다</u>.   (   )

(3) 자전거의 페달을 밟으면 바퀴가 <u>돌면서</u> 앞으로 나아간다.   (   )

선물 | 성석제

나는 선물을 받은 적이 있다. 그것도 아버지에게서. "이건 네(게 주는) 선물."이라고 아버지가 말했기 때문에 그건 선물이 되었다. 개였다. 정확하게는 강아지였다.

아버지는 어느 날 점퍼 속에 강아지 한 마리를 넣어 왔다. 난 지 며칠이나 지났을까. 호떡을 싸는 종이 봉지에 들어갈 수 있을 정도로 작았다. 어린 시절 내게 개는 닭처럼 잡아먹지는 않는다고 하더라도 닭 이상으로 좋아할 것도 없는 동물이었다. 〈중략〉

한밤중에 나는 ㉠선물이 우는 소리에 잠을 깼다. 내 옆, 옆과 그 옆, 그 옆에 자고 있는 그 누구도 잠을 깨거나 일어나지 않았다. 방을 나가서 바깥에 있는 화장실로 가기 위해 문을 열었을 때 선물이 우는 소리가 더욱 크게 들렸다. 사실 오줌이 마려웠던 것도 아니었다. ㉡선물이 어떤 상태인지 알고 싶었던 것이었다. 그건 다리를 덜덜 떨며 낑낑거렸다. 나는 배가 고파서 우는 걸로 알았다. 부엌에 뭐가 있는지 몰라서 뭘 가져다줄 수 없었다. 나는 그날 저녁 내 •몫으로 받고 아껴 먹다 남겨 둔 백설기를 가지고 나왔다. 접시에 물을 담아 백설기와 함께 큰맘 먹고 내밀었다. 선물은 내 ㉢선물에 관심이 전혀 없었다. 그저 낑낑거리며 다리를 떨며 울 뿐이었다. 나는 무시당한 데 대해 화가 났다. ㉣선물을 •철회했다. 백설기를 집어 들면서도 물은 그냥 두었다. 울다 보면 목이 •멜지도 모르고 물은 그럴 때 먹으면 되니까.

방으로 돌아와 누웠을 때에도 선물의 울음소리는 계속해서 들려왔다. 천둥치듯 아버지는 코를 골았지만 선물의 가느다란, 어린 낑낑거림은 정확하게 나의 청각을 •자극하고 잠 못 들게 했다. 결국 다시 밖으로 나갔다. 철회했던 선물을 다시 주고 그 옆에 쭈그리고 앉았다. 선물의 머리를 쓰다듬기 시작하자 울음이 그쳤다. 선물은 너무 어려서 백설기를 먹을 수 없었다. 물을 마시지도 않았다. 다만 관심과 •연민에 반응할 수 있을 뿐이었다. 관심과 연민의 •공급이 중단되면 즉시 울음이 시작됐다. 결국 나는 내복 바람으로 날이 밝아 오는 것을 보았다.

아버지는 강아지를 선물했다. 나는 강아지에게 백설기를 선물했다. 밤이 아침을 선물하듯 강아지는 내게 난생처음 경험하는 연민의 감정을 선물했다.

어휘 풀이

□ **몫** 무엇을 여럿이 나누어 가질 때 각 사람이 가지게 되는 부분.

□ **철회하다** 이미 제출했던 것이나 주장했던 것을 다시 거두어들이거나 취소하다.

□ **메다** 어떤 감정이 북받쳐 목소리가 잘 나지 않다.

□ **자극하다** 외부에서 작용을 주어 감각이나 마음에 반응이 일어나게 하다.

□ **연민** 불쌍하고 가엾게 여김.

□ **공급** 요구나 필요에 따라 물품을 제공함. (供 이바지할 공, 給 줄 급)

1 글쓴이가 어떤 경험을 이야기하고 있는지 빈칸에 알맞은 낱말을 쓰세요.

중심
생각

아버지에게 선물로 받은 (   )를 밤새 돌본 일

2 이 글의 ㉠~㉣이 가리키는 대상으로 알맞은 것을 두 개씩 찾아 기호를 쓰세요.

내용
이해

(1) 아버지가 '나'에게 준 강아지: (,   )

(2) '내'가 강아지에게 준 백설기: (,   )

3 이 글의 내용으로 알맞은 것은 무엇인가요? (   )

내용
이해

① '나'는 닭보다 강아지를 더 좋아했다.

② '나'는 한밤중에 오줌이 마려워서 잠을 깼다.

③ '나'는 저녁으로 받은 백설기를 먹기 싫어서 남겼다.

④ '내'가 강아지의 머리를 쓰다듬자 강아지가 울음을 그쳤다.

⑤ '나'는 코를 고는 아버지 때문에 잠이 들지 못해 다시 밖으로 나갔다.

전략 적용

4 다음은 이 글의 내용을 간추린 것입니다. 알맞지 <u>않은</u> 것은 무엇인가요? (   )

구조
파악

> 어느 날 '나'는 아버지에게 강아지를 선물로 받았다. ①한밤중에 강아지가 우는 소리에 잠을 깬 '나'는 방을 나가서 강아지에게 백설기와 물을 주었다. ②강아지는 백설기와 물에 관심을 보이지 않고 계속 울기만 했다. ③'나'는 백설기와 물을 모두 치우고 방으로 들어와 누웠다. ④그러나 강아지의 울음소리는 계속해서 들려왔다. ⑤'나'는 다시 밖으로 나가, 날이 밝아 올 때까지 강아지의 머리를 쓰다듬었다.

 어떻게 알았나요?

'나'는 백설기를 집어 들면서도 　　　　　은 그냥 두었습니다.

5 이 글과 보기를 읽고 든 생각을 알맞게 말한 친구에게 ◯표 하세요.

창의

보기

옛날 어느 마을에 여우와 두루미가 살았어요. 어느 날, 여우가 음식을 대접하겠다며 두루미를 집으로 초대했어요. 여우는 항상 쓰던 납작한 접시에 수프를 담아 두루미에게 주었어요. 기다란 부리를 가진 두루미는 접시에 담긴 수프를 먹지 못했지요. 며칠 뒤, 이번에는 두루미가 여우를 집으로 초대했어요. 두루미는 일부러 좁고 긴 병에 고기 요리를 담아 대접했어요. 여우는 주둥이가 짧고 뭉툭해서 두루미가 준 음식을 하나도 먹지 못했어요. 그제야 여우는 자신의 잘못을 깨달았어요.

(1) 재민: 여우와 두루미가 서로를 집에 초대해서 음식을 대접한 것처럼, 이 글의 '나'도 강아지를 방 안으로 데려와서 백설기를 주었어. ( )

(2) 하진: 두루미가 여우에게 일부러 좁고 긴 병에 음식을 담아 준 것처럼, 이 글의 '나'도 강아지가 못 먹을 것을 알면서 일부러 백설기를 주었어. ( )

(3) 주현: 여우가 두루미의 특성을 배려하지 않고 음식을 대접한 것처럼, 이 글의 '나'도 강아지가 어리다는 특성을 배려하지 않고 백설기를 주었어. ( )

핵심 정리

6 노트의 빈칸을 채우며, 이 글의 내용을 정리해 보세요.

「선물」 정리하기

• 어느 날 아버지가 점퍼 속에 ❶( ) 한 마리를 넣어 와 '나'에게 주었다.	아버지가 '나'에게 강아지를 선물함.

⬇

• '나'는 강아지가 우는 소리에 잠을 깨서 방 밖으로 나가 강아지의 상태를 확인했다. • '나'는 강아지에게 큰맘 먹고 ❷( )를 주었지만, 강아지가 먹지 않자 화가 나서 다시 가져갔다.	'내'가 강아지에게 백설기를 선물함.

⬇

• '나'는 강아지의 울음소리에 다시 밖으로 나가 날이 밝아 올 때까지 강아지의 ❸( )를 쓰다듬으며 달래 주었다.	강아지가 '나'에게 ❹( )의 감정을 선물함.

어휘 다지기

1 다음 낱말의 뜻으로 알맞은 것을 찾아 선으로 이으세요.

(1) 메다 •

(2) 자극하다 •

(3) 철회하다 •

• ① 어떤 감정이 북받쳐 목소리가 잘 나지 않다.

• ② 외부에서 작용을 주어 감각이나 마음에 반응이 일어나게 하다.

• ③ 이미 제출했던 것이나 주장했던 것을 다시 거두어들이거나 취소하다.

2 빈칸에 알맞은 낱말을 보기 에서 찾아 쓰세요.

보기	몫	공급	연민

(1) 피자 한 판 중에서 내 (　　　　　　)은 두 조각이다.

(2) 어미를 잃은 고양이를 보고 (　　　　　　)을 느꼈다.

(3) 폭우로 인해 전기 (　　　　　　)이 끊겨서 온 동네가 캄캄해졌다.

어휘 키우기

3 다음 설명을 읽고, (　　　)에서 알맞은 낱말을 골라 ○표 하세요.

헷갈리는 말

들르다	지나는 길에 잠깐 들어가 머무르다. 예 친구 집에 들르다.
들리다	소리가 귀를 통해 알아차려지다. 예 우는 소리가 들리다.

(1) 나는 시간이 날 때마다 도서관에 (들른다 / 들린다).

(2) 밖에서 쿵쿵대며 뛰어가는 발소리가 (들렀다 / 들렸다).

(3) 학교 가는 길에 문방구에 (들러서 / 들려서) 준비물을 샀다.

시의 특징 알기

1연
- 1행 자주 꽃 핀 건 자주 감자
- 2행 파 보나 마나 자주 감자

2연
- 1행 하얀 꽃 핀 건 하얀 감자
- 2행 파 보나 마나 하얀 감자

1연은 2행으로 이루어져 있어.

2연도 2행으로 이루어져 있어.

- 권태응, 「감자꽃」

개념 이해

시는 이야기와 다르게 '행'과 '연'으로 이루어져 있습니다. 행은 시의 한 줄을 말하고, 연은 여러 행을 하나로 묶은 것을 말합니다. 위의 시를 보면 총 네 줄이고, 두 줄씩 두 개의 연으로 묶여 있습니다. 이때는 시가 2연 4행으로 이루어져 있다고 합니다.

시의 또 다른 특징으로는 '운율'이 있습니다. 운율은 시가 음악처럼 느껴지게 하는 요소입니다. 운율은 소리가 같거나 비슷한 글자가 반복될 때, 또는 일정한 글자 수가 반복될 때 생깁니다.

이렇게 해요!

① 시가 몇 행으로 이루어져 있는지, 몇 개의 연으로 묶여 있는지 파악합니다.

② 소리가 비슷한 글자나 일정한 글자 수가 반복되는 부분을 찾아 운율을 느껴 봅니다.

연과 연 사이는
한 줄을 비우고 써.

확인 문제

[1~2] 다음 시를 읽고, 물음에 답하세요.

> 살랑살랑 봄바람
> 놀다 간 자리
> 파릇파릇 새싹이
> 돋아났어요.
>
> 솔솔솔 봄바람
> 꿈꾸던 자리
> 꽃봉오리 예쁘게
> 맺히었어요.
>
> 한들한들 봄바람
> 불고 간 자리
> 가물가물 아지랑이
> 피어올라요.
>
> — 오승희, 「봄바람」

1 이 시는 몇 연 몇 행으로 이루어져 있나요? (   )

① 3연 4행   ② 3연 12행

③ 4연 3행   ④ 4연 12행

⑤ 12연 3행

여러 행을 하나로 묶은 것이 연이야.

2 이 시에서 운율이 느껴지는 까닭으로 알맞지 <u>않은</u> 것에 ✕표 하세요.

(1) 1, 2, 3연이 모두 '~요'로 끝나기 때문이다.   (   )

(2) 모든 행이 같은 글자 수로 이루어져 있기 때문이다.   (   )

(3) '봄바람', '자리'라는 낱말이 반복해서 쓰이고 있기 때문이다.   (   )

소리 내서 시를 읽어 보면 운율을 느끼는 데 도움이 돼.

연습

시 | 121자

기왓장 내외 | 윤동주

비 오는 날 저녁에 기왓장 내외
잃어버린 외아들 생각나선지
꼬부라진 잔등을 어루만지며
쭈룩쭈룩 구슬피 울음 웁니다.

대궐 지붕 위에서 기왓장 내외
아름답던 옛날이 그리워선지
주름 잡힌 얼굴을 어루만지며
물끄러미 하늘만 쳐다봅니다.

어휘 풀이

☐ **기왓장** 지붕에 덮기 위해 흙이나 시멘트 등으로 만든 넓적한 물건인 기와의 낱장.

☐ **내외** 남편과 아내.

☐ **잔등** 사람이나 동물의 몸에서 가슴과 배의 반대쪽 부분인 '등'과 같은 말.

☐ **구슬피** 마음이 쓸쓸해질 만큼 슬프게.

☐ **대궐** 왕이 살던 집.

1 이 시를 읽고 떠올린 장면으로 알맞은 것에 ○표 하세요.

내용
이해

(1)
( )

(2)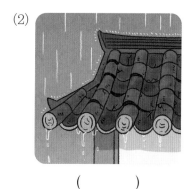
( )

(3)
( )

💡 **어떻게 알았나요?**

이 시에서는 지붕 위에 있는 _____ 을 마치 사람처럼 표현하고 있습니다.

2 이 시에 대한 설명으로 알맞지 <u>않은</u> 것은 무엇인가요? ( )

표현
파악

① 서로 맞닿아 있는 두 개의 기왓장을 '기왓장 내외'라고 표현하였다.

② 끄트머리가 깨진 기왓장의 모습을 '아름답던 옛날'이라고 표현하였다.

③ 옛날과 달리 낡은 기왓장의 모습을 '주름 잡힌 얼굴'이라고 표현하였다.

④ 기왓장에서 비가 떨어지는 모습을 '구슬피 울음 웁니다.'라고 표현하였다.

⑤ 가운데가 둥글게 구부러진 기왓장의 모양을 '꼬부라진 잔등'이라고 표현하였다.

전략 적용

3 다음은 이 시의 특징입니다. 빈칸에 알맞은 말을 각각 쓰세요.

구조
파악

- 이 시는 ( )연 ( )행으로 이루어져 있다.
- 이 시는 모든 행의 글자 수가 열두 글자로 같고, 소리가 같은 글자가 반복되기 때문에 ( )이 느껴진다.

4 이 시의 분위기로 알맞은 것은 무엇인가요? ( )

★ 추론

① 쓸쓸하고 슬프다.　　　　② 따뜻하고 행복하다.

③ 생기있고 활기차다.　　　④ 시끄럽고 산만하다.

⑤ 급박하고 조마조마하다.

나팔꽃 | 곽노엽

우물가의 나팔꽃
곱기도 하지.
㉠아침마다 첫인사
방긋 웃어요.

점심때 우물가에
다시 와 보면
방긋방긋 반가워
놀다 가래요.

·동무하고 놀다가
늦게 와 보니
㉡·노여워 입 다물고
말도 말재요.

1 이 시에서 말하는 이가 한 일로 알맞은 것은 무엇인가요?　(　　　)

내용
이해

① 동무에게 화를 냈다.　　　　　　　② 아침에 우물가에 들렀다.

③ 동무에게 웃으며 인사했다.　　　　④ 우물가에서 점심을 먹었다.

⑤ 동무와 우물가에서 늦게까지 놀았다.

💡 어떻게 알았나요?

말하는 이는 　　　　　　때 우물가에 다시 왔습니다.

2 다음 설명을 읽고, ㉠과 ㉡의 의미로 알맞은 것을 골라 선으로 이으세요.

내용
이해

> 나팔꽃은 이른 새벽에 꽃이 피기 시작해 아침이 되면 활짝 피고, 한낮부터 꽃이 점점 오므라들다가 오후가 되면 집니다.

(1)　㉠　•　　　　　　　　　　•①　나팔꽃이 활짝 핀 모습

(2)　㉡　•　　　　　　　　　　•②　나팔꽃이 오므라든 모습

3 다음 설명과 관련된 표현으로 알맞은 것에 ◯표 하세요.

표현
파악

> 이 시에서는 나팔꽃을 마치 사람처럼 표현하고 있습니다.

(1) 우물가의 나팔꽃 / 곱기도 하지　　　　　　　　　　　　　(　　　)

(2) 방긋방긋 반가워 / 놀다 가래요　　　　　　　　　　　　　(　　　)

(3) 동무하고 놀다가 / 늦게 와 보니　　　　　　　　　　　　　(　　　)

전략 적용

4 이 시의 특징을 바르게 이해한 친구에게 ◯표 하세요.

구조
파악

(1) 태원: 3연 12행으로 이루어져 있어.　　　　　　　　　　　(　　　)

(2) 민재: 계절에 따라 달라지는 풍경을 표현하고 있어.　　　　(　　　)

(3) 도훈: 두 사람이 이야기를 주고받는 형식으로 구성되어 있어.　(　　　)

5 이 시와 보기 에서 운율이 느껴지는 까닭으로 알맞은 것을 두 개 고르세요. (,)

표현
파악

> **보기**
>
> 봄바람 하늘하늘 넘노는 길에   봄바람 하늘하늘 넘노는 길에
> 연분홍 살구꽃이 눈을 틉니다.   연분홍 살구꽃이 나부낍니다.
>
> 연분홍 송이송이 못내 반가워   연분홍 송이송이 바람에 지니
> 나비는 너훌너훌 춤을 춥니다.   나비는 울며 울며 돌아섭니다.
>
> ─ 김억, 「연분홍」

① 일정한 글자 수가 반복되어서

② 소리를 흉내 내는 말이 반복되어서

③ 여러 연에서 같은 문장이 반복되어서

④ 소리가 같은 낱말이 모든 행에서 반복되어서

⑤ 각 연의 마지막에 소리가 비슷한 글자가 반복되어서

핵심 정리

6 노트의 빈칸을 채우며, 이 시의 내용을 정리해 보세요.

「나팔꽃」 정리하기

1연	우물가에서 아침마다 방긋 웃으며 첫인사를 건네는 고운 ❶ ( )
2연	점심때 ❷ ( )에 와 보면 놀다 가라며 반갑게 웃는 나팔꽃
3연	❸ ( )와 놀다가 늦게 와 보니 입을 다물고 있는 나팔꽃

⬇

주제	❹ ( )에 피었다가 오후에 지는 나팔꽃의 모습

어휘 다지기

1 다음 낱말의 뜻으로 알맞은 것을 찾아 선으로 이으세요.

(1) 말다 •

(2) 노엽다 •

(3) 다물다 •

• ① 화가 날 만큼 분하고 섭섭하다.

• ② 어떤 일이나 행동을 하지 않거나 그만두다.

• ③ 입술이나 그처럼 두 쪽으로 마주 보는 물건을 꼭 맞대다.

2 빈칸에 알맞은 낱말을 보기 에서 찾아 쓰세요.

| 보기 | 동무 | 우물가 | 첫인사 |

(1) 어릴 때 함께 놀던 (   )와 우연히 마주쳤다.
(2) 새로 전학 온 친구에게 반갑게 (   )를 건넸다.
(3) 옛날에는 목이 마르면 (   )로 가서 물을 길어 마셨다.

어휘 키우기

3 다음 뜻풀이를 읽고, 밑줄 친 낱말의 뜻으로 알맞은 것을 찾아 각각 기호를 쓰세요.

다의어

곱다
㉠ 모양, 생김새, 행동거지 등이 산뜻하고 아름답다.
㉡ 만져 보는 느낌이 거칠지 않고 보드랍다.
㉢ 가루나 알갱이 등이 아주 잘다.

(1) 알약을 <u>곱게</u> 빻아 가루로 만들었다.   (   )
(2) 알록달록하고 <u>고운</u> 색의 아기 옷을 샀다.   (   )
(3) 오랜만에 잡은 엄마의 손은 <u>곱고</u> 따뜻했다.   (   )

할아버지 | 정지용

할아버지가
담뱃대를 물고
들에 나가시니,
궂은 날도
곱게 개이고,

할아버지가
도롱이를 입고
들에 나가시니,
가문 날도
비가 오시네.

어휘 풀이

□ **담뱃대** 담배를 피우는 데 쓰는 기구.

□ **궂다** 비나 눈이 내려 날씨가 나쁘다.

□ **개다** 흐리거나 궂은 날씨가 맑아지다.

□ **도롱이** 짚 등으로 엮어 허리나 어깨에 걸쳐 두르는 비옷.

□ **가물다** 땅의 물기가 바싹 마를 정도로 오랫동안 비가 오지 않다.

1 이 시의 주된 내용으로 알맞은 것은 무엇인가요?   (   )

중심
생각

① 할아버지의 수수한 옷차림
② 비와 가뭄이 농사에 미치는 영향
③ 곱게 갠 날에 들에 나가서 바라보는 풍경
④ 날씨를 예상하는 것 같은 할아버지의 신기한 행동
⑤ 무더운 날에도 들에서 일하시는 할아버지의 성실한 모습

2 할아버지의 행동과 날씨의 변화를 알맞게 선으로 이으세요.

내용
이해

(1)   담뱃대를 물고 들에 나감.   •   • ①   비가 내리다가도 그침.

(2)   도롱이를 입고 들에 나감.   •   • ②   오랫동안 비가 오지 않다가도 비가 내림.

💡 어떻게 알았나요?

이 시에서 할아버지가 도롱이라는 비옷을 입고 나가면 가문 날에도   가 옵니다.

3

전략 적용

이 시는 몇 연 몇 행으로 이루어져 있는지 빈칸에 알맞은 말을 각각 쓰세요.

구조
파악

(   )연 (   )행

4

전략 적용

이 시에서 운율이 느껴지는 까닭으로 알맞지 <u>않은</u> 것을 찾아 기호를 쓰세요.

표현
파악

㉮ 1연과 2연이 모두 5행으로 이루어져 있기 때문이다.
㉯ '할아버지가', '들에 나가시니'라는 말이 반복되기 때문이다.
㉰ 1연의 1~5행과 2연의 1~5행의 글자 수가 각각 같기 때문이다.
㉱ '~를 물고'와 '~를 입고'처럼 소리가 비슷한 말이 반복되기 때문이다.

(   )

5 이 시의 말하는 이와 가장 비슷한 경험을 말한 친구는 누구인가요? (   )

창의

① 유림: 여름 방학 때 할머니와 바닷가로 나들이를 갔는데 날씨가 궂어서 아쉬웠어.

② 보미: 우리 할아버지는 매일 일기 예보를 확인하시고 비가 오는 날이면 우산을 챙겨 주셔.

③ 경진: 배가 너무 아픈 날이었는데, 할아버지께서 손으로 배를 어루만져 주시니까 괜찮 아졌어.

④ 정효: 눈 내리는 날에 할머니와 눈사람을 만들기로 약속해서 날씨가 추워지기만을 기 다리고 있어.

⑤ 희우: 어느 화창한 날에 할머니께서 무릎이 쑤시니 곧 비가 올 것 같다고 하셨는데, 정 말로 비가 왔어.

핵심 정리

6 노트의 빈칸을 채우며, 이 시의 내용을 정리해 보세요.

「할아버지」 정리하기

1연	• 할아버지가 담뱃대를 물고 ❶ ( )에 나가심. • 궂은 날도 갬.
2연	• 할아버지가 도롱이를 입고 들에 나가심. • ❷ ( ) 날에도 비가 옴.

↓

주제	날씨를 예상하는 ❸ ( )의 지혜

어휘 다지기

1 다음 낱말의 뜻으로 알맞은 것을 찾아 선으로 이으세요.

(1) 개다   •

(2) 굳다   •

(3) 가물다   •

• ① 비나 눈이 내려 날씨가 나쁘다.

• ② 흐리거나 궂은 날씨가 맑아지다.

• ③ 땅의 물기가 바싹 마를 정도로 오랫동 안 비가 오지 않다.

2 빈칸에 알맞은 낱말을 보기 에서 찾아 쓰세요.

보기   날   들   도롱이

(1) 가을이 오려는지 저녁에는 (   )이/가 쌀쌀하다.

(2) 넓은 (   )에 노란 유채꽃이 끝없이 피어 있었다.

(3) 옛날 사람들은 비가 올 때 짚으로 만든 (   )을/를 입었다.

어휘 키우기

3 다음 밑줄 친 낱말과 같은 뜻의 '물다'가 쓰인 것에 V표 하세요.

동형어

할아버지가 담뱃대를 물고 들에 나가시니

(1) 교통 규칙을 위반하면 벌금을 물어야 한다.   ☐

(2) 먹음직스러워 보이는 빵을 한 입 크게 물었다.   ☐

(3) 도서관에서 빌린 책을 잃어버려서 똑같은 책으로 물어 주었다.   ☐

낱말의 뜻 짐작하기

개념 이해

글을 읽다 보면 뜻을 정확히 알지 못하는 낱말이 나오곤 합니다. 이럴 때 그냥 넘어가지 말고 낱말의 뜻을 짐작해 보면 글을 더 잘 이해할 수 있습니다. 뜻을 모르는 낱말의 앞뒤 내용을 살펴보면서 그 뜻이 무엇일지 생각해 보세요. 또는 뜻을 모르는 낱말을 대신해 바꾸어 쓸 수 있는 다른 낱말을 떠올려 보는 것도 좋은 방법입니다.

이렇게 해요!

① 뜻을 모르는 낱말의 앞뒤 내용을 살펴보고 그 뜻을 짐작해 봅니다.

② 바꾸어 쓸 수 있는 비슷한 뜻의 낱말을 짐작하여 넣어 봅니다.

③ 짐작한 뜻이나 낱말이 앞뒤 내용과 자연스럽게 어울리는지 확인합니다.

확인 문제

1 다음 글을 읽고, 밑줄 친 낱말의 뜻을 알맞게 짐작한 것에 ○표 하세요.

> 여름철 밤잠을 방해하는 모기는 역사상 인간의 목숨을 가장 많이 빼앗은 곤충이기도 합니다. 세계 보건 기구에 따르면 매년 72만 명이 모기에게 물려 목숨을 잃습니다. 모기가 인간의 피를 빨아 먹는 과정에서 말라리아, 일본 뇌염과 같은 <u>치명적인</u> 질병을 옮기기 때문입니다. 이러한 질병에 걸리면 열이 나고 배가 아프며, 심한 경우 사망할 수도 있습니다.

'치명적인'의 앞뒤 내용을 살펴봐.

(1) 이러한 질병에 걸리면 사망할 수도 있다는 내용이 이어지니까, '치명적인'은 '생명을 위협하는'이라는 뜻일 것이다.　　　　　（　　　）

(2) 글의 첫 부분에 모기가 밤잠을 방해한다는 내용이 나와 있는 것을 보면, '치명적인'은 '잠을 깨우는'이라는 뜻일 것이다.　　　　　（　　　）

2 다음 글을 읽고, ㉠~㉢의 뜻을 잘못 짐작한 친구의 이름을 쓰세요.

> 어린이는 어른보다 ㉠체구가 작아 운전자의 눈에 잘 띄지 않습니다. 또 주위를 살피지 않고 뛰어다니기 때문에 사고가 날 위험이 큽니다. 실제로 어린이들이 다니는 등하굣길에서는 교통사고가 ㉡빈번하게 일어납니다. 그래서 학교 주변을 '스쿨 존'으로 지정하고 있습니다.
> 스쿨 존은 어린이 교통사고를 ㉢방지하기 위한 보호 구역입니다. 스쿨 존에는 어린이들이 안전하게 지나다닐 수 있도록 신호등, 과속 단속 카메라, 울타리 등이 설치됩니다. 스쿨 존 안에서 운전자는 차를 세울 수 없으며, 속도를 줄여 천천히 운전해야 합니다.

> 미정: ㉠은 '몸'과 뜻이 비슷한 것 같아.
> 영서: ㉡은 '자주'로 바꾸어 쓸 수 있을 것 같아.
> 은수: ㉢의 자리에 '일으키기'를 넣어도 뜻이 통하는 것 같아.

낱말을 바꾸어 넣어 보고, 자연스럽지 않은 것을 고르면 돼.

（　　　　　　　　　）

연습

기적의 약, ⬚㉠

과학 | 894자

📖 교과 연계
과학 4-1 다양한 생물과 우리 생활

오래된 음식 위에 솜처럼 핀 곰팡이를 본 적이 있나요? 이렇게 곰팡이가 핀 음식을 먹으면 배가 아프고 식중독에 걸릴 수 있어요. 하지만 모든 곰팡이가 해로운 것은 아니에요. 흰 곰팡이는 치즈의 맛과 향을 풍부하게 해 주고, 누룩 곰팡이는 간장이나 된장을 만드는 데 이용되지요. 또 푸른곰팡이는 대부분 독성이 있지만, 일부는 우리 몸에 해로운 세균을 없애 주는 물질을 만들어 내요. 이 물질이 바로 최초의 •항생제인 페니실린이에요.

페니실린은 영국의 과학자 플레밍이 발견했어요. 1928년, 플레밍은 '포도상 구균'이라는 세균을 연구하다가 실수로 실험 용기의 뚜껑을 열어 둔 채 휴가를 갔어요. 돌아와 보니 실험 용기에는 푸른곰팡이가 피어 있었어요. 그 실험 용기를 자세히 들여다보던 플레밍은 이상한 점을 발견했어요. 푸른곰팡이 주변에만 포도상 구균이 죽어 있었던 거예요. 플레밍은 푸른곰팡이가 세균의 활동을 ㉡억제한다는 사실을 깨달았어요. 연구를 •거듭한 끝에 플레밍은 푸른곰팡이에서 세균을 없애는 물질을 분리해 내고, 이를 '페니실린'이라고 이름 붙였어요.

▲ 플레밍이 발견한 페니실린의 샘플

이후 플로리와 체인이라는 두 과학자가 페니실린을 계속 연구하여 치료 효과를 •검증했어요. 그리고 1943년에는 페니실린을 대량으로 •추출하는 방법을 찾아냈어요. 그 덕분에 페니실린이 항생제로 널리 •보급될 수 있었어요. 페니실린은 세균에 •감염되거나 전염병에 걸린 수많은 사람의 목숨을 구했어요. 페니실린을 '기적의 약'이라고 부를 정도였지요. 플레밍, 플로리, 체인 세 사람은 페니실린을 발견하고 보급한 •업적을 인정받아 1945년에 노벨 의학상을 받았어요.

페니실린의 효과에 주목한 과학자들은 더 강력하고 효과적인 항생제를 만들기 위해 노력했어요. 그 결과 다양한 항생제가 개발되면서 인류는 세균 감염에 의한 여러 질병을 손쉽게 치료할 수 있게 되었답니다.

어휘 풀이

☐ **항생제** 다른 미생물이나 생물의 세포를 선택적으로 억제하거나 죽이는 약.

☐ **거듭하다** 어떤 일을 자꾸 되풀이하다.

☐ **검증하다** 검사하여 증명하다. (檢 검사할 검, 證 증거 증)

☐ **추출하다** 고체나 액체 속에서 어떤 물질을 뽑아내다. (抽 뺄 추, 出 날출)

☐ **보급되다** 어떤 것이 널리 퍼져서 여러 곳에 미치게 되거나 여러 사람이 누리게 되다. (普 널리 보, 及 미칠 급)

☐ **감염되다** 병균이 식물이나 동물의 몸 안으로 들어가 퍼지다.

☐ **업적** 어떤 사업이나 연구 등에서 노력과 수고를 들여 이루어 낸 결과.

1 제목의 ㉠에 들어갈 알맞은 말을 이 글에서 찾아 네 글자로 쓰세요.

중심
생각

(   )

2 이 글을 읽고 알 수 <u>없는</u> 내용에 ✕표 하세요.

내용
이해

(1) 이로운 곰팡이의 종류 (   )

(2) 페니실린을 발견하게 된 과정 (   )

(3) 푸른곰팡이에서 페니실린을 분리하는 방법 (   )

3 다음 ㉮~㉲를 일이 일어난 차례에 맞게 기호를 쓰세요.

구조
파악

> ㉮ 페니실린이 항생제로 널리 보급되었다.
>
> ㉯ 플로리와 체인이 페니실린의 치료 효과를 검증했다.
>
> ㉰ 플레밍이 실험 용기에 푸른곰팡이가 핀 것을 발견했다.
>
> ㉱ 플레밍이 푸른곰팡이에서 세균을 없애는 물질을 분리했다.
>
> ㉲ 플로리와 체인이 페니실린을 대량으로 추출하는 방법을 찾아냈다.

(   ) → (   ) → (   ) → (   ) → (   )

전략 적용

4 ㉡의 뜻을 <u>잘못</u> 짐작한 친구의 이름을 쓰세요.

★ 추론

> 영현: 뒤 문장을 보면 페니실린이 세균을 없애는 물질이라고 설명하고 있어. 그러니
> 까 ㉡은 '막는다는'이라는 뜻이겠어.
>
> 서진: 다음 문단에 페니실린이 수많은 사람의 목숨을 구했다는 내용이 나와. 그러므
> 로 ㉡은 '살린다는'이라는 뜻일 거야.
>
> 도민: 바로 앞 문장은 푸른곰팡이 주변에만 세균이 죽어 있었다는 내용이야. 그러니
> ㉡은 '멈추게 한다는'이라는 뜻인 것 같아.

(   )

💡 어떻게 알았나요?

뜻을 모르는 낱말의 뜻을 짐작할 때는 그 낱말의 [   ] 내용을 살펴봅니다.

김홍도와 신윤복의 풍속화

예술 | 918자

📖 교과 연계
사회 3-1 일상에서 만나는 과거

풍속화란 사람들이 평범하게 생활하는 모습을 그린 그림을 말합니다. 풍속화가 크게 발달한 것은 조선 시대로, 이 시기의 풍속화에는 다양한 사람의 생활상이 실감 나게 표현되어 있습니다. 김홍도와 신윤복은 이러한 조선 시대의 풍속화를 대표하는 화가입니다. 두 사람은 모두 풍속화를 통해 당시 사람들의 삶을 진솔하게 ㉠묘사했다는 공통점이 있습니다. 하지만 그림의 소재나 표현 방식은 조금씩 달랐습니다.

김홍도는 밭을 가는 모습, 냇가에서 빨래를 하는 모습, 윷놀이를 하는 모습과 같이 주로 서민들이 일하거나 흥겹게 노는 일상을 화폭에 담았습니다. 그의 그림은 인물에게 시선이 집중되도록 배경을 생략하고, 색을 거의 쓰지 않으며, 굵고 강한 선으로 표현한 것이 특징입니다.

김홍도의 〈서당〉은 지금의 초등학교에 해당하는 서당의 풍경을 그린 그림입니다. 그림의 가운데에 쪼그려 앉아 울고 있는 어린 학생의 표정은 보는 사람도 그 서러움이 느껴질 만큼 생생합니다. 주위에 앉은 다른 학생들은 킥킥대기도 하고, 모르는 체하며 책장을 넘기기도 합니다. 이렇듯 김홍도의 그림에는 일상의 한 장면이 소탈하고 ㉡익살스럽게 그려져 있습니다.

▲ 김홍도, 〈서당〉

어휘 풀이

□ **화폭** 그림을 그려 놓은 천이나 종이. (畵 그림 화, 幅 폭 폭)

□ **생략하다** 전체에서 일부분을 줄이거나 빼다.

□ **소탈하다** 예절이나 형식에 얽매이지 않고 수수하고 털털하다.

□ **세련되다** 서투르거나 어색하지 않고 훌륭하고 능숙하다.

□ **낭만적** 감미롭고 감상적인 것.

□ **통행** 어떤 곳을 지나다님. (通 통할 통, 行 다닐 행)

한편, 신윤복은 양반들의 생활이나 사랑하는 연인 또는 여성의 모습을 즐겨 그렸습니다. 신윤복의 그림은 부드럽고 가느다란 선으로 인물과 배경을 섬세하게 묘사했다는 특징이 있습니다. 또 붉은색과 푸른색 등 화려한 색을 사용하여 세련되고 낭만적인 분위기를 자아냅니다.

▲ 신윤복, 〈월하정인〉

신윤복이 그린 〈월하정인〉은 달이 뜬 한밤중에 담장 밑에서 젊은 남녀가 만나는 모습을 담고 있습니다. 당시에는 야간에 통행을 금지했으므로, 두 사람은 남의 눈을 피해 몰래 만났을 것입니다. 그래서인지 살포시 고개를 숙인 여성과 그 여성을 바라보는 남성의 표정에서 긴장과 부끄러움이 동시에 전해집니다. 이처럼 신윤복의 그림에는 인물들의 미묘한 ㉢심리가 잘 표현되어 있습니다.

1 이 글의 내용으로 보아 풍속화가 <u>아닌</u> 그림을 골라 ✕표 하세요.

내용
이해

(1)  (　　　　)　　(2)  (　　　　)　　(3) 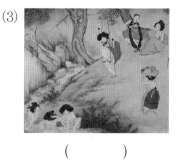 (　　　　)

💡 **어떻게 알았나요?**

풍속화는 사람들이 　　　　　　　　생활하는 모습을 그린 그림입니다.

2 이 글에 나타난 김홍도와 신윤복에 대한 설명으로 알맞은 것은 무엇인가요?　(　　　　)

내용
이해

① 김홍도는 화려한 색을 사용했다.

② 신윤복은 서민들의 모습을 즐겨 그렸다.

③ 김홍도는 인물과 배경을 섬세하게 묘사했다.

④ 신윤복은 부드럽고 가느다란 선을 사용했다.

⑤ 김홍도와 신윤복은 고려 시대의 풍속화를 대표하는 화가이다.

3 이 글의 특징으로 알맞지 <u>않은</u> 것은 무엇인가요?　(　　　　)

구조
파악

① 풍속화의 뜻을 쉽게 풀어서 설명하고 있다.

② 김홍도와 신윤복이 그린 작품을 예로 들고 있다.

③ 김홍도의 그림과 신윤복의 그림의 차이점을 알려 주고 있다.

④ 김홍도의 그림이 신윤복의 그림보다 뛰어나다고 주장하고 있다.

⑤ 김홍도의 그림과 신윤복의 그림의 특징을 나열하며 설명하고 있다.

전략 적용

4 ㉠~㉢의 뜻을 알맞게 짐작한 친구의 이름을 쓰세요.

★ 추론

> 정훈: 앞뒤 내용을 보면 ㉠은 '그려서 표현했다는'이라는 뜻인 것 같아.
>
> 은주: ㉡의 자리에 '조심스럽게'를 넣어 보았더니 뜻이 통하는 것 같아.
>
> 혜진: ㉢ 대신에 '심술이'를 넣어도 자연스럽게 내용이 이어지는 것 같아.

(　　　　　　　　)

5 보기 에 제시된 풍속화를 그린 화가를 알맞게 짐작한 것에 ○표 하세요.

★ 추론

보기

이 그림의 제목은 〈대장간〉입니다. '대장간'은 쇠를 달구어서 생활에 필요한 도구를 만드는 곳을 말하며, 대장간에서 일하는 사람을 '대장장이'라고 합니다. 이 그림은 조선 후기의 평범한 대장간의 모습을 담고 있습니다. 한 대장장이는 불에 달군 쇠를 받침대 위에 얹어 집게로 집고 있고, 다른 두 대장장이는 이 쇠를 망치로 두들기고 있습니다. 앞쪽에는 다 만들어진 농기구의 날을 갈고 있는 젊은이가 있고, 뒤쪽에는 불을 지피기 위해 줄을 잡고 있는 아이가 보입니다.

(1) 색을 거의 사용하지 않았으므로 신윤복의 그림이다.   (   )

(2) 서민들이 일하는 일상이 그려져 있으므로 김홍도의 그림이다.   (   )

(3) 배경을 생략하고 인물들에 집중하였으므로 신윤복의 그림이다.   (   )

(4) 세련되고 낭만적인 느낌을 자아내고 있으므로 김홍도의 그림이다.   (   )

핵심 정리

6 노트의 빈칸을 채우며, 이 글의 내용을 정리해 보세요.

「김홍도와 신윤복의 풍속화」 정리하기

		김홍도의 풍속화	신윤복의 풍속화
공통점		당시 사람들의 평범한 삶을 진솔하게 묘사함.	
차이점	소재	❶( )들이 일하거나 흥겹게 노는 일상을 주로 그림.	❹( )들의 생활, 사랑하는 연인 또는 여성의 모습을 주로 그림.
차이점	표현 방식	• 색을 거의 쓰지 않음. • 굵고 ❷( ) 선으로 표현함. • ❸( )에 시선이 집중되도록 배경을 생략함.	• 화려한 색을 사용함. • 부드럽고 ❺( ) 선으로 표현함. • 인물과 배경을 섬세하게 묘사함.

어휘 다지기

1 다음 낱말의 뜻으로 알맞은 것을 찾아 선으로 이으세요.

(1) 생략하다 •

(2) 세련되다 •

(3) 소탈하다 •

• ① 전체에서 일부분을 줄이거나 빼다.

• ② 서투르거나 어색하지 않고 훌륭하고 능숙하다.

• ③ 예절이나 형식에 얽매이지 않고 수수하고 털털하다.

2 빈칸에 알맞은 낱말을 보기 에서 찾아 쓰세요.

보기   통행   화폭   낭만적

(1) 화가는 눈이 내리는 멋진 풍경을 (   )에 담았다.

(2) 이 도로는 한 달 동안 차량이 다니지 못하도록 (   )이 금지되었다.

(3) 우리는 분위기가 좋고 (   )인 음악이 흘러나오는 식당으로 들어갔다.

어휘 키우기

3 다음 설명을 읽고, (   )에서 알맞은 낱말을 골라 ○표 하세요.

헷갈리는
말

채	이미 있는 상태 그대로 있다는 뜻을 나타내는 말. 예 뒷짐을 진 채 걷다.
체	그럴듯하게 꾸미는 거짓 태도나 모양. 예 아는 체를 하다.

(1) 나는 부끄러워서 고개를 숙인 (채 / 체) 발표했다.

(2) 너무 피곤해서 옷을 입은 (채 / 체)로 잠들어 버렸다.

(3) 밖에서 말소리가 들리자 동생은 자는 (채 / 체)를 하였다.

선택의 대가, 기회비용

사회 | 914자

📖 교과 연계
사회 4-1 경제활동과 지역 간 교류

우리는 살면서 끊임없이 선택의 기로에 서게 됩니다. 중국집에 가면 짜장면을 시킬지, 짬뽕을 시킬지 고민에 빠집니다. 텔레비전에서 좋아하는 만화 영화와 예능 프로그램이 동시에 방영되고 있으면 무엇을 볼지 고르기가 어렵습니다. 과연 어떤 것이 ㉠최선의 선택일까요? '기회비용'이라는 말을 이해하면 가장 바람직한 선택을 하는 데 도움이 됩니다.

기회비용이란 하나를 선택한 결과로 포기해야 하는 것을 뜻합니다. 하나를 선택함으로써 다른 것을 선택할 기회를 포기한다는 의미에서 기회비용이라고 부릅니다. 앞의 사례에 적용해 보면, 중국집에서 짬뽕을 시켰을 때의 기회비용은 짜장면이 됩니다. 그리고 텔레비전에서 볼 것으로 만화 영화를 선택했을 때의 기회비용은 예능 프로그램이 됩니다.

여러 가지 대안 중에서 최선의 선택은 기회비용이 가장 작은 쪽을 선택하는 것입니다. 다시 말해, 포기하는 것의 가치가 가장 작은 선택을 하는 것이지요. 예를 들어 내가 짜장면을 먹을 때보다 짬뽕을 먹을 때 만족도가 더 크다면, 만족도가 좀 더 낮은 짜장면을 포기하고 짬뽕을 시키는 것이 현명합니다.

그런데 기회비용은 사람마다 다릅니다. 각자 무엇에 더 큰 가치를 ㉡부여하는지, 무엇에 더 만족을 느끼는지가 다르기 때문입니다. 그래서 기회비용을 고려한 선택도 사람마다 다르게 나타납니다. 서울에서 부산처럼 먼 거리를 이동해야 하는 상황을 가정해 봅시다. 시간을 더 중요한 가치로 여기는 사람은 비싸지만 빠르게 갈 수 있는 비행기를 선택할 것입니다. 반면, 돈을 더 중요한 가치로 여기는 사람은 다소 느리더라도 저렴한 고속버스를 선택할 것입니다.

여러분이 오늘 저녁에 국어 숙제를 해야 하는데 컴퓨터 게임도 하고 싶고 만화책도 보고 싶은 상황이라면, 어떤 선택을 하는 것이 좋을까요? 각각을 선택했을 때 치러야 할 기회비용을 따져 본다면 더 나은 선택을 할 수 있을 것입니다.

어휘 풀이

□ **기로** 갈림길이라는 뜻으로, 어느 한쪽을 선택해야 할 상황을 비유적으로 이르는 말.

□ **방영되다** 텔레비전으로 방송이 내보내지다.

□ **대안** 어떤 일에 대처할 방안.

□ **만족도** 만족을 느끼는 정도.

□ **고려하다** 생각하고 헤아려 보다. (考 생각할 고, 慮 생각할 려)

□ **가정하다** 사실이 아니거나 사실인지 아닌지 분명하지 않은 것을 임시로 인정하다. (假 거짓 가, 定 정할 정)

1

중심
생각

다음은 이 글의 특징입니다. 빈칸에 알맞은 낱말을 각각 쓰세요.

> 이 글은 가장 바람직한 (   )을 하기 위해 (   )을 따
> 져 보는 방법을 알려 주는 글이다.

2

내용
이해

이 글의 내용으로 알맞지 <u>않은</u> 것은 무엇인가요?　(　　　)

① 사람마다 무엇에 더 만족을 느끼는지가 다르다.

② 기회비용이 가장 큰 선택을 하는 것은 바람직하지 않다.

③ 기회비용을 고려하면 모든 사람이 같은 선택을 하게 된다.

④ 여러 가지 대안 중에 만족도가 더 큰 것을 선택하는 것이 현명하다.

⑤ 기회비용은 하나를 선택하면 다른 하나를 포기해야 하는 상황에서 발생한다.

⚡ **어떻게 알았나요?**

기회비용은 　　　　　　 마다 다릅니다.

3

내용
이해

다음 중 ㉠에 해당하는 것을 두 개 찾아 기호를 쓰세요.

> ㉮ 포기하는 것의 가치가 가장 큰 것을 선택한다.
> ㉯ 포기하는 것의 가치가 가장 작은 것을 선택한다.
> ㉰ 자신에게 더 중요한 가치가 있는 것을 선택한다.
> ㉱ 자신에게 덜 중요한 가치가 있는 것을 선택한다.

(　　　 , 　　　)

4

✱ 추론

전략 적용

㉡과 바꾸어 쓸 수 있는 말로 가장 적절한 것은 무엇인가요?　(　　　)

① 깎는지　　　　　② 두는지　　　　　③ 떼는지

④ 맡기는지　　　　⑤ 기여하는지

5 이 글과 보기를 읽고, 인어 공주의 선택에 대해 알맞게 말한 친구에게 ◯표 하세요.

창의

보기

인어 공주는 모두가 부러워하는 아름다운 목소리를 가지고 있었어요. 인어 공주는 그 목소리로 노래 부르는 것을 좋아했지요. 어느 날, 인어 공주는 육지에 사는 왕자를 보고 한눈에 반했어요. 그러나 다리가 없어서 왕자를 만나러 갈 수가 없었어요. 인어 공주는 꼬리가 아닌 다리를 가진 인간이 되고 싶었어요.

왕자를 그리워하던 인어 공주는 요술을 부리는 마녀를 찾아가 "저도 사람처럼 두 다리로 육지를 걷고 싶어요."라고 부탁했어요. 마녀는 물약을 주면서 "이 물약에는 신비로운 힘이 있어. 물약을 마시면 두 다리가 생기지. 그 대신에 너는 목소리를 잃게 될 거야."라고 말했어요. 고민 끝에 인어 공주는 마녀가 준 물약을 마셨어요.

(1) 희연: 인어 공주의 선택에 따른 기회비용은 물약이야. ( )

(2) 준현: 인어 공주가 아름다운 목소리를 가졌을 때보다 두 다리를 얻었을 때 더 만족했다면 바람직한 선택을 한 거야. ( )

(3) 영하: 인어 공주는 노래 부르는 것을 좋아하기 때문에 육지를 걷는 것보다 아름다운 목소리에 더 큰 가치를 부여했을 거야. ( )

핵심 정리

6 노트의 빈칸을 채우며, 이 글의 내용을 정리해 보세요.

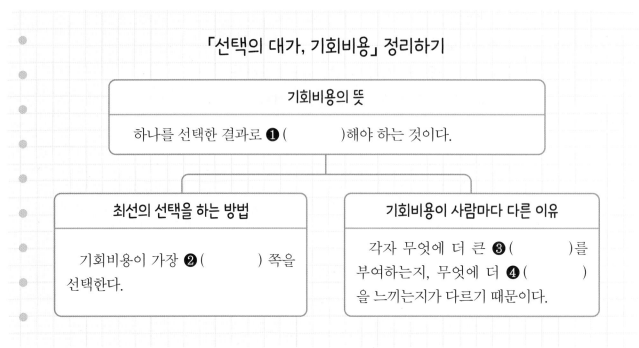

「선택의 대가, 기회비용」 정리하기

기회비용의 뜻

하나를 선택한 결과로 ❶ ( )해야 하는 것이다.

최선의 선택을 하는 방법

기회비용이 가장 ❷ ( ) 쪽을 선택한다.

기회비용이 사람마다 다른 이유

각자 무엇에 더 큰 ❸ ( )를 부여하는지, 무엇에 더 ❹ ( )을 느끼는지가 다르기 때문이다.

어휘 다지기

1 다음 낱말의 뜻으로 알맞은 것을 찾아 선으로 이으세요.

(1) 가정하다 •

(2) 고려하다 •

(3) 방영되다 •

• ① 생각하고 헤아려 보다.

• ② 텔레비전으로 방송이 내보내지다.

• ③ 사실이 아니거나 사실인지 아닌지 분명하지 않은 것을 임시로 인정하다.

2 빈칸에 알맞은 낱말을 보기 에서 찾아 쓰세요.

보기   기로   대안   만족도

(1) 오랜 시간 공들인 연구가 이제 성공과 실패의 (   )에 있다.

(2) 학급 회의를 열어 그 문제를 해결할 (   )을/를 마련하기로 했다.

(3) 새 도서관은 다양한 편의 시설을 갖추고 있어서 이용자들의 (   )이/가 높다.

어휘 키우기

3 다음 뜻을 가진 '시(時)'가 사용된 낱말에 모두 ∨표 하세요.

한자어

時
때 시

예 동시(同時): 같은 때나 시기.

(1) 표시(表時): 겉으로 드러내 보임. ☐

(2) 시세(時勢): 일정한 시기의 물건값. ☐

(3) 당시(當時): 일이 있었던 바로 그때. ☐

8 이어 주는 말 짐작하기

이어 주는 말을
짐작할 때는
앞뒤 문장의 관계를
살펴봐야 해!

개념 이해

　　이어 주는 말은 앞 문장과 뒤 문장의 내용을 연결해 주는 말입니다. '그리고', '그러나', '그래서', '왜냐하면' 등이 이어 주는 말이지요.

　　이어 주는 말은 앞뒤 문장의 내용에 따라 달라집니다. 위의 그림을 볼까요? 앞 문장이 뒤 문장의 원인이므로 '그래서'가 들어가야 자연스럽게 연결됩니다. 이처럼 이어 주는 말을 짐작하려면, 앞뒤 문장을 잘 살펴보아야 합니다.

이렇게 해요!

① 이어 주는 말의 앞 문장과 뒤 문장이 어떻게 연결되는지 살펴봅니다.

② 앞뒤 문장을 자연스럽게 이어 주는 말이 무엇일지 짐작해 봅니다.
- 앞 문장의 내용과 비슷한 내용이 연결될 때 → 그리고
- 앞 문장의 내용과 반대되는 내용이 연결될 때 → 그러나, 하지만
- 앞 문장이 원인이고 뒤 문장이 결과일 때 → 그래서, 그러므로, 따라서
- 앞 문장이 결과이고 뒤 문장이 원인일 때 → 왜냐하면

확인 문제

[1~2] 다음 글을 읽고, 물음에 답하세요.

바흐와 헨델은 17~18세기를 대표하는 작곡가입니다. 흔히 바흐를 '음악의 아버지', 헨델을 '음악의 어머니'라고 합니다. 두 사람이 음악의 부모로 불리는 것은 이들이 서양 음악의 기틀을 다지는 데 크게 기여했기 때문입니다.

바흐와 헨델은 모두 1685년에 독일에서 태어났습니다. 같은 해에 같은 나라에서 두 명의 거장이 탄생한 것입니다. ⭕️ ㉠ 둘 다 일생의 마지막 무렵에 시력을 잃었다는 점도 똑같습니다. 이렇게 바흐와 헨델은 여러 면에서 공통점이 있지만 차이점도 많습니다.

일단 두 사람은 삶의 모습이 달랐습니다. 바흐의 삶은 소박했습니다. 바흐는 독일 밖으로 여행한 적이 없었습니다. 작은 마을에서 음악을 가르치고 만들며 대부분의 삶을 보냈습니다. ⭕️ ㉡ 헨델의 삶은 다채로웠습니다. 그는 이탈리아에서 오페라를 연구하기도 하고, 영국에 갔다가 아예 국적을 바꾸어 영국인으로 살기도 했습니다.

또한 두 사람은 서로 다른 음악을 추구했습니다. 바흐는 엄숙한 교회 음악을 많이 작곡했습니다. 그래서 바흐의 곡에서는 질서와 숭고함이 느껴집니다. 반면, 헨델은 오페라와 같은 극음악을 주로 만들었습니다. 그의 자유로운 삶처럼 헨델이 만든 곡은 명랑하고 극적인 느낌을 줍니다.

1 ㉠에 들어갈 이어 주는 말을 알맞게 짐작한 친구의 이름을 쓰세요.

㉠의 앞뒤 문장을 봐.
바흐와 헨델의 공통점에
관한 내용이 이어지고 있어.

> 성원: 앞뒤 문장이 서로 비슷한 내용이니까 '그리고'를 써야 해.
> 희수: 앞뒤 문장이 원인과 결과의 관계이니까 '따라서'를 써야 해.

(   )

2 ㉡에 들어갈 이어 주는 말로 알맞은 것을 찾아 ◯표 하세요.

㉡의 앞에서는 바흐의
삶을, 뒤에서는 헨델의 삶을
설명하고 있어.

> 하지만   그러므로   왜냐하면

녹음된 목소리가 이상한 이유

자신의 목소리를 녹음해서 들어 본 적이 있나요? 녹음된 목소리는 마치 내 목소리가 아닌 것처럼 낯설고 어색하게 느껴질 거예요. 그 이유는 소리가 생기고 전달되는 원리와 관련이 있어요.

소리는 물체가 떨리면서 발생해요. 목소리는 목에 있는 •성대가 떨리면서 만들어지고, 악기 소리는 악기의 •표면이나 악기에 있는 줄이 떨리면서 만들어져요. ___㉠___ 목에 손을 대고 말하거나 소리가 나는 물체를 손으로 만지면 떨림이 느껴져요. 이렇게 물체가 떨리는 것을 '진동'이라고 해요.

물체가 진동해서 만들어진 소리는 주로 공기를 통해 전달되어요. 물체의 진동이 주변의 공기를 진동시키고, 그 진동이 귀에 전달되어 소리를 듣게 되지요. 그런데 소리는 공기와 같은 기체뿐만 아니라 고체나 액체를 통해서도 전달되어요. 이를 보여 주는 대표적인 사례가 실 전화기와 •수중 발레예요. 실 전화기의 한쪽 종이컵에 대고 말을 하면, 고체인 실을 통해 소리가 전달되어 다른 쪽 종이컵에서 그 소리를 들을 수 있어요. 또한 수중 발레 선수들은 물속에

▲ 수중 발레

설치된 스피커에서 나오는 음악 소리를 듣고 연기를 해요. 액체인 물을 통해서도 소리가 전달되기 때문이에요.

이러한 소리의 원리를 알면, 녹음된 목소리와 내가 듣는 목소리가 다르게 들리는 이유를 이해할 수 있어요. 우리가 성대를 진동시켜 낸 목소리의 일부는 공기의 진동을 통해 밖으로 퍼져 나가고, 다른 일부는 얼굴에 있는 뼈를 진동시켜 직접 귀로 전달되어요. 말하는 사람이 스스로 듣는 목소리에는 이 두 가지 소리가 합쳐져 있어요. 하지만 녹음기는 공기의 진동으로 전달되는 소리만 기록해요. ___㉡___ 녹음된 목소리는 평소에 듣는 내 목소리와 다르게 느껴지는 것이에요.

어휘 풀이

☐ **성대** 목구멍의 가운데에 있는, 소리를 내는 기관.

☐ **표면** 사물의 가장 바깥쪽. (表 겉 표, 面 낯 면)

☐ **수중 발레** 음악의 반주에 맞추어 물속에서 헤엄치며 여러 가지 동작을 하여 표현의 아름다움을 겨루는 경기.

1 이 글에서 설명하는 것에 ◯표 하세요.

중심
생각

(1) 녹음기의 구조 ( )

(2) 악기마다 소리가 다른 까닭 ( )

(3) 소리가 발생하고 전달되는 원리 ( )

(4) 녹음된 목소리를 구분하는 방법 ( )

2 이 글의 내용으로 알맞지 <u>않은</u> 것은 무엇인가요? ( )

내용
이해

① 소리는 물체가 떨리면서 발생한다.

② 소리는 고체나 액체를 통해서도 전달된다.

③ 녹음기는 공기의 진동으로 전달된 소리만 기록한다.

④ 실 전화기와 수중 발레는 소리가 공기를 통해 전달되는 사례이다.

⑤ 목소리의 일부는 얼굴에 있는 뼈를 진동시켜 직접 귀로 전달된다.

3 이 글을 읽고 짐작한 내용을 알맞게 말하지 <u>못한</u> 친구의 이름을 쓰세요.

★추론

영훈: 실 전화기에 대고 말을 할 때 실을 손으로 만지면 떨림이 느껴질 거야.

예지: 다른 사람이 듣는 내 목소리는 내가 평소에 듣는 내 목소리와 비슷할 거야.

수연: 아무런 물질이 없는 우주에서는 소리가 다른 사람에게 전달되지 않을 거야.

( )

⚡ **어떻게 알았나요?**

말하는 사람이 스스로 듣는 목소리에는 얼굴에 있는 [   ]를 진동시켜 직접 귀로 전달되는 소리와, 공기의 진동으로 전달되는 소리가 합쳐져 있습니다.

전략 적용

4 ㉠과 ㉡에 공통으로 들어갈 이어 주는 말로 알맞은 것은 무엇인가요? ( )

★추론

① 그리고 ② 그러나 ③ 그래서 ④ 하지만 ⑤ 왜냐하면

금속 활자의 발명과 '직지'

사회 | 932자

📖 교과 연계
사회 4-1 우리 지역의 국가유산

독일의 구텐베르크는 지난 천 년간 인류의 역사에 가장 큰 영향을 미친 인물로 꼽힙니다. 1455년 구텐베르크가 금속 활자로 성경을 인쇄한 이래로, 유럽에 책이 널리 보급되면서 지식과 문화가 비약적으로 발전했기 때문입니다. 하지만 금속 활자를 세계 최초로 발명한 것은 우리나라입니다. 우리 조상인 고려 시대 사람들은 구텐베르크보다 200여 년이나 앞서 금속 활자를 만들었습니다.

금속 활자는 구리나 철과 같은 금속 위에 글자를 하나씩 볼록 튀어나오게 새긴 것입니다. 각각의 활자들을 내용에 맞게 조합한 뒤 먹물을 발라 종이에 찍어 내면 빠르게 여러 권의 책을 만들 수 있었습니다. 게다가 새로운 책을 만들 때도 기존의 활자를 다시 조합하여 사용할 수 있어 편리했습니다. 고려는 1200년대에 이미 이러한 금속 활자를 만들어 사용했습니다. 이는 1234년 무렵에 『상정고금예문』이라는 책을 금속 활자로 찍었다는 기록이 남아 있는 것을 통해 알 수 있습니다. ☐ ㉠ ☐ 아쉽게도 이 책은 실물로 전해지지 않고 있습니다.

▲ 금속 활자

현존하는 가장 오래된 금속 활자 책은 『직지』입니다. 『직지』는 1377년에 충청북도 청주의 홍덕사라는 절에서 간행되었습니다. 스승의 가르침을 기록한 이 책의 정식 이름은 『백운화상초록불조직지심체요절』로, 줄여서 『직지』라고 부릅니다. 『직지』가 발견된 덕분에 우리나라가 독일보다 먼저 금속 활자를 발명했다는 것을 증명할 수 있었습니다. 『직지』는 그 가치를 인정받아 유네스코 세계 기록 유산으로 등재되었습니다.

이렇게 우리 인쇄술의 우수성을 보여 주는 『직지』는 현재 우리나라가 아닌 프랑스에 있습니다. ☐ ㉡ ☐ 130여 년 전 한국에 있던 프랑스 대사가 『직지』를 수집하여 프랑스로 가져갔고, 이후 골동품 수집가가 이를 소장하고 있다가 프랑스 국립 도서관에 기증했기 때문입니다. 우리나라는 프랑스 국립 도서관으로부터 『직지』를 반환받기 위해 지속적으로 노력하고 있습니다.

▲ 『직지』

어휘 풀이

☐ **이래** 지나간 어느 일정한 때로부터 지금까지.

☐ **비약적** 지위나 수준 등이 갑자기 빠른 속도로 높아지거나 더 나아지는 것.

☐ **실물** 실제로 있는 물건이나 사람.

☐ **현존하다** 현재에 있다. (現 나타날 현, 存 있을 존)

☐ **간행되다** 책이나 신문 등이 인쇄되어 세상에 나오다.

☐ **골동품** 오래되었거나 희귀한 옛 물건.

☐ **소장하다** 자기의 것으로 지니어 간직하다.

1
중심
생각
이 글에서 설명하는 것이 무엇인지 빈칸에 알맞은 말을 네 글자로 쓰세요.

현존하는 가장 오래된 (   ) 책, 『직지』

2
내용
이해
다음 중 금속 활자에 대한 설명으로 알맞은 것을 두 개 찾아 기호를 쓰세요.

> ㉮ 금속 위에 글자를 하나씩 오목하게 새긴 것이다.
> ㉯ 각각의 활자들을 내용에 맞게 조합하여 사용한다.
> ㉰ 우리나라보다 독일이 200여 년이나 앞서 발명했다.
> ㉱ 고려가 1200년대에 만들어 사용했다는 기록이 있다.

(,   )

3
내용
이해
『직지』에 대한 설명으로 알맞지 <u>않은</u> 것은 무엇인가요? (   )

① 1377년에 청주의 흥덕사에서 간행되었다.
② 유네스코 세계 기록 유산으로 등재되었다.
③ 현재 프랑스의 골동품 수집가가 소장하고 있다.
④ 구텐베르크가 인쇄한 성경보다 먼저 만들어졌다.
⑤ 정식 이름은 『백운화상초록불조직지심체요절』이다.

💡 어떻게 알았나요?

우리나라는   국립 도서관으로부터 『직지』를 반환받기 위해 노력하고 있습니다.

4
★ 추론
전략 적용
㉠과 ㉡에 들어갈 이어 주는 말을 알맞게 짝 지은 것은 무엇인가요? (   )

	㉠	㉡
①	그리고	그래서
②	그리고	왜냐하면
③	그러나	그래서
④	하지만	그러므로
⑤	하지만	왜냐하면

5 이 글과 보기 를 읽고 짐작한 내용으로 알맞지 <u>않은</u> 것에 ✕표 하세요.

★ 추론

보기

목판 인쇄술은 나무판에 글자들을 새겨 한 장씩 찍어 내
는 기술입니다. 우리나라에서 목판 인쇄술은 통일 신라 시
대에 시작되어 고려 시대에 고도로 발달하였고, 조선 시대
에 들어서도 널리 사용되었습니다.

목판 인쇄술은 하나의 책을 짧은 시간에 여러 권 만들게

▲ 목판(해인사 대장경판)

해 주었습니다. 그러나 새로운 책을 만들려면 수많은 나무판에 글자를 새로 새겨야
하고, 나무판이 갈라지고 휘어져 오래 보관하기 어렵다는 단점이 있었습니다.

(1) 금속 활자는 구리나 철과 같은 금속으로 만들었으므로 갈라지고 휘어지는 단점이 없
었을 것이다. (   )

(2) 금속 활자는 목판보다 편리했으므로 금속 활자가 발명된 이후에는 목판이 사용되지
않았을 것이다. (   )

(3) 금속 활자는 활자들을 조합하여 사용하므로 새로운 책을 만들 때 활자를 새로 새길
필요가 없었을 것이다. (   )

핵심 정리

6 노트의 빈칸을 채우며, 이 글의 내용을 정리해 보세요.

「금속 활자의 발명과 ‘직지’」 정리하기

세계 최초로 금속 활자를 발명한 우리나라	• ❶( ) 시대 사람들은 독일의 구텐베르크보다 200여 년 앞서 금속 활자를 만들었다. • 금속 ❷( )는 금속 위에 글자를 하나씩 새긴 것이다. • 1234년 무렵에『상정고금예문』이라는 책을 금속 활자로 찍었다는 기록이 남아 있다.
현존하는 가장 오래된 금속 활자 책, 『❸( )』	• 1377년 청주의 ❹( )에서 간행되었다. • ❺( ) 세계 기록 유산으로 등재되었다. • 현재 우리나라가 아닌 프랑스에 있다.

어휘 다지기

1 다음 낱말의 뜻으로 알맞은 것을 찾아 선으로 이으세요.

(1) 간행되다 •

(2) 소장하다 •

(3) 현존하다 •

• ① 현재에 있다.

• ② 자기의 것으로 지니어 간직하다.

• ③ 책이나 신문 등이 인쇄되어 세상에 나오다.

2 빈칸에 알맞은 낱말을 보기 에서 찾아 쓰세요.

보기   실물   골동품   비약적

(1) 매일 성실하게 연습했더니 실력이 (   )으로 성장했다.

(2) 할아버지의 취미는 오래된 도자기와 같은 (   )을 모으는 것이다.

(3) 이 모형 과일은 (   )과 구별하기 어려울 만큼 정교하게 만들어졌다.

어휘 키우기

3 다음 뜻풀이를 읽고, 밑줄 친 낱말의 뜻으로 알맞은 것을 찾아 각각 기호를 쓰세요.

동형어

> ㉠ 대사¹(大事) 다루는 데 힘이 많이 들고 중요한 일.
> ㉡ 대사²(大使) 나라의 대표로 다른 나라에 파견되어 외교를 맡아보는 사람.
> ㉢ 대사³(臺詞) 영화나 연극에서 배우가 하는 말.

(1) 무대에서 대사를 잊은 배우는 당황해서 얼굴이 새빨개졌다.   (   )

(2) 대통령 선거는 5년 동안 국가가 나아갈 방향을 결정하는 대사이다.   (   )

(3) 여러 나라의 대사들이 참석하는 국제 회의가 우리나라에서 열렸다.   (   )

코끼리 똥의 변신

야생 코끼리가 많은 스리랑카에서는 코끼리와 인간 사이에 갈등이 잦았습니다. 사람들이 개발을 위해 코끼리의 서식지인 숲을 파괴하자, 먹이가 부족해진 코끼리가 사람들이 사는 곳으로 내려왔습니다. 코끼리는 농작물을 먹어 치우고 사람들의 집을 부수었습니다. 이에 맞서 사람들은 코끼리를 사냥했고, 코끼리도 사람들을 공격하는 일이 반복되었습니다.

스리랑카의 한 기업은 코끼리와 인간이 공존할 방법을 고안해 냈습니다. 그것은 코끼리가 눈 똥으로 종이를 만들어 파는 것이었습니다. 이 기업에서 사람들은 코끼리 똥을 주워 와 종이를 만들었습니다. ⬚ㄱ⬚ 그 종이로 다양한 제품을 만들어 판매하는 일도 하였습니다. 코끼리 덕분에 다양한 일자리가 생기면서 사람들은 더 이상 코끼리를 해치지 않게 되었습니다.

코끼리 똥이 종이로 변신할 수 있는 이유는 똥 안에 종이의 원료인 섬유질이 많기 때문입니다. 코끼리는 풀, 나뭇잎, 나무껍질 등 섬유질이 풍부한 먹이를 먹습니다. 하지만 소화 능력이 떨어져 섬유질을 흡수하지 못하고 대부분 똥으로 배출합니다. 코끼리는 하루에 200킬로그램 이상을 먹고 50킬로그램 정도의 똥을 누는데, 이 중에서 약 10킬로그램이 섬유질이라고 합니다. 이는 A4 용지를 660장이나 만들 수 있는 양입니다.

코끼리 똥 종이는 다음과 같은 과정을 거쳐 만들어집니다. 우선 똥을 모아 햇볕에 바짝 말리고 하루 종일 삶아서 멸균합니다. 그러면 똥의 섬유질이 죽처럼 걸쭉해집니다. 이것을 체로 거른 뒤, 얇게 펴서 말리면 종이가 완성됩니다. 이렇게 만들어진 코끼리 똥 종이는 우리의 한지와 비슷한 질감입니다.

코끼리 똥 종이는 최근 들어 친환경적인 종이로 주목받고 있습니다. 나무를 자르는 대신에 남아도는 코끼리 똥으로 종이를 만들고, 화학 약품도 전혀 사용하지 않기 때문입니다. 그런 점에서 코끼리 똥 종이는 코끼리도 살리고 환경도 살리는 ⬚ㄴ⬚ 의 효과가 있다고 할 수 있습니다.

1

내용
이해

이 글을 읽고 답할 수 있는 질문이 <u>아닌</u> 것은 무엇인가요?　(　　　)

① 코끼리 똥 종이는 어떤 질감일까?

② 코끼리의 소화 능력이 떨어지는 이유는 무엇일까?

③ 기업이 코끼리 똥으로 종이를 만들게 된 계기는 무엇일까?

④ 스리랑카의 코끼리는 왜 사람들이 사는 곳으로 내려왔을까?

⑤ 코끼리 똥 종이가 친환경적인 종이로 주목받는 까닭은 무엇일까?

2

내용
이해

코끼리 똥으로 종이를 만드는 과정에 맞게 순서대로 기호를 쓰세요.

> ㉮ 코끼리 똥을 삶아서 멸균한다.　　㉯ 코끼리 똥의 섬유질을 체로 거른다.
>
> ㉰ 코끼리 똥을 모아서 햇볕에 말린다.　㉱ 코끼리 똥의 섬유질을 얇게 펴서 말린다.

(　　　) → (　　　) → (　　　) → (　　　)

3

★ 추론

전략 적용

㉠에 들어갈 이어 주는 말을 알맞게 짐작한 친구의 이름을 쓰세요.

> 예형: 앞 문장이 결과이고 뒤 문장이 원인이니까 '왜냐하면'이 들어가야 해.
>
> 연주: 앞 문장의 내용과 비슷한 내용이 연결되니까 '그리고'가 들어가야 해.
>
> 승원: 앞 문장의 내용과 반대되는 내용이 연결되니까 '그러나'가 들어가야 해.

(　　　　　　)

4

★ 추론

㉡에 들어갈 사자성어로 알맞은 것에 ○표 하세요.

(1) 자화자찬(自畵自讚): 자기가 그린 그림을 스스로 칭찬한다는 뜻으로, 자기가 한 일을
　　스스로 자랑한다는 말.　　　　　　　　　　　　　　　　　　　(　　　)

(2) 일석이조(一石二鳥): 돌 한 개를 던져 새 두 마리를 잡는다는 뜻으로, 한 가지 일을 해
　　서 두 가지 이익을 얻는다는 말.　　　　　　　　　　　　　　　(　　　)

(3) 십시일반(十匙一飯): 밥 열 숟가락이 한 그릇이 된다는 뜻으로, 여러 사람이 조금씩 힘
　　을 합하면 한 사람을 쉽게 도울 수 있다는 말.　　　　　　　　　(　　　)

💡 어떻게 알았나요?

코끼리 똥 종이는 코끼리와 　　　　　　을 모두 살리는 종이입니다.

5 이 글을 읽고, 보기 의 자이언트 판다에 대해 짐작한 내용으로 알맞지 <u>않은</u> 것에 ✕표 하세요.

창의

> **보기**
>
> 　자이언트 판다는 하루에 약 12킬로그램의 대나무를 먹고 그중 절반 이상을 똥으로 내보냅니다. 자이언트 판다의 소화 기관이 보통의 초식 동물과 달라서, 대나무에 포함된 영양소를 충분히 흡수하지 못하기 때문입니다. 자이언트 판다가 많이 서식하는 중국에서는 이러한 자이언트 판다의 똥을 이용해 친환경 종이와 휴지를 만듭니다.

▲ 자이언트 판다

(1) 자이언트 판다가 먹는 대나무는 섬유질이 풍부할 것이다. 　　　　　　 (　　　)

(2) 자이언트 판다가 눈 똥에는 섬유질이 많이 들어 있을 것이다. 　　　　 (　　　)

(3) 자이언트 판다는 보통의 초식 동물과 다르게 섬유질을 잘 소화할 것이다. (　　　)

핵심 정리

6 노트의 빈칸을 채우며, 이 글의 내용을 정리해 보세요.

「코끼리 똥의 변신」 정리하기

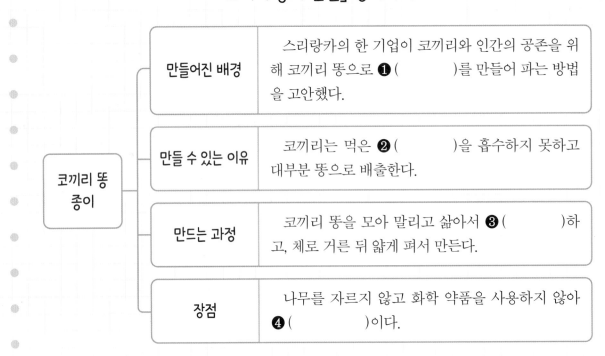

코끼리 똥 종이	만들어진 배경	스리랑카의 한 기업이 코끼리와 인간의 공존을 위해 코끼리 똥으로 ❶(　　　　)를 만들어 파는 방법을 고안했다.
	만들 수 있는 이유	코끼리는 먹은 ❷(　　　　)을 흡수하지 못하고 대부분 똥으로 배출한다.
	만드는 과정	코끼리 똥을 모아 말리고 삶아서 ❸(　　　　)하고, 체로 거른 뒤 얇게 펴서 만든다.
	장점	나무를 자르지 않고 화학 약품을 사용하지 않아 ❹(　　　　)이다.

1 다음 낱말의 뜻으로 알맞은 것을 찾아 선으로 이으세요.

(1) 고안하다 •

(2) 멸균하다 •

(3) 흡수하다 •

• ① 안이나 속으로 빨아들이다.

• ② 세균 등의 미생물을 죽이다.

• ③ 연구하여 새로운 물건이나 방법, 계획 등을 생각해 내다.

2 빈칸에 알맞은 낱말을 보기 에서 찾아 쓰세요.

| 보기 | 원료 | 질감 | 서식지 |

(1) 콩은 두부, 콩기름, 두유 등을 만드는 (   )이다.

(2) 우리는 야생 동물들이 사는 (   )을/를 보호해야 한다.

(3) 새로 산 책상을 손으로 만지니 매끄러운 (   )이/가 느껴졌다.

어휘 키우기

3 다음 설명을 읽고, (   )에서 알맞은 낱말을 골라 ○표 하세요.

헷갈리는 말

부수다	만들어진 물건을 두드리거나 깨뜨려 못 쓰게 만들다. 예 문을 <u>부수다</u>.
부시다	빛이 밝거나 강하여 똑바로 보기 어렵다. 예 눈이 <u>부시다</u>.

(1) 강아지가 화분을 (부수고 / 부시고) 달아났다.

(2) 열쇠를 잃어버려서 자물쇠를 (부술 / 부실) 수밖에 없었다.

(3) 창문으로 쏟아지는 햇빛 때문에 눈이 몹시 (부셨다 / 부셨다).

이야기의 분위기 파악하기

개념 이해

　지금까지 읽었던 여러 이야기를 떠올려 보세요. 즐거운 느낌의 이야기도 있고, 슬픈 느낌의 이야기도 있을 거예요. 이처럼 이야기의 바탕에 깔려 있는 전체적인 느낌을 **이야기의 분위기**라고 합니다.

　이야기의 분위기는 이야기의 배경, 인물이 처한 상황, 인물의 행동이나 마음 등을 함께 살펴보아야 알 수 있습니다. 또는 '평화롭다', '어둡다'와 같은 표현을 보고 이야기의 분위기를 파악할 수도 있습니다.

이렇게 해요!

① 이야기의 배경이 되는 시간과 장소, 인물이 처한 상황이 주는 느낌을 생각해 봅니다.

② 이야기의 분위기가 드러나는 인물의 말과 행동, 마음과 생각 등을 찾아봅니다.

> 이야기의 분위기는 그 이야기의 주제와도 밀접하게 관련되어 있어!

확인 문제

[1~2] 다음 글을 읽고, 물음에 답하세요.

이 장면에 깔려 있는 전체적인 느낌이 어떠한지 생각해 봐.

사람들은 배를 타고 바다로 나가면 육지에서 상상하기 힘든 큰돈을 벌 수 있다고 말했어요. 그 말을 들은 로빈슨은 배를 타기로 마음먹고 아버지 몰래 집을 나왔어요. ㉠로빈슨은 선장 아버지를 둔 친구를 따라가서 배의 선원이 되었어요.

그러던 어느 날, 로빈슨은 아프리카로 향하는 배를 탔어요. ㉡출발한 지 얼마 지나지 않아 세찬 바람이 불었고, 곧 배를 삼킬 듯 파도가 휘몰아쳤어요. 다른 사람들이 거친 파도와 사투를 벌일 때, 로빈슨은 한쪽 구석에서 벌벌 떨고 있었어요. 바로 그때였어요. 배가 파도에 크게 부딪치면서 로빈슨의 몸이 공중에 붕 떴다가 바닥으로 내동댕이쳐졌어요. 로빈슨은 그만 정신을 잃고 쓰러졌어요.

로빈슨은 어떤 섬의 해변에서 눈을 떴어요. ㉢로빈슨 말고는 살아남은 사람이 아무도 없었어요. 로빈슨은 섬에 사람들이 사는지 찾아보았지만, 이내 이곳이 무인도라는 사실을 깨달았어요.

㉣'아아! 이제 나도 이곳에서 죽게 되겠지…….'

로빈슨은 절망감에 빠졌어요. 그러다 문득 항해를 반대하던 아버지의 모습이 떠올랐어요. 로빈슨은 아버지께 너무나 미안한 마음이 들어 눈물을 주르륵 흘렸어요.

— 대니얼 디포, 「로빈슨 크루소」 중

1 ㉠~㉣ 중 이 글의 분위기를 알 수 있는 부분이 <u>아닌</u> 것을 찾아 기호를 쓰세요.

(   )

2 이 글의 분위기로 알맞은 것에 ○표 하세요.

로빈슨은 배가 난파되어 혼자 무인도에 남겨진 상황이야.

(1) 들뜨고 행복하다.   (   )

(2) 무섭고 절망적이다.   (   )

(3) 조용하고 평화롭다.   (   )

연습

심청전

앞부분의 줄거리 | 열다섯 살이 된 심청은 홀로 자신을 키운 아버지 심 봉사를 돌본다. 어느 날, 심 봉사는 쌀 삼백 석을 절에 ˙시주하면 눈을 뜰 수 있다는 스님의 말을 듣고 덜컥 시주를 약속한다. 이를 알게 된 심청은 ˙제물로 쓸 여자를 찾고 있는 뱃사람들에게 쌀 삼백 석을 받고 자신을 제물로 판다.

소설 | 869자

㉠"아버지, 쌀 삼백 석을 절에 보냈으니 걱정하지 마세요."

심 봉사가 깜짝 놀라 어떻게 쌀을 구했는지 물었다.

㉡"장 승상 댁 부인이 쌀 삼백 석을 내주시기에 ˙수양딸이 되기로 했습니다."

심 봉사는 심청이 거짓말을 한 줄도 모르고 안도의 한숨을 내쉬었다.

"그것 참 고마운 일이로구나. 언제 가느냐?"

㉢"다음 달 ˙보름에 데려간다고 했습니다."

심청은 아버지와 헤어질 생각에 먹지도 마시지도 못한 채 슬픔에 빠졌다. 이때부터 심청은 아버지가 입을 옷을 미리 짓고 주변을 정리하면서 집을 떠날 준비를 했다. 그러다 보니 어느덧 배가 떠나기 전날 밤이 되었다. 심청은 잠든 아버지를 바라보며 ˙숨죽여 흐느꼈다.

'내가 죽으면 아버지는 어떻게 살아가실까? 불쌍한 우리 아버지……'

날이 밝자 뱃사람들이 마당에서 심청을 불렀다. 심청은 마당으로 나가 뱃사람들에게 조용히 말했다.

㉣"잠시만 기다려 주세요. 아버지께 마지막으로 ˙진지를 대접하고 싶어요."

심청은 밥상을 차린 뒤 아버지 앞에 마주 앉았다. 아무것도 모르는 심 봉사는 신이 나서 지난밤에 꾼 꿈 이야기를 들려주었다.

"꿈에서 네가 큰 수레를 타고 어디론가 한없이 가더구나. 수레는 귀한 사람이 타는 것인데, 우리 집에 좋은 일이 있으려나 보다."

㉤"그 꿈 참 좋은 꿈입니다."

심청은 자신이 죽을 꿈인 줄 짐작했지만, 대강 둘러대며 상을 치웠다. 그리고 몸을 깨끗이 씻고 새 옷을 입었다. 아버지께 마지막 인사를 올리자, 참았던 눈물이 쏟아졌다. 심청은 아버지의 손을 부여잡고 울며 말했다.

"죄송해요. 제가 아버지를 속였어요. 사실 뱃사람들에게 저를 제물로 팔아 쌀 삼백 석을 겨우 구했어요. 오늘이 떠나는 날이에요."

"그게 무슨 말이냐? 안 된다. 자식을 팔아 눈을 뜨는 것이 무슨 소용이냐!"

심 봉사는 땅에 엎드려 통곡했다.

어휘 풀이

□ **시주하다** 남을 돕는 마음으로 조건 없이 절이나 스님에게 물건을 베풀어 주다.

□ **제물** 제사를 지낼 때 바치는 물건이나 동물. (祭 제사 제, 物 물건 물)

□ **수양딸** 남의 자식을 데려다가 자기 자식처럼 기른 딸.

□ **보름** 음력으로 그달의 십오 일째 되는 날.

□ **숨죽이다** 숨소리가 들리지 않을 정도로 조용히 하다.

□ **진지** '밥'의 높임말.

1 다음은 심청이 처한 상황입니다. 다음 빈칸에 알맞은 말을 각각 쓰세요.

중심
생각

> 심청은 아버지 심 봉사의 (   )을 뜨게 하기 위해 쌀 (   )
> 석에 제물로 팔려 가게 되었다.

2 이 글에서 심청이 하지 <u>않은</u> 일은 무엇인가요? (   )

내용
이해

① 쌀 삼백 석을 구해 절에 보냈다.
② 심 봉사가 입을 옷을 미리 지어 두었다.
③ 커다란 수레를 타고 뱃사람들과 함께 떠났다.
④ 심 봉사에게 마지막으로 밥상을 차려 주었다.
⑤ 집을 떠나기 전, 심 봉사에게 인사를 올리며 눈물을 흘렸다.

💡 어떻게 알았나요?

심 봉사는 지난밤에 심청이 큰 [   ]를 타고 어디론가 가는 꿈을 꾸었습니다.

3 ㉠~㉤ 중 심청이 아버지를 위해 한 거짓말을 두 개 고르세요. (,   )

내용
이해

① ㉠   ② ㉡   ③ ㉢   ④ ㉣   ⑤ ㉤

전략 적용
4 이 글의 분위기를 알맞게 말한 친구의 이름을 쓰세요.

★ 추론

> 정후: 이른 아침에 뱃사람들이 마당에 모여 심청을 부르는 모습에서 활기차고 즐거
>   운 분위기가 느껴져.
> 혜수: 심 봉사가 떠나는 심청에게 화를 내며 큰 소리로 말하는 모습에서 다급하고
>   무서운 분위기가 느껴져.
> 민정: 눈이 안 보이는 아버지를 홀로 두고 떠날 준비를 하는 심청의 모습에서 슬프
>   고 안타까운 분위기가 느껴져.

(   )

시턴 동물기 | 어니스트 톰프슨 시턴

소설 | 1,032자

회색곰 워브는 네 마리의 새끼 곰 중 맏이로 태어났어요. 여름이 시작될 무렵, 어미 곰은 새끼 곰들을 데리고 언덕으로 가서 먹이를 구하는 법을 가르쳐 주었어요. 그리고 강으로 내려가 물고기를 잡는 법도 알려 주었지요. 새끼 곰들은 어미 곰 덕분에 물고기를 실컷 먹고, 시원한 강가에서 낮잠을 잤어요.

한두 시간이 지나 잠에서 깬 새끼 곰들은 서로 뒤엉켜 장난을 쳤어요. 그러다 막내 곰이 강둑 아래로 굴러떨어지며 소리를 질렀어요. 그 소리에 어미 곰은 눈을 번쩍 뜨고 주변을 둘러보았어요. 저 아래에서 커다란 황소가 막내 곰을 향해 달려들고 있었어요. 온순하던 어미 곰은 순식간에 포악하게 돌변했어요. 어미 곰은 황소에게 달려가 무쇠 같은 주먹으로 황소의 등을 내리쳤어요. 황소는 비명을 지르며 도망갔어요.

얼마 후, 피킷은 자신이 키우는 황소들 중 한 마리가 다친 것을 보았어요.

"오, 맙소사! 회색곰의 짓이군."

피킷은 총을 챙겨 강둑으로 달려갔어요. ㉠강둑 아래에 이르러 회색곰들이 보이자 피킷은 총을 거머쥐었어요. 그 순간, 어미 곰은 이상한 냄새를 맡고 몸을 일으켰어요. 어미 곰은 피킷을 발견하고 소리쳤어요.

"얘들아, 어서 도망쳐!"

어미 곰은 새끼 곰들을 데리고 숲으로 달아나려 했어요. 그러나 곧바로 총소리가 났어요.

탕! ㉡어미 곰은 어깨에 엄청난 통증을 느끼면서도 새끼 곰들을 살폈어요.

탕! 이번에는 막내 곰이 총에 맞았어요. 어미 곰은 막내를 흔들며 울부짖다가 사납게 으르렁거리며 피킷을 공격하려고 돌아섰어요.

탕! 탕! 탕! 어미는 연거푸 날아오는 총알을 피하지 못하고 쓰러졌어요. 도망치던 나머지 새끼 곰들이 어미 곰에게 달려와 애처롭게 울었어요.

탕! 탕! 두 마리의 새끼 곰이 또 쓰러졌어요. ㉢겁에 질린 워브는 어미 곰과 동생들 주위를 맴돌았어요. 그러나 모두 꼼짝도 하지 않았어요. 워브는 도망쳐야 한다는 생각이 들었지만, 죽은 가족들을 두고 가려니 발이 떨어지지 않았어요. 바로 그때, 피킷의 총에서 다시 총알이 튀어나왔어요.

탕! 워브는 뒷발이 떨어져 나가는 듯 아팠어요. 워브는 피가 흐르는 뒷발을 질질 끌며 숲을 향해 갔어요.

어휘 풀이

□ **맏이** 여러 형제자매 가운데 첫 번째로 태어난 사람.

□ **포악하다** 성격이나 행동이 사납고 악하다. (暴 사나울 포, 惡 악할 악)

□ **돌변하다** 뜻밖에 갑자기 달라지다.

□ **거머쥐다** 손으로 휘감아 꽉 쥐다.

□ **통증** 아픈 증세. (痛 아플 통, 症 증세 증)

□ **연거푸** 여러 번 계속해서.

□ **애처롭다** 가엾고 불쌍하여 마음이 슬프다.

1 이 글의 제목으로 가장 알맞은 것은 무엇인가요? (   )

중심
생각

① 혼자가 된 워브   ② 워브와 황소의 대결

③ 동물의 왕이 된 워브   ④ 워브의 외로운 나날들

⑤ 워브 가족의 평화로운 일상

💡 어떻게 알았나요?

피킷이 쏜 총에 맞아 어미 곰과 새끼 곰들이 죽고 [   ] 만 살아남았습니다.

2 이 글의 내용으로 알맞은 것은 무엇인가요? (   )

내용
이해

① 피킷은 황소를 한 마리만 키웠다.

② 워브는 피킷이 쏜 총에 뒷발을 맞았다.

③ 워브는 형제들과 장난을 치다가 강둑 아래로 떨어졌다.

④ 막내 곰은 자신을 향해 달려드는 황소의 등을 내리쳤다.

⑤ 피킷을 발견한 어미 곰은 새끼 곰들을 두고 혼자 도망쳤다.

3 피킷이 총을 챙겨 강둑으로 달려간 까닭으로 알맞은 것을 찾아 기호를 쓰세요.

내용
이해

> ㉮ 회색곰이 자신을 공격할 것이라고 예상해서
>
> ㉯ 회색곰이 이상한 냄새를 풍기며 몸을 일으켜서
>
> ㉰ 회색곰이 자신의 황소를 다치게 했다고 생각해서
>
> ㉱ 회색곰이 강의 물고기를 다 먹어 버린 것을 알게 되어서

(   )

전략 적용

4 이 글의 분위기로 알맞은 것에 ○표 하세요.

✷ 추론

(1) 고요하고 차분한 분위기가 이어지고 있다.   (   )

(2) 쓸쓸한 분위기가 신나고 활기찬 분위기로 바뀌었다.   (   )

(3) 평화로운 분위기에서 급박하고 비극적인 분위기로 바뀌었다.   (   )

5 ㉠~㉢에서 인물이 떠올렸을 생각으로 알맞은 것을 찾아 선으로 이으세요.

★ 추론

(1) ㉠ •

(2) ㉡ •

(3) ㉢ •

• ① '고약한 회색곰을 내 손으로 해치워 야겠어.'

• ② '엄마와 동생들이 죽었나 봐. 어떡 하지? 너무 무서워.'

• ③ '내가 아픈 건 아무렇지 않아! 새끼 들을 지키는 것이 중요해.'

핵심 정리

6 노트의 빈칸을 채우며, 이 글의 내용을 정리해 보세요.

「시턴 동물기」 정리하기

❶ (   )이 시작될 무렵, 회색곰 워브의 가족들이 강가에서 시간을 보내고 있 었다.

⬇

❷ (   )을 자고 일어난 막내 곰이 장난을 치다가 강둑 아래로 굴러떨어졌다.

⬇

어미 곰이 막내 곰을 향해 달려드는 ❸ (   )를 내리쳐서 쫓아냈다.

⬇

황소의 주인인 ❹ (   )이 강둑으로 달려가 워브의 가족들에게 총을 쏘았다.

⬇

가족들 중 혼자 살아남은 워브는 피가 흐르는 ❺ (   )을 끌며 숲으로 달아났다.

정답과 해설 27쪽

어휘 다지기

1 다음 낱말의 뜻으로 알맞은 것을 찾아 선으로 이으세요.

(1) 거머쥐다 •　　　• ① 손으로 휘감아 꽉 쥐다.

(2) 돌변하다 •　　　• ② 뜻밖에 갑자기 달라지다.

(3) 애처롭다 •　　　• ③ 가엾고 불쌍하여 마음이 슬프다.

2 빈칸에 알맞은 낱말을 보기 에서 찾아 쓰세요.

보기　만이　통증　연거푸

(1) 감기에 걸린 유미는 (　　　　　　) 재채기를 했다.

(2) 머리가 아파 약을 먹었더니 (　　　　　　)이/가 점차 사라졌다.

(3) 나는 형제들 중에 (　　　　　　)(이)라서 어렸을 때부터 동생들을 돌보았다.

어휘 키우기

3 다음 설명을 읽고, (　　)에서 알맞은 낱말을 골라 ○표 하세요.

헷갈리는 말

거름	식물이 잘 자라도록 땅에 뿌리거나 섞는 물질. 예 거름을 주다.
걸음	두 발을 번갈아 옮겨 놓는 동작. 예 걸음이 빠르다.

(1) 오이밭에 (거름 / 걸음)을 뿌렸다.

(2) 그는 횡단보도 앞에서 (거름 / 걸음)을 멈추었다.

(3) 한 살이 된 아기가 아장아장 (거름 / 걸음)을 뗐다.

할머니는 우리 편 | 박완서

소설 | 1,098자

엄마의 소원은 내가 삼 학년 때 이루어져서 우리는 또 이사를 하게 되었습니다. 방이 하나 더 늘어나서 방 네 개짜리 아파트로 말입니다. 할머니와 나는 서로 딴 방을 쓰게 된 것을 잠깐 언짢아했을 뿐 곧 새집을 좋아하게 되었습니다.

이번 아파트는 앞으로도 뒤로도 아파트만 보이는 그런 답답한 동네가 아니고 베란다에 나가면 넓은 들판과 작은 집들과 저 멀리 산들이 보였기 때문입니다. 들판에는 밭도 있지만 그냥 잡초가 무성한 빈 땅도 있고, 시뻘건 흙이 드러난 작은 언덕도 있고, 오솔길도 있습니다. 할머니와 나는 저녁나절이나 이른 새벽에 손잡고 그 들판을 산책하기를 즐겼습니다.

"아아 오래간만에 흙냄새, 풀 냄새를 맡으니 살 것 같구나. 이곳 경치는 할머니가 태어난 시골만은 못하지만 그래도 많이 닮았다. 길수야, 난 이곳이 좋구나. 이곳에 오래오래 살고 싶구나."

그럴 때 할머니는 그 들판에 남아 있는 큰 나무가 너울너울 춤을 추는 것처럼 생기 있고 자유스럽고 행복해 보였습니다. 내가 좋아하는 거라면 뭐든지 같이 좋아해 주신 할머니입니다. 할머니가 좋아하시는 게 난들 안 좋을 리가 있겠습니까? 또 그 들판에서 나는 새로운 할머니를 발견했습니다. 할머니가 그렇게 훌륭한 자연 선생님이라는 걸 처음 알았습니다.

어휘 풀이

□ **언짢아하다** 마음에 들지 않거나 불쾌하게 여기다.

□ **무성하다** 풀이나 나무 등이 많이 자라서 공간을 빽빽하게 메우고 있다.

□ **너울너울** 물결이나 큰 천, 나뭇잎 등이 부드럽고 느리게 흔들거리며 자꾸 움직이는 모양.

□ **생기** 활발하고 건강한 기운. (生 날 생, 氣 기운 기)

□ **구별하다** 성질이나 종류에 따라 갈라놓다. (區 구분할 구, 別 나눌 별)

□ **각시** '아내'를 달리 이르는 말.

□ **한바탕** 크게 한 번.

내가 자연 책에서 그림으로만 알고 있는 풀과 채소의 이름을 할머니는 그 들판의 자연 속에서 찾아내어 보여 주셨을 뿐 아니라, 자연 책에도 없는 온갖 풀이름을 알고 계셨습니다. 토끼풀과 사금파리가 어떻게 다른가는 실제로 봐야지 그림으로는 도저히 구별할 수  없다는 것도 알게 되었습니다. 할머니는 달개비 이파리로 풀피리를 만드는 법도 가르쳐 주셨고, 쇠비름 뿌리로 '신랑 방에 불 켜라, 각시 방에 불 켜라' 하는 놀이를 할 수 있다는 것도 가르쳐 주셨습니다.

오이와 호박이 어떻게 덩굴을 뻗고 어떻게 열매를 맺나, 잎과 꽃이 서로 어떻게 다른가도 실제로 보면서 배울 수가 있었습니다. 어른들이 못생기거나 늙은 여자를 보고 호박꽃이라기에 미운 꽃인 줄 알았더니 아주 환하고 예쁜 꽃이었습니다. 어린 호박이 달린 암꽃은 특히 예뻤습니다.

　이렇게 한바탕 들판을 헤매고 나면 마음이 상쾌해지면서 몸속 깊은 곳에서 맑은 샘물 같은 기운이 솟는 걸 느낄 수가 있었습니다.

1　이 글에 대한 설명으로 알맞은 것에 ○표 하세요.

중심
생각

(1) 계절의 변화에 따라 이야기가 전개된다.　　　　　　　　　　　　　(　　　)

(2) 풀과 채소를 마치 사람처럼 표현하고 있다.　　　　　　　　　　　　(　　　)

(3) '나'와 할머니 사이에 오해가 생기는 과정을 보여 준다.　　　　　　　(　　　)

(4) '내'가 직접 경험한 일을 속마음과 함께 이야기하고 있다.　　　　　　(　　　)

2　이 글의 '나'에 대한 내용으로 알맞지 않은 것은 무엇인가요?　(　　　)

내용
이해

① 이름은 '길수'이다.

② 할머니와 방을 따로 쓰고 싶어 했다.

③ 호박꽃을 보고 환하고 예쁘다고 생각했다.

④ 삼 학년 때 방 네 개짜리 아파트로 이사를 했다.

⑤ 저녁이나 이른 새벽에 할머니와 들판을 산책했다.

어떻게 알았나요?

할머니와 '나'는 딴　　　　　　을 쓰게 된 것을 언짢아했습니다.

3　이 글을 읽고 알 수 있는 내용이 아닌 것을 찾아 기호를 쓰세요.

내용
이해

> ㉮ 엄마는 방이 더 많은 아파트로 이사를 가고 싶어 했다.
>
> ㉯ 할머니는 동네에 있는 들판에서 자연 선생님으로 일했다.
>
> ㉰ 할머니는 흙냄새, 풀 냄새를 맡을 수 있는 시골에서 태어났다.
>
> ㉱ '나'는 이전에 앞뒤로 아파트만 보이는 답답한 동네에서 살았다.

　　　　　　　　　　　　　　　　　　　　　　　　　　　　　　(　　　　)

4　이 글에 나타난 할머니의 성격을 알맞게 파악한 것은 무엇인가요?　(　　　)

★ 추론

① 소심하다.　　　　　② 신중하다.　　　　　③ 다정하다.

④ 쾌활하다.　　　　　⑤ 겁이 많다.

5 이 글의 분위기를 짐작할 때, 빈칸에 들어갈 말로 알맞지 <u>않은</u> 것은 무엇인가요? ( )

★ 추론

> ┌─────────────────────────────┐
> │   │을 보면, 이 글의 분위기는 평화롭고 따뜻하다.
> └─────────────────────────────┘

① 오솔길이 있고 다양한 풀과 채소가 자라는 들판의 모습

② 들판을 산책할 때 생기 있고 행복해 보이는 할머니의 모습

③ 한바탕 들판을 헤매고 나면 맑은 샘물 같은 기운이 솟는 '나'의 모습

④ 토끼풀과 사금파리가 어떻게 다른가를 구별하기 어려워하는 '나'의 모습

⑤ 풀피리를 만드는 법과 쇠비름 뿌리로 할 수 있는 놀이를 가르쳐 주는 할머니의 모습

6 노트의 빈칸을 채우며, 이 글의 내용을 정리해 보세요.

「할머니는 우리 편」 정리하기

> '나'는 삼 학년 때 넓은 들판과 작은 집들과 산들이 보이는 새집으로 ❶( )를 했다.

⬇

> '나'는 할머니와 저녁나절이나 이른 새벽에 ❷( )을 산책했다.

⬇

> '나'는 이곳이 좋다고 말하는 ❸( )를 보며 좋아했다.

⬇

> '나'는 훌륭한 ❹( ) 선생님인 할머니에게 풀과 채소와 꽃에 대해 배웠다.

⬇

> '나'는 들판을 산책하고 나면 마음이 상쾌해지는 것을 느낄 수 있었다.

어휘 다지기

1 다음 낱말의 뜻으로 알맞은 것을 찾아 선으로 이으세요.

(1) 구별하다 •

(2) 무성하다 •

(3) 언짢아하다 •

• ① 성질이나 종류에 따라 갈라놓다.

• ② 마음에 들지 않거나 불쾌하게 여기다.

• ③ 풀이나 나무 등이 많이 자라서 공간을 빽빽하게 메우고 있다.

2 빈칸에 알맞은 낱말을 보기 에서 찾아 쓰세요.

보기			
	생기	한바탕	너울너울

(1) 하늘이 점점 흐려지더니 (　　　　　　) 폭우가 내렸다.

(2) 시험에 합격한 오빠의 얼굴에 (　　　　　　)이/가 넘쳤다.

(3) 창문으로 바람이 들어오자 커튼이 (　　　　　　) 움직였다.

어휘 키우기

3 다음 밑줄 친 낱말과 같은 뜻의 '달리다'가 쓰인 것에 ∨표 하세요.

동형어

> 어린 호박이 <u>달린</u> 암꽃은 특히 예뻤습니다.

(1) 집 앞 감나무에 감이 많이 <u>달려</u> 있다. ☐

(2) 엄마는 아픈 아이를 안고 병원으로 <u>달렸다</u>. ☐

(3) 그는 힘이 <u>달려서</u> 들고 있던 짐을 내려놓았다. ☐

인물의 행동 평가하기

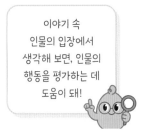

개념 이해

여우는 납작한 접시에 음식을 담아 두루미에게 주었습니다. 부리가 뾰족한 두루미는 접시에 담긴 음식을 조금도 먹을 수 없었습니다. 이러한 여우의 행동은 '두루미가 먹을 수 없는 그릇에 음식을 담아 주다니, 배려심이 부족해.'라고 평가할 수 있을 것입니다.

이처럼 **인물의 행동을 평가**한다는 것은 인물이 한 행동이 옳은지 그른지 등을 판단하는 것을 말합니다. 인물의 행동을 평가하기 위해서는 인물이 한 행동과 그렇게 행동한 까닭을 생각해 보아야 합니다.

이렇게 해요!

① 이야기 속 인물이 어떤 상황에서 어떤 행동을 했는지 파악합니다.

② 인물이 그렇게 행동한 까닭을 생각해 보고, 적절한 이유를 들어 인물의 행동을 평가해 봅니다.

> 이야기 속 인물의 입장에서 생각해 보면, 인물의 행동을 평가하는 데 도움이 돼!

확인 문제

[1~2] 다음 글을 읽고, 물음에 답하세요.

> 옛날에 포도밭을 가꾸는 농부가 살았습니다. 농부는 게으른 세 아들 때문에 늘 걱정이 많았습니다. 어느 날, 농부가 세 아들을 불러 모았습니다.
>
> ㉠"얘들아, 포도밭에 귀한 보물을 숨겨 놓았으니 내가 죽으면 포도밭을 파 보아라."
>
> 농부는 이 말을 남긴 뒤 병으로 죽고 말았습니다. 다음 날부터 세 아들은 하루도 쉬지 않고 포도밭을 파헤쳤습니다. 덕분에 포도가 자라기에 알맞게 땅이 부드러워졌습니다. 그러나 포도밭 어디에도 보물은 없었습니다. 세 아들은 크게 실망했습니다.
>
> 그해 여름, 포도밭에는 탐스러운 포도가 가득 열렸습니다. 그제야 세 아들은 아버지가 말한 진정한 보물이 무엇인지 깨달았습니다.
>
> "부지런히 일해서 얻는 것만큼 값진 보물이 없구나!"
>
> 세 아들은 지난날을 반성하고 앞으로 부지런히 농사를 짓기로 결심했습니다.
>
> ─「포도밭에 숨겨진 보물」

1 농부가 ㉠과 같이 말한 까닭으로 알맞은 것에 ○표 하세요.

(1) 농부의 말을 들은 세 아들이 포도밭을 열심히 파헤칠 것이라고 생각했기 때문이다. ( )

(2) 죽기 전에 보물의 위치를 알려 주지 않으면 세 아들이 실망할 것이라고 생각했기 때문이다. ( )

> 농부가 세 아들을 늘 걱정했던 까닭이 무엇인지 생각해 봐.

2 농부의 행동을 알맞게 평가한 친구의 이름을 쓰세요.

> 수민: 세 아들이 지난날을 반성하고 부지런히 농사짓게 만들다니, 농부의 행동은 현명해.
> 누리: 세 아들에게 포도밭에 보물을 숨겨 두었다는 사실을 털어놓다니, 농부는 어리석은 행동을 했어.

( )

> 1번에서 답한 내용을 바탕으로 농부의 행동을 평가해 보자.

홍길동전

집을 떠난 홍길동은 자신을 따르는 사람들을 모아 '활빈당'이라는 무리를 만들었어요. 그리고 조선 팔도를 돌아다니며 마을의 나쁜 관리들이 부정한 방법으로 모은 재물을 빼앗아 가난한 사람들에게 나누어 주었어요. 활빈당은 나라의 재산과 착한 백성들의 재물은 조금도 손대지 않았어요. ㉠이러한 뜻에 감동한 많은 도적이 길동을 따랐어요.

그러던 어느 날, 길동이 부하들을 모아 놓고 이렇게 말했어요.

"요즘 함경도의 감사가 백성들을 괴롭히고 있다고 한다. 이를 그냥 두고 볼 수가 없다. 내가 앞장설 것이니 모두 나를 따라오너라."

그날 밤, 길동과 부하들은 함경도 감사가 사는 마을에 도착했어요. 그리고 남문으로 가서 불을 질렀어요. 감사는 불이 났다는 소리에 깜짝 놀라 사람들에게 불을 끄라고 명령했어요. 마을 사람들이 모두 달려 나와 정신없이 불을 끄는 사이, 길동은 감사의 창고로 갔어요. 창고 안에는 그동안 백성들에게 빼앗은 곡식과 돈이 한가득 쌓여 있었어요. 길동은 창고에서 재물을 몽땅 챙겨서 남문의 반대쪽에 있는 북문으로 달아났어요.

생각지도 못한 사고에 크게 당황한 함경도 감사는 아침이 되어서야 창고의 재물이 없어졌다는 것을 알았어요. 감사는 화가 나서 쓰러지고 말았지요. 그날 오후, 북문에 벽보 한 장이 붙었어요.

'창고의 재물을 훔친 범인은 활빈당의 우두머리 홍길동이다.'

감사는 군사들을 모아 하루빨리 홍길동을 잡아 오라고 호통쳤어요.

한편 홍길동은 군사들에게 들키지 않도록 부하들을 데리고 도술을 써서 거처로 돌아왔어요. 길동은 부하들에게 말했어요.

"벽보에 내 이름을 써서 붙였으니 곧 나를 잡으러 올 것이다. 그러나 크게 신경 쓸 것은 없다. 이것을 보아라."

길동은 짚으로 만든 인형 일곱 개를 놓고 주문을 외웠어요. 그러자 짚 인형이 일곱 명의 홍길동으로 변했어요. 여덟 명의 길동은 각자 부하들을 데리고 팔도로 흩어졌어요.

어휘 풀이

- **팔도** 조선 시대에, 전국을 여덟 개로 나눈 행정 구역. (八 여덟 팔, 道 길 도)
- **관리** 나라의 일을 맡아 보는 사람.
- **부정하다** 올바르지 않거나 옳지 못하다. (不 아닌가 부, 正 바를 정)
- **감사** 조선 시대에 둔, 각 도의 으뜸 벼슬.
- **벽보** 여러 사람에게 널리 알리기 위하여 벽이나 게시판 등에 붙이는 글.
- **거처** 일정 기간 동안 자리를 잡고 머물러 사는 장소. (居 살 거, 處 곳 처)

1 이 글에서 홍길동이 한 일로 알맞지 <u>않은</u> 것은 무엇인가요?　(　　　)

내용
이해

① 함경도 감사의 창고에서 재물을 훔쳤다.

② 군사들에게 들키지 않게 도술을 써서 거처로 돌아왔다.

③ 함경도 감사에게 남문에 불을 낼 것임을 미리 경고했다.

④ 창고의 재물을 훔친 범인이 자신이라고 쓴 벽보를 붙였다.

⑤ 자신을 따르는 사람들을 모아 '활빈당'이라는 무리를 만들었다.

💡 어떻게 알았나요?

감사는 생각지도 못한 　　　　　　 에 크게 당황했습니다.

2 ㉠의 내용으로 가장 알맞은 것을 찾아 기호를 쓰세요.

내용
이해

> ㉮ 나라의 모든 재산을 착한 백성들에게 나누어 주어야 한다.
>
> ㉯ 돈을 많이 모으기 위해서는 어쩔 수 없이 백성들을 괴롭혀야 한다.
>
> ㉰ 관리들이 부정하게 모은 재물로 가난한 사람들을 도와주어야 한다.

(　　　　　　　)

3 이 글에 이어질 뒷이야기로 알맞은 것에 ◯표 하세요.

★ 추론

(1) 여덟 명의 길동이 함경도 감사에게 가서 재물을 빼앗은 것을 사과했다.　(　　　)

(2) 여덟 명의 길동이 팔도 곳곳에서 나쁜 관리들의 재물을 훔치기 시작했다.　(　　　)

전략 적용

4 다음 대화를 읽고, 홍길동의 행동을 잘못 평가한 친구의 이름을 쓰세요.

평가

> 경주: 나는 홍길동이 정의로운 행동을 했다고 생각해. 백성들에게 재물을 빼앗은 나쁜 관리들을 혼내 주었잖아.
>
> 명민: 그래도 다른 사람의 재물을 훔치는 건 도둑질이야. 도둑질은 옳지 못한 행동이야.
>
> 연희: 게다가 홍길동은 재물을 챙겨서 혼자 달아났어. 그건 부하들을 버린 비겁한 행동이라고 생각해.

(　　　　　　　)

목걸이 | 기 드 모파상

`소설 | 1,038자`

마틸드는 자신이 비싸고 좋은 것들을 누리기 위해 태어났다고 생각했어요. 하지만 가난한 마틸드가 가진 것이라고는 허름한 집과 오래된 가구 같은 것밖에 없었어요. 모두 그녀의 허영심을 채우기에는 턱없이 부족했지요.

어느 날 마틸드의 남편이 호화로운 파티의 초대장을 구해 왔어요. 그는 마틸드가 손뼉을 치면서 기뻐할 것이라고 생각했어요. 그러나 남편의 기대와 달리 마틸드는 초대장을 던지며 파티에 입고 갈 옷이 없다고 불평했어요. 마틸드의 남편은 모아 둔 돈을 마틸드에게 주었어요. 마틸드는 그 돈으로 비싼 옷을 사고, 친구 포레스티에에게 다이아몬드 목걸이도 빌렸어요.

화려하게 꾸민 마틸드는 파티의 주인공이 되었어요. 사람들은 모두 아름다운 마틸드를 보며 감탄하고 부러워했지요. 하지만 파티가 끝난 뒤, 부부는 낡은 마차를 타고 집으로 돌아와야 했어요.

마틸드는 옷을 갈아입기 전, 마지막으로 자신의 화려한 모습을 보기 위해 거울 앞에 섰어요. 거울을 보자마자 마틸드는 비명을 질렀어요.

㉠"목걸이가 없어졌어요!"

마틸드와 남편은 동네를 샅샅이 뒤졌어요. 그러나 어디서도 목걸이를 찾을 수 없었어요. 결국 부부는 이 사람, 저 사람에게 돈을 빌려 값비싼 새 다이아몬드 목걸이를 사서 포레스티에에게 돌려주었어요.

그날 이후 마틸드 부부는 빚을 갚기 위해 무척 노력했어요. 그들은 살던 집을 팔고 다락방으로 이사한 뒤 하녀를 내보냈어요. 마틸드는 하녀가 하던 모든 집안일을 했고, 남편은 돈이 된다면 무슨 일이든 했어요. 부부는 이렇게 10년 동안 밤낮없이 일해서 겨우 빚을 갚았어요. 그동안 마틸드의 아름다움은 온데간데없어졌지요.

그러던 어느 날, 마틸드는 우연히 포레스티에를 만났어요. 마틸드는 포레스티에에게 인사를 건넸지만, 포레스티에는 초라해진 마틸드를 알아보지 못했어요. 울컥한 마틸드는 그동안 있었던 일을 전부 말했어요.

"예전에 내가 너한테 다이아몬드 목걸이를 빌렸던 거 기억나니? 사실 그 목걸이를 잃어버렸었거든. ㉡ 네게 다 털어놓고 나니 마음이 후련하다."

포레스티에는 안타까워하며 이렇게 말했어요.

"가엾은 마틸드! 그 목걸이는 가짜였어. 하나도 비싸지 않은……."

어휘 풀이

□ **누리다** 생활 속에서 마음껏 즐기거나 맛보다.
□ **허영심** 자기의 분수에 넘치고 실속이 없이 겉을 화려하게 꾸미려는 마음.
□ **턱없이** 수준이나 분수에 맞지 않게.
□ **호화롭다** 사치스럽고 화려한 느낌이 있다.
□ **빚** 남에게 갚아야 할 돈.
□ **밤낮없이** 밤이나 낮이나 가리지 않고 항상.
□ **온데간데없다** 흔적도 없이 사라져서 찾을 수가 없다.
□ **울컥하다** 감정이나 눈물 등이 갑자기 세차게 일어나다.

1 이 글의 교훈으로 가장 알맞은 것에 ○표 하세요.

중심
생각

(1) 친구 사이에는 선의의 거짓말이 필요하다. ( )

(2) 성실하게 일하는 사람은 반드시 성공한다. ( )

(3) 허영심을 채우기 위한 행동은 불행을 불러온다. ( )

(4) 사람은 비싸고 좋은 것을 누릴 때 기쁨을 느낀다. ( )

2 이 글의 내용으로 알맞지 <u>않은</u> 것은 무엇인가요? ( )

내용
이해

① 마틸드 부부는 빚을 갚기 위해 살던 집을 팔았다.

② 마틸드는 파티의 초대장을 받자마자 손뼉을 치며 기뻐했다.

③ 마틸드는 파티에 가기 위해 포레스티에에게 목걸이를 빌렸다.

④ 마틸드는 자신이 비싸고 좋은 것들을 누려야 한다고 생각했다.

⑤ 마틸드 부부는 파티가 끝난 뒤 낡은 마차를 타고 집으로 돌아왔다.

⚡ **어떻게 알았나요?**

마틸드는 남편이 구해 온 　　　　　 을 던지며 불평했습니다.

3 ㉠을 말할 때 마틸드가 느꼈을 마음으로 알맞은 것을 두 개 고르세요. (,)

★ 추론

① 놀란 마음　　　　② 부러운 마음　　　　③ 설레는 마음

④ 뿌듯한 마음　　　　⑤ 당황스러운 마음

4 다음 중 ㉡에 들어갈 마틸드의 말로 알맞은 것을 찾아 기호를 쓰세요.

★ 추론

㉮ 그때 남편과 크게 다투고 혼자서 밤낮없이 일만 하며 살았어.

㉯ 목걸이를 새로 사느라 빌린 돈을 갚기까지 꼬박 10년이 걸렸어.

㉰ 그래서 가짜 목걸이를 사서 너에게 주고 지금까지 너를 피했던 거야.

( )

5 이 글에 나온 인물들의 행동을 알맞게 평가한 친구의 이름을 쓰세요.

평가

> 정선: 파티에 가는 마틸드가 부러워서 가짜 목걸이를 빌려준 포레스티에의 행동은
> 옳지 못해.
>
> 영미: 마틸드가 형편에 맞지 않는 비싼 옷을 사고 목걸이를 빌린 것은 지나치게 욕
> 심을 부린 행동이야.
>
> 도윤: 마틸드의 남편이 마틸드가 싫어할 것을 알면서 파티의 초대장을 준 것은 배려
> 심이 없는 행동이야.
>
> 동헌: 오랫동안 열심히 일을 해서 번 돈으로 새 다이아몬드 목걸이를 산 마틸드 부
> 부의 행동은 칭찬할 만해.

(   )

6 노트의 빈칸을 채우며, 이 글의 내용을 정리해 보세요.

「목걸이」 정리하기

마틸드는 파티에 가기 위해 비싼 옷을 사고 친구의 다이아몬드 ❶ (   )를 빌
렸다.

⬇

파티가 끝나고 집에 돌아온 마틸드는 ❷ (   )을 보고 목걸이가 없어진 것을 알
았다.

⬇

마틸드 부부는 이 사람, 저 사람에게 ❸ (   )을 빌려 새 목걸이를 사서 친구에게
돌려주었다.

⬇

마틸드 부부는 ❹ (   ) 동안 밤낮없이 일해서 빚을 갚았다.

⬇

우연히 친구를 만난 마틸드는 자신이 빌렸던 목걸이가 ❺ (   )였다는 사실을 알
게 되었다.

어휘 다지기

1 다음 낱말의 뜻으로 알맞은 것을 찾아 선으로 이으세요.

(1) 누리다 •

(2) 울컥하다 •

(3) 호화롭다 •

• ① 사치스럽고 화려한 느낌이 있다.

• ② 생활 속에서 마음껏 즐기거나 맛보다.

• ③ 감정이나 눈물 등이 갑자기 세차게 일어나다.

2 빈칸에 알맞은 낱말을 보기 에서 찾아 쓰세요.

보기   빚   턱없이   밤낮없이

(1) 어머니는 아프신 할머니를 (   ) 보살펴 드렸다.

(2) 갑자기 큰돈이 필요해진 삼촌은 은행에서 (   )을/를 냈다.

(3) 오랜만에 비가 내렸지만 가뭄을 해결하기에는 (   ) 모자랐다.

어휘 키우기

3 다음 뜻을 가진 '심(心)'이 사용된 낱말에 모두 ∨표 하세요.

한자어

心
마음 심

예 허영심(虛榮心): 자기의 분수에 넘치고 실속이 없이 겉을 화려하게 꾸미려는 마음.

(1) 결심(決 ■): 어떻게 하기로 굳게 마음을 정함.   ☐

(2) 수심(水 ■): 강이나 바다, 호수 등의 물의 깊이.   ☐

(3) 의심(疑 ■): 불확실하게 여기거나 믿지 못하는 마음.   ☐

목기린 씨, 타세요! | 이은정

소설 | 976자

화목 마을 마을 회관에 편지가 도착했어요.

"또 목기린 씨로군!"

목기린 씨는 하루도 빠짐없이 편지를 보내요. 고슴도치 관장은 편지를 받을 때마다 스트레스로 가시가 곤두서고는 했어요. 보통 이런 내용이었어요.

> 안녕하세요, 관장님? 9번지 목기린이에요.
> 버스로 여덟 정거장 거리를 늘 걸어 다니는, 가엾은 목기린요!
> 저는 요즘 꿈에서조차 걷는답니다.
> 꿈에서 깨어나 보면 제 딱한 다리가 이불 속에서도 허우적대지 뭐예요?
> 마을버스 천장을 높여 주세요! 저도 버스 태워 주세요!
>
> 목기린 드림

㉠화목 마을 마을버스는 고슴도치 관장이 계획했어요. / 마을의 1번지에서 10번지까지 주민들을 하나하나 살피면서요.

화목 마을 주민들은 마을버스를 아주 좋아했어요. 고슴도치 관장을 볼 때마다 약속을 잘 지켰다며 칭찬했습니다. 마을버스를 만들겠다는 건 고슴도치 관장이 관장 선거 때 한 약속이거든요. 고슴도치 관장은 자기가 생각해도 아주 훌륭한 관장인 것 같아 으쓱했어요.

그러던 차에 목기린 씨가 9번지에 이사 온 거예요. 마을버스 천장을 훌쩍 넘을 만큼 목이 아주아주 긴 목기린 씨가 말이죠. 고슴도치 관장의 눈에 목기린 씨는 그저 까마득히 높이 솟은 탑처럼 보였어요. 한번은 목기린 씨가 마을버스 옆에 서 있는 걸 봤는데, 마을버스에 버스 한 대를 더 올려도 목기린 씨 키보다 클 것 같지는 않았어요. 목기린 씨가 타려면 버스를 아예 새로 만들어야 할 것 같았습니다.

고슴도치 관장은 책상에 올려 둔 달력을 힐끔 봤어요. 몇 달만 있으면 새 관장을 뽑는 선거가 돌아와요. 고슴도치 관장은 목기린 씨 편지를 구석으로 슬쩍 밀었어요. 다음 관장이 될 누군가가 목기린 씨 문제를 자기 대신 해결해 주기를 바라면서요.

같은 시간, 목기린 씨는 땀을 닦으며 2번지 정거장 의자에 앉았습니다. 막 일곱 정거장을 걸어온 터라 몹

어휘 풀이

- □ **회관** 집회나 회의 등을 목적으로 지은 건물.
- □ **곤두서다** 거꾸로 꼿꼿이 서다.
- □ **딱하다** 처해 있는 상황이나 형편이 불쌍하다.
- □ **으쓱하다** 어깨를 한 번 올렸다 내리며 뽐내다.
- □ **차** 어떠한 일을 하던 기회나 순간.
- □ **까마득히** 거리가 매우 멀어서 보이는 것이나 들리는 것이 희미하게.
- □ **터** 처지나 상황.

시 지쳤거든요. 목기린 씨 사무실은 1번지에 있으니까 이제 한 정거장만 더 걸으면 돼요.

정거장에 바람이 불어왔어요. 목기린 씨는 눈을 감고 시원한 바람에 땀을 식혔어요.

---

1 목기린 씨가 고슴도치 관장에게 편지를 보낸 까닭이 무엇인지 빈칸에 알맞은 말을 쓰세요.

중심
생각

화목 마을의 ( )를 탈 수 있게 해 달라고 요청하려고

2 이 글의 내용으로 알맞지 <u>않은</u> 것은 무엇인가요? ( )

내용
이해

① 목기린 씨는 마을버스 천장보다 키가 크다.

② 고슴도치 관장은 선거 때 한 약속을 지켰다.

③ 목기린 씨는 고슴도치 관장에게 매일 편지를 보낸다.

④ 고슴도치 관장은 다음 관장 선거에도 나가려고 한다.

⑤ 고슴도치 관장은 스트레스를 받으면 가시가 곤두선다.

💡 어떻게 알았나요?

고슴도치 관장은 마을버스에 버스 한 대를 더 올려도 목기린 씨 보다 클 것 같지 않다고 생각했습니다.

3 ㉠에 대한 설명으로 알맞은 것에 ○표 하세요.

내용
이해

(1) 목기린 씨가 화목 마을로 이사 온 후에 만들어졌다. ( )

(2) 목기린 씨의 사무실이 있는 1번지에는 가지 않는다. ( )

(3) 고슴도치 관장이 주민들을 살피면서 계획한 것이다. ( )

전략 적용

4 다음 중 고슴도치 관장의 행동을 알맞게 평가한 친구에게 ○표 하세요.

평가

(1) 나영: 목기린 씨의 편지를 계속 무시한 것은 무책임한 행동이야. 자기 일을 다른 사람에게 미루면 안 돼. ( )

(2) 주희: 9번지로 가는 마을버스를 없앤 것은 옳지 않은 행동이야. 마을버스는 모든 주민이 탈 수 있어야 해. ( )

(3) 상효: 마을버스의 천장을 높여 주겠다는 약속을 지킨 것은 훌륭한 행동이야. 약속을 했으면 꼭 지켜야 해. ( )

5 보기 는 이 글의 뒷이야기입니다. 이 글과 보기 의 내용으로 보아, 목기린 씨와 가장 비슷한

경험을 한 친구는 누구인가요?   (   )

창의

보기

목기린 씨는 어떻게 하면 자신도 버스에 탈 수 있을지 고민했어요. 그리고 천장을 높인 버스의 설계도를 직접 그려서 고슴도치 관장에게 보냈어요. 고슴도치 관장과 주민들은 마을 회관에 모여 목기린 씨가 탈 수 있는 버스를 새롭게 만들자고 결정했어요. 얼마 후, 목기린 씨는 천장을 높게 만든 화목 마을 마을버스를 타고 다닐 수 있게 되었어요.

---

① 키가 작아서 타고 싶던 놀이기구를 타지 못한 남희

② 버스에서 몸이 불편하신 할아버지께 자리를 양보해 드린 창민

③ 입맛에 맞는 음식을 먹고 싶어서 직접 요리를 배우기 시작한 라경

④ 사고로 다리가 부러져 한동안 힘들게 계단을 오르내려야 했던 지율

⑤ 미술 선생님께 왼손잡이인 것을 알려서 왼손잡이용 가위를 쓰게 된 강인

핵심 정리

6 노트의 빈칸을 채우며, 이 글의 내용을 정리해 보세요.

「목기린 씨, 타세요!」 정리하기

목기린 씨는 마을버스의 ❶ (   )을 높여 버스를 탈 수 있게 해 달라고 하루도 빠짐없이 고슴도치 관장에게 편지를 보낸다.

⬇

9번지에 이사 온 목기린 씨는 ❷ (   )이 길어 버스를 탈 수 없었기 때문이다.

⬇

마을버스를 만든 ❸ (   ) 관장은 목기린 씨의 편지를 모른 척한다.

⬇

사무실이 있는 1번지까지 걸어가야 하는 ❹ (   ) 씨는 2번지 정거장 의자에 앉아 땀을 식혔다.

어휘 다지기

1 다음 낱말의 뜻으로 알맞은 것을 찾아 선으로 이으세요.

(1) 딱하다 •

(2) 곤두서다 •

(3) 으쓱하다 •

• ① 거꾸로 꼿꼿이 서다.

• ② 어깨를 한 번 올렸다 내리며 뽐내다.

• ③ 처해 있는 상황이나 형편이 불쌍하다.

2 빈칸에 알맞은 낱말을 보기 에서 찾아 쓰세요.

> 보기   차   회관   까마득히

(1) 3.1절 기념 행사가 시민 (   )에서 열렸다.

(2) 막 집을 나서던 (   )에 방 안에서 전화가 울렸다.

(3) 산 정상에서 내려다보니 마을이 (   ) 멀리 보였다.

어휘 키우기

3 다음 뜻풀이를 읽고, 밑줄 친 낱말의 뜻으로 알맞은 것을 찾아 각각 기호를 쓰세요.

동형어

> ㉠ 타다¹ 불씨나 높은 열로 불이 붙어 번지거나 불꽃이 일어나다.
> ㉡ 타다² 탈것이나 짐승의 등에 몸을 얹다.
> ㉢ 타다³ 많은 양의 액체에 적은 양의 액체나 가루를 넣어 섞다.

(1) 승객들이 차례차례 배에 탔다.   (   )

(2) 장작이 타는 소리가 기분 좋게 들렸다.   (   )

(3) 엄마가 따뜻한 우유에 설탕을 타서 주셨다.   (   )

서로 다른 의견 비교하기

개념 이해

위 그림에서는 동물원에 대한 찬성 의견과 반대 의견을 확인할 수 있습니다. 이처럼 하나의 대상을 두고도 사람마다 의견이 다를 수 있습니다.

글에서도 글쓴이에 따라 서로 다른 의견이 나타나고는 합니다. 동일한 대상에 대한 의견이 찬성과 반대, 긍정과 부정 등으로 나뉘는 것이지요. 이렇게 의견이 다른 두 글을 읽을 때는 각 글의 주장과 근거를 비교해 가며 읽어야 합니다.

이렇게 해요!

① 두 글에서 공통으로 다루는 대상이 무엇인지 파악합니다.
② 각각의 글이 제시하는 주장과 근거를 살펴보고, 어떠한 차이가 있는지 비교해 봅니다.

> 서로 다른 의견을 비교하며 읽으면, 각각의 의견을 더 깊이 있게 이해할 수 있어!

확인 문제

[1~2] 다음 글 **가**와 **나**를 읽고, 물음에 답하세요.

> **가** 거리 공연은 하나의 예술 문화입니다. 잘 알려지지 않은 가수나 아마추어 음악가는 거리 공연을 통해 사람들에게 자신의 음악을 들려줄 수 있습니다. 그리고 사람들은 시간을 내서 공연장에 가지 않더라도 다채로운 음악을 즐기고 가수와 소통할 수 있습니다. 이렇게 거리가 공연 예술의 장이 되면, 그 지역에 생기가 돌고 특색 있는 문화가 형성됩니다. 따라서 정부는 거리 공연을 장려해야 합니다.
>
> **나** 무분별한 거리 공연은 다른 사람들에게 피해를 줍니다. 아무리 좋은 음악도 누군가에게는 소음일 수 있습니다. 모든 사람이 길에서 음악을 듣고 싶어 하는 것은 아니기 때문입니다. 특히 늦은 밤까지 이어지는 공연은 그곳에 사는 주민들의 휴식과 수면을 방해합니다. 또한 거리 공연은 사람들의 통행을 막아 불편을 주기도 합니다. 이러한 문제점을 개선하기 위해서는 정부가 거리 공연을 규제해야 합니다.

1 글 **가**와 **나**에서 공통으로 다루는 대상으로 알맞은 것에 ○표 하세요.

(1) 소음 공해   (   )

(2) 거리 공연   (   )

(3) 공연 예술 문화   (   )

> 두 글은 모두 무엇에 대해 말하고 있을까?

2 다음은 글 **가**와 **나**에 나타난 의견을 정리한 것입니다. 빈칸에 들어갈 알맞은 말을 각각 쓰세요.

> 두 글에서 주장과 근거를 각각 찾아봐!

> • 글 **가**: 거리 공연은 하나의 예술 문화이므로 정부가 (　　　　　　) 해야 한다.
>
> • 글 **나**: 거리 공연은 다른 사람들에게 (　　　　　　)를 주므로 정부가 규제해야 한다.

양날의 검, 칭찬 스티커

사회 | 936자

📖 교과 연계
사회 4-2 민주주의와 자치

가 '칭찬 스티커 제도'는 학생이 모범적인 행동을 할 때마다 선생님이 스티커를 주고, 일정한 개수의 스티커를 모은 학생에게는 상을 주는 제도입니다. 저는 이러한 칭찬 스티커 제도에 찬성합니다.

첫째, 칭찬 스티커는 올바른 행동을 더 많이 하도록 도와줍니다. 선생님께 칭찬 스티커를 받을 수 있다고 생각하면, 하기 싫은 숙제도 꾹 참고 하게 됩니다. 또 수업에 더 열심히 참여하게 되고, 착한 일을 해야겠다는 마음도 커집니다.

둘째, 규칙을 지키는 학생들이 늘어나서 학급의 분위기가 좋아집니다. 칭찬 스티커를 받기 위해 모두가 학급 규칙을 지키려고 노력하다 보면, 친구들과 싸울 일이 줄어들고 질서가 유지됩니다.

셋째, 스티커를 모으는 과정에서 기쁨과 •성취감을 느낄 수 있습니다. 선생님께 받은 칭찬 스티커가 쌓일수록 뿌듯한 기분이 듭니다. 그러면서 '나도 잘할 수 있다'는 자신감이 생깁니다. 이처럼 칭찬 스티커 제도는 좋은 점이 많으므로 더 적극적으로 활용되어야 합니다.

나 요즘 여러 학급에서 칭찬 스티커 제도를 •시행하고 있습니다. 하지만 칭찬 스티커 제도는 학생들에게 긍정적인 효과를 주기보다 ㉠부정적인 영향을 더 많이 끼칩니다. 저는 칭찬 스티커 제도에 반대합니다.

첫째, 칭찬 스티커를 받을 목적으로 좋은 행동을 하는 것은 옳지 않습니다. 친구를 돕거나 쓰레기를 줍는 일과 같은 선행은 어떠한 •대가를 바라고 하는 행동이어서는 안 됩니다. 우리는 스티커를 받지 않더라도 착한 일을 하려고 노력해야 합니다.

둘째, 친구끼리 비교하고 순위를 매기는 학급 분위기가 만들어집니다. 이렇게 되면 친구들 사이에 경쟁이 심해져서 사이가 멀어지거나 •갈등이 생길 수 있습니다.

셋째, 칭찬 스티커를 적게 받은 사람은 마음에 상처를 받습니다. 칭찬 스티커 때문에 누군가는 자신감을 잃고 위축될 수 있는 것입니다. 그러므로 칭찬 스티커가 아니라 응원과 격려의 말로 올바른 행동을 •북돋아 주어야 합니다.

어휘 풀이

☐ **성취감** 목적한 것을 이루었다는 뿌듯한 느낌. (成 이룰 성, 就 나아갈 취, 感 느낄 감)

☐ **시행하다** 실제로 행하다.

☐ **대가** 노력이나 희생을 통하여 얻게 되는 결과. (代 대신할 대, 價 값 가)

☐ **갈등** 칡과 등나무가 서로 얽히는 것과 같이, 서로 생각이 달라 부딪치는 것. (葛 칡 갈, 藤 등나무 등)

☐ **북돋다** 기운이나 정신 등을 더욱 높여 주다.

1 글 **가**와 **나**에서 공통으로 다루는 대상은 무엇인가요?

중심
생각

(   ) 제도

2 글 **가**에서 주장에 대한 근거로 제시한 내용이 <u>아닌</u> 것은 무엇인가요?　(　　　)

내용
이해

① 칭찬 스티커를 받으려고 수업에 열심히 참여하게 된다.
② 칭찬 스티커를 모으는 과정에서 성취감을 느낄 수 있다.
③ 칭찬 스티커는 올바른 행동을 더 많이 하도록 도와준다.
④ 칭찬 스티커는 친구끼리 비교하고 순위를 매기게 해 준다.
⑤ 칭찬 스티커를 받기 위해 규칙을 지키려는 학생들이 늘어난다.

💡 어떻게 알았나요?

글 **가**의 글쓴이는 칭찬 스티커 제도가 있으면 학급의 　　　　　　 가 좋아진다고 하였습니다.

3 ㉠의 내용으로 알맞지 <u>않은</u> 것에 ✕표 하세요.

내용
이해

(1) 어떠한 대가를 바라고 선행을 하게 된다.　　　　　　　　　　(　　　)
(2) 응원과 격려의 말로 올바른 행동을 북돋아 준다.　　　　　　　(　　　)
(3) 스티커를 적게 받은 사람이 마음에 상처를 받는다.　　　　　　(　　　)

전략 적용
4 글 **가**와 **나**에 나타난 의견을 알맞게 비교한 친구의 이름을 쓰세요.

평가

> 서율: 글 **가**와 **나**는 모두 주장에 대한 근거를 네 가지씩 들고 있어.
> 마루: 글 **가**의 글쓴이는 칭찬 스티커 제도에 찬성하고, 글 **나**의 글쓴이는 칭찬 스티커 제도에 반대하고 있어.
> 우리: 글 **가**에는 칭찬 스티커를 적게 받는 학생의 입장이, 글 **나**에는 칭찬 스티커를 많이 받는 학생의 입장이 담겨 있어.

(   )

초등학생과 스마트폰

인문 | 894자

📖 교과 연계
사회 3-2 옛날과 오늘날의 생활 모습

가 저는 초등학생에게 스마트폰이 필요하지 않다고 생각합니다. 어린이는 어른에 비해 ˙자제력이 부족합니다. ☐ ㉠ ☐ 스마트폰을 손에서 놓지 못하고 쉽게 중독될 수 있습니다. 이렇게 스마트폰에 정신을 빼앗기면 학교에서도 공부에 집중하기 어려울 것입니다.

스마트폰은 건강에 해롭습니다. 스마트폰을 오래 들여다보면 시력이 나빠지고 눈이 건조해집니다. 또 자세가 구부정해져 체형이 틀어질 뿐만 아니라, 어깨와 목에 통증이 생깁니다. 특히 스마트폰을 장시간 사용하는 것은 뇌 기능이 발달하는 데 악영향을 줍니다. 신체가 발달하는 초등학생 시기에는 스마트폰을 멀리해야 건강하게 성장할 수 있습니다.

또한 스마트폰을 사용하다 보면 ˙유해한 콘텐츠에 노출되기 쉽습니다. 스마트폰으로 접근할 수 있는 콘텐츠에는 흥미롭고 ˙유용한 정보도 있지만, 폭력적이거나 자극적인 것도 많습니다. 어린이는 호기심이 많고 아직 판단력이 부족하기 때문에 이러한 콘텐츠에 빠져들 위험이 큽니다.

나 저는 초등학생에게 스마트폰이 필요하다고 생각합니다. 우리 반에도 이미 많은 친구가 스마트폰을 사용하고 있습니다. 스마트폰을 쓰는 친구들은 단체 채팅방을 만들어 ˙수시로 대화를 주고받으면서 친해집니다. 이제 초등학생에게도 스마트폰이 ˙필수적인 소통 수단이 되었습니다.

스마트폰은 학습에 도움이 됩니다. 스마트폰을 이용하면 책을 읽다가 궁금한 것이 생겼을 때 바로바로 검색할 수 있습니다. 그리고 사진이나 동영상과 같은 생생한 자료도 마음껏 볼 수 있습니다. 스마트폰이 학습을 방해한다고 말하는 사람도 있지만, 잘 활용한다면 우리의 지식과 경험을 넓혀 줄 것입니다.

무엇보다 스마트폰은 어린이의 안전을 지켜 줍니다. 스마트폰이 없다면 위급한 상황이 생겼을 때 경찰이나 부모님께 빠르게 연락하기 어렵습니다. 갑작스러운 사고나 위험에 ˙대처하기 위해서는 스마트폰이 있어야 합니다.

어휘 풀이

☐ **자제력** 자기의 감정이나 욕망을 스스로 억누르고 다스리는 힘. (自 스스로 자, 制 억제할 제, 力 힘 력)

☐ **유해하다** 해로움이 있다. (有 있을 유, 害 해로울 해)

☐ **유용하다** 쓸모가 있다. (有 있을 유, 用 쓸 용)

☐ **수시로** 아무 때나 늘.

☐ **필수적** 꼭 있어야 하거나 해야 하는 것.

☐ **대처하다** 어떤 어려운 일이나 상황을 이겨 내기에 알맞게 행동하다.

1 다음은 글 가와 나의 주장을 정리한 것입니다. ( )에서 알맞은 말을 골라 ○표 하세요.

중심
생각

> 초등학생에게 스마트폰이 필요한지에 대해 글 가의 글쓴이는 (반대 / 찬성)하고,
> 글 나의 글쓴이는 (반대 / 찬성)하고 있다.

2 글 가에서 주장에 대한 근거로 제시한 내용이 <u>아닌</u> 것을 두 개 고르세요. (,)

내용
이해

① 스마트폰을 오래 들여다보면 건강에 해롭다.

② 스마트폰을 장시간 사용하면 판단력이 부족해진다.

③ 스마트폰에서 흥미롭고 유용한 정보에 접근할 수 있다.

④ 스마트폰을 사용하다 보면 유해한 콘텐츠에 노출되기 쉽다.

⑤ 스마트폰에 중독되어 학교에서 공부에 집중하기 어려워진다.

3 글 나의 글쓴이가 주장을 뒷받침하기 위해 든 근거가 <u>아닌</u> 것을 찾아 기호를 쓰세요.

내용
이해

> ㉮ 스마트폰을 이용하면 책을 마음껏 볼 수 있다.
> ㉯ 스마트폰은 친구들과 친해지기 위한 소통 수단이다.
> ㉰ 스마트폰이 있어야 갑작스러운 사고에 대처할 수 있다.

( )

4 ㉠에 들어갈 이어 주는 말로 알맞은 것은 무엇인가요? ( )

★추론

① 그래서 ② 그러나 ③ 그리고 ④ 하지만 ⑤ 왜냐하면

5 글 **가**와 **나**에 드러난 글쓴이의 의견을 알맞게 비교한 것에 ◯표 하세요.

평가

(1) 글 **가**의 글쓴이와 글 **나**의 글쓴이는 모두 스마트폰이 어린이의 안전을 지켜 준다고 본다. ( )

(2) 글 **가**의 글쓴이는 어린이가 호기심이 많다고 보지만, 글 **나**의 글쓴이는 어린이가 자제력이 부족하다고 본다. ( )

(3) 글 **가**의 글쓴이는 스마트폰이 건강에 해롭다고 보지만, 글 **나**의 글쓴이는 스마트폰이 건강에 도움이 된다고 본다. ( )

(4) 글 **가**의 글쓴이는 스마트폰이 학습을 방해한다고 보지만, 글 **나**의 글쓴이는 스마트폰이 학습에 도움이 된다고 본다. ( )

💡 어떻게 알았나요?

글 **나**의 글쓴이는 스마트폰을 잘 활용한다면 우리의 ⬚⬚⬚ 과 경험을 넓혀 줄 것이라고 하였습니다.

핵심 정리

6 노트의 빈칸을 채우며, 이 글의 내용을 정리해 보세요.

「초등학생과 스마트폰」 정리하기

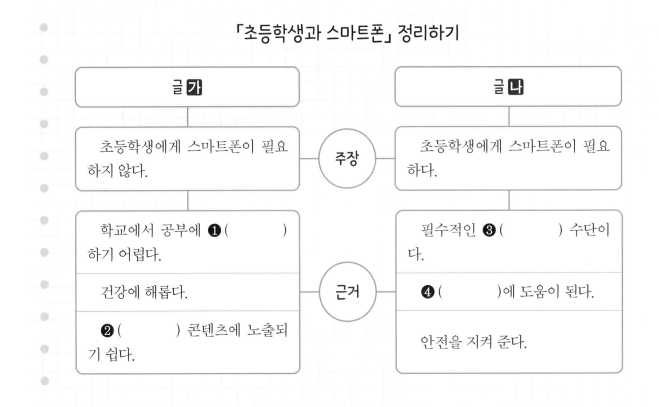

글 **가**		글 **나**
초등학생에게 스마트폰이 필요하지 않다.	**주장**	초등학생에게 스마트폰이 필요하다.
학교에서 공부에 ❶( ) 하기 어렵다.		필수적인 ❸( ) 수단이다.
건강에 해롭다.	**근거**	❹( )에 도움이 된다.
❷( ) 콘텐츠에 노출되기 쉽다.		안전을 지켜 준다.

어휘 다지기

1 다음 낱말의 뜻으로 알맞은 것을 찾아 선으로 이으세요.

(1) 대처하다 •

(2) 유용하다 •

(3) 유해하다 •

• ① 쓸모가 있다.

• ② 해로움이 있다.

• ③ 어떤 어려운 일이나 상황을 이겨 내기에 알맞게 행동하다.

2 빈칸에 알맞은 낱말을 보기 에서 찾아 쓰세요.

보기   수시로   자제력   필수적

(1) 탄수화물은 우리 몸에 (   )인 영양소이다.

(2) 화가 나도 참을 줄 아는 (   )이/가 필요하다.

(3) 언니는 기다리던 답장이 왔는지 우편함을 (   ) 확인했다.

어휘 키우기

3 다음 뜻풀이를 읽고, 밑줄 친 낱말의 뜻으로 알맞은 것을 찾아 각각 기호를 쓰세요.

다의어

떨어지다
㉠ 위에서 아래로 내려지다.
㉡ 다른 것보다 수준이 낮거나 못하다.
㉢ 일정한 거리를 두고 있다.

(1) 나는 집에서 멀리 떨어진 병원에 갔다. (   )

(2) 컴퓨터의 성능이 떨어져서 새것으로 바꾸었다. (   )

(3) 빗방울이 하나둘 떨어지자 길을 걷던 사람들이 우산을 꺼냈다. (   )

식량 위기를 해결할 방법

사회 | 884자

📖 교과 연계
사회 4-2 다양한 환경과 삶의 모습

가 2023년 유엔에서 발표한 「세계 식량 위기 보고서」에 따르면, 전 세계에서 생명이 위협받을 정도로 극심한 식량 부족을 겪는 사람이 2억 5천만 명이나 됩니다. GMO는 이와 같은 세계적인 식량 위기를 극복할 대안으로 떠오르고 있습니다.

GMO는 생산량을 늘리거나 품질을 좋게 하기 위하여 유전자를 조작해 만든 농산물을 뜻하는데, 우리말로 '유전자 변형 농산물'이라고 부르기도 합니다. 해충에 강한 유전자 변형 옥수수가 대표적인 GMO입니다. 이 옥수수는 해충만 골라 죽이는 독소를 만들어 내 해충이 열매를 갉아 먹지 못하도록 합니다. 그래서 살충제를 쓰지 않고도 품질이 좋은 옥수수를 수확할 수 있습니다. 이러한 GMO는 농산물의 생산량을 크게 늘려 인류를 식량 위기에서 구하는 데 기여할 것입니다.

나 GMO는 식량 위기를 극복할 완벽한 대안이 아닙니다. 인간이 GMO를 먹기 시작한 것은 30년 정도밖에 되지 않았습니다. 즉, GMO를 오랫동안 섭취했을 때 인간에게 어떤 문제가 생기는지 아직 알 수 없습니다. 또한 유전자를 조작해 만든 GMO는 새로운 종류의 작물이기 때문에, 기존의 생태계를 파괴할 가능성이 있습니다. 따라서 GMO가 아닌 다른 방법으로 식량 위기를 해소해야 합니다.

최첨단 농업 기술을 적용한 ⊙'스마트 팜'이 하나의 대안이 될 수 있습니다. 스마트 팜은 말 그대로 '똑똑한 농장'입니다. 스마트 팜에서는 컴퓨터가 알아서 농장의 온도와 습도를 조절하고, 작물에 필요한 영양소를 제때 공급해 줍니다. 스마트 팜은 이렇게 작물에 적합한 환경을 자동으로 유지하기 때문에 생산량을 수십 배까지 높일 수 있습니다. 또 기후에 영향을 받지 않아 1년 내내 작물을 생산할 수 있습니다. 앞으로 스마트 팜 기술을 더 발전시킨다면, 식량 문제의 해결을 앞당길 수 있을 것입니다.

어휘 풀이

□ **극심하다** 매우 심하다.
(極 지극할 극, 甚 심할 심)

□ **유전자** 생물체의 세포를 구성하고 유지하는 데 필요한 정보가 담겨 있는 요소.

□ **변형** 모양이나 형태를 달라지게 함. (變 변할 변, 形 모양 형)

□ **생태계** 일정한 지역이나 환경에서 여러 생물들이 서로 적응하고 관계를 맺으며 어우러진 자연의 세계.

□ **해소하다** 어려운 일이나 문제가 되는 상태를 해결하여 없애 버리다.
(解 풀 해, 消 사라질 소)

□ **최첨단** 시대나 유행, 기술 등의 맨 앞.

□ **적합하다** 어떤 일이나 조건에 꼭 들어맞아 알맞다.

1

중심
생각

다음은 글 **가**와 **나**의 제목입니다. 빈칸에 공통으로 들어갈 말을 네 글자로 쓰세요.

> • 글 **가**: ☐☐☐☐ , GMO로 극복하자
>
> • 글 **나**: ☐☐☐☐ 를 해소할 스마트 팜 기술

(   )

2

내용
이해

글 **가**와 **나**에 나타난 GMO에 대한 내용을 각각 두 개씩 찾아 기호를 쓰세요.

> ㉠ 농산물의 생산량을 크게 늘릴 수 있다.
>
> ㉡ 기존의 생태계를 파괴할 가능성이 있다.
>
> ㉢ 인간이 섭취했을 때 어떤 문제가 생길지 모른다.
>
> ㉣ 살충제 없이 품질이 좋은 농산물을 수확할 수 있다.

(1) 글 **가**: (,   )   (2) 글 **나**: (,   )

3

내용
이해

㉠에 대한 설명으로 알맞지 <u>않은</u> 것은 무엇인가요?   (   )

① 1년 내내 작물을 생산할 수 있다.

② 최첨단 농업 기술을 적용한 것이다.

③ 생산량을 수십 배까지 높일 수 있다.

④ 사람이 직접 온도와 습도를 조절한다.

⑤ 작물에 필요한 영양소를 제때 공급한다.

💡 어떻게 알았나요?

스마트 팜은 작물에 적합한 환경을 ☐☐☐☐☐ 으로 유지합니다.

4

★ 추론

다음은 글 **가**와 **나** 중 어느 것의 주장을 뒷받침하는 의견인지 글의 기호를 쓰세요.

> GMO 기술을 활용하면 농사를 짓기 힘든 땅에서도 잘 자라는 작물을 개발할 수 있다.

글 (   )

5 글 **가**와 **나**에 나타난 의견을 알맞게 비교한 것은 무엇인가요?   (   )

평가

① 글 **가**와 **나**는 모두 GMO를 식량 위기의 원인으로 보고 있다.

② 글 **가**는 GMO의 위험성을, 글 **나**는 GMO의 필요성을 강조하고 있다.

③ 글 **나**는 글 **가**와 다른 방법으로 식량 위기를 해소할 것을 주장하고 있다.

④ 글 **나**와 달리, 글 **가**는 GMO 소비를 줄이기 위한 실천 방법을 소개하고 있다.

⑤ 글 **가**와 **나**는 모두 구체적인 수치를 들어 식량 위기의 심각성을 설명하고 있다.

핵심 정리

6 노트의 빈칸을 채우며, 이 글의 내용을 정리해 보세요.

「식량 위기를 해결할 방법」 정리하기

	글 **가**	글 **나**
다루는 대상	전 세계적인 식량 위기	
주장	❶ ( )를 통해 식량 위기를 극복하자.	❸ ( ) 기술을 발전시켜 식량 위기를 해소하자.
근거	살충제를 쓰지 않고도 품질이 좋은 작물의 ❷ ( )을 크게 늘릴 수 있다.	작물에 적합한 ❹ ( )을 자동으로 유지하여 생산량을 수십 배까지 높일 수 있다.

어휘 다지기

1 다음 낱말의 뜻으로 알맞은 것을 찾아 선으로 이으세요.

(1) 극심하다 •   • ① 매우 심하다.

(2) 적합하다 •   • ② 어떤 일이나 조건에 꼭 들어맞아 알맞다.

(3) 해소하다 •   • ③ 어려운 일이나 문제가 되는 상태를 해결하여 없애 버리다.

2 빈칸에 알맞은 낱말을 보기 에서 찾아 쓰세요.

보기   변형   생태계   최첨단

(1) 우리나라에서 (   ) 기술을 활용한 드론을 개발하였다.

(2) 재활용을 하는 습관은 (   )을/를 보호하는 데 도움이 된다.

(3) 구부정한 자세로 오래 앉아 있으면 허리뼈에 (   )이/가 올 수 있다.

어휘 키우기

3 다음 뜻을 가진 '해(害)'가 사용된 낱말에 모두 ∨표 하세요.

한자어

害 해로울 해	예 해충(害蟲): 사람에게 해를 끼치는 벌레.

(1) 손해(損■): 돈, 재산 등을 잃거나 정신적으로 해를 입음.   ☐

(2) 침해(侵■): 남의 땅이나 권리, 재산 등을 침범하여 해를 끼침.   ☐

(3) 화해(和■): 싸움을 멈추고 서로 가지고 있던 안 좋은 감정을 풀어 없앰.   ☐

인물의 가치관을 삶에 적용하기

개념 이해

　의사 슈바이처는 삶에서 나눔과 봉사를 중요하게 생각하였습니다. 이처럼 무언가를 바람직하거나 중요하다고 여기는 생각을 가치관이라고 합니다.
　사람은 자신이 가진 가치관에 따라 말하고 행동합니다. 이는 글에 등장하는 인물도 마찬가지입니다. 그래서 인물이 특정 상황에서 어떠한 말과 행동을 했는지를 살펴보면, **인물의 가치관**을 파악할 수 있습니다. 인물의 가치관을 나의 삶에 적용하여 본받거나 배울 점을 찾아봅시다.

이렇게 해요!

① 인물이 어떤 일을 겪고 있는지 살펴봅니다.
② 인물이 처한 상황에서 인물이 한 행동과 말, 생각 등을 통해
　인물이 지닌 가치관을 파악합니다.
③ 인물의 가치관에서 본받을 점을 생각해 봅니다.

> 인물의 삶을 기록한 전기문에는 인물의 가치관이 특히 잘 나타나 있어.

확인 문제

[1~2] 다음 글을 읽고, 물음에 답하세요.

> 박동진은 1916년, 충청남도 공주에서 태어났습니다. ㉠그는 열여섯 살에 우연히 판소리 공연을 보았습니다. 이를 계기로 판소리의 매력에 흠뻑 빠진 박동진은 학교를 그만두고 전국을 돌아다니며 여러 명창에게 판소리를 배웠습니다.
>
> 그렇게 소리꾼이 된 그에게 시련이 찾아왔습니다. 이십 대라는 젊은 나이에 갑자기 목이 상해 버린 것입니다. 그는 고향 마을 뒷산에 움막을 지었습니다. ㉡그리고 목소리를 되찾기 위해 하루에 열여덟 시간씩 혹독한 소리 훈련을 했습니다.
>
> 그 후 여러 극단을 옮겨 다니던 박동진은 1962년, 국립 국악원에 들어가면서 판소리 연습에 더욱 힘을 쏟았습니다. ㉢밤낮없이 연습에 매달린 그는 우리나라 최초로 판소리 다섯 마당을 완창하는 데 도전했습니다. 그는 1968년에 다섯 시간 동안 〈흥보가〉를, 1969년에 여덟 시간 동안 〈춘향가〉를, 1970년에 여섯 시간 동안 〈심청가〉를, 1971년에 일곱 시간 동안 〈적벽가〉를, 1972년에 다섯 시간 동안 〈수궁가〉를 불러 판소리계에 새바람을 일으켰습니다.
>
> 박동진은 나이가 들어서도 소리를 멈추지 않았습니다. 일흔이 넘은 나이에도 공연을 요청하는 곳이 있으면 어디든 달려갔습니다.
>
> ㉣"무대에 서면 힘이 솟아요. 몸이 허락하는 한 소리를 계속하고 싶어요."

박동진은 판소리의 매력에 빠진 뒤에 어떻게 했을까?

1 ㉠~㉣ 중 박동진의 가치관을 알 수 있는 부분이 <u>아닌</u> 것을 찾아 기호를 쓰세요.

(   )

2 박동진의 가치관을 자신의 삶에 알맞게 적용한 친구에게 ○표 하세요.

박동진이 지닌 가치관이 무엇인지를 파악해 봐.

(1) 나은: 하고 싶은 일에 열정을 가지고 꾸준히 노력하는 모습을 본받고 싶어.

(   )

(2) 미리: 옳지 못한 것을 바로잡는 데 앞장서는 정의로운 모습을 본받고 싶어.

(   )

레 미제라블 | 빅토르 위고

앞부분의 줄거리 | 장 발장은 배고픔을 견디다 못해 빵을 훔쳤다가 감옥에 들어간다. 19년 뒤 그는 감옥에서 나와 쉴 곳을 찾아다니지만, 아무도 그를 받아 주지 않는다. 그러던 도중 마을의 한 신부가 장 발장을 선뜻 집으로 들여 저녁을 대접한다.

소설 | 923자

식사가 끝나자 신부님은 장 발장을 침실로 안내했어요. 장 발장은 침실로 가다가 가정부가 신부님의 방 벽장에 은그릇들을 넣는 것을 보았어요.

"그럼 편하게 쉬세요. 아침이 되면 따뜻한 우유를 가져다드리겠습니다."

장 발장은 신부님이 나가자마자 기절하듯 잠들었어요. 그리고 새벽 두 시를 알리는 종소리에 눈을 떴어요. 장 발장은 저녁을 먹을 때 본 은그릇과 은촛대를 떠올렸어요. 그것들을 팔면 큰돈을 벌 수 있겠다는 생각이 들었어요. 그는 조용히 신부님의 방으로 향했어요. 신부님은 평화로운 표정으로 잠들어 있었어요. 장 발장은 벽장에서 은그릇들을 꺼내 가방 속에 쑤셔 넣고, 창문을 넘어 도망쳤어요.

다음 날, 가정부가 새하얗게 질린 얼굴로 신부님에게 달려와 소리쳤어요.

"은그릇이 모두 사라졌어요! 분명 장 발장의 짓이에요!"

"그 은그릇들은 원래 가난한 사람들이 가져야 할 것이었어요. 아무래도 필요한 사람에게 잘 찾아간 것 같군요."

신부님은 아무 일도 없었다는 듯이 아침을 먹기 시작했어요. 그때 밖에서 누군가가 문을 두드렸어요. 문을 열자 세 명의 경찰이 장 발장의 목덜미를 붙잡고 들어왔어요. 신부님은 장 발장을 쳐다보며 말했어요.

㉠"돌아오셨군요! 그런데 은촛대는 왜 두고 가셨나요? 제가 은그릇들과 함께 드렸는데…….

장 발장은 깜짝 놀라 신부님을 쳐다보았어요. 경찰들이 당황하며 말했어요.

"이 자가 두리번대며 걷는 것이 수상해 보여 조사했더니, 가방에서 은그릇들이 쏟아져 나왔습니다. 이 자가 신부님의 은그릇을 훔친 것이 아닙니까?"

"저분은 어제 여기 묵었고, 제가 선물로 은그릇과 은촛대를 드렸습니다. 오해가 풀렸다면 이제 저분을 놓아주시지요."

신부님은 장 발장에게 은촛대를 건네며 엄숙한 목소리로 속삭였어요.

"장 발장, 당신이 정직한 사람이 되는 데 이것들을 쓰겠다고 약속해 주세요."

장 발장은 신부님의 말이 끝나자마자 도망치듯 밖으로 나왔어요.

어휘 풀이

□ **신부** 가톨릭에서, 종교적인 의식을 진행하는 성직자.

□ **은그릇** 은으로 만든 그릇.

□ **수상하다** 보통과 달리 이상하여 의심스럽다.

□ **묵다** 어디에서 손님으로 머물다.

□ **엄숙하다** 말이나 태도 등이 무겁고 점잖다.
(嚴 엄할 엄, 肅 엄숙할 숙)

1 이 글의 내용으로 알맞지 <u>않은</u> 것은 무엇인가요? (　　　)

내용
이해

① 장 발장은 새벽 두 시를 알리는 종소리에 눈을 떴다.

② 가정부는 신부님에게 달려와 은그릇들이 사라졌다고 말했다.

③ 경찰들은 장 발장을 조사하다가 가방에서 은그릇들을 발견했다.

④ 신부님은 아침이 되자 장 발장에게 따뜻한 우유를 가져다주었다.

⑤ 장 발장은 침실로 가다가 은그릇을 보관하는 장소를 알게 되었다.

💡 어떻게 알았나요?

장 발장은 신부님이 잠든 사이에 　　　　　　　　　들을 훔쳐 도망쳤습니다.

2 이 글을 읽고 떠올린 장면으로 알맞은 것에 ○표 하세요.

내용
이해

(1) 신부님이 붙잡혀 온 장 발장에게 은촛대를 건네는 장면 (　　　)

(2) 신부님이 가난한 사람들에게 은그릇을 나누어 주는 장면 (　　　)

(3) 신부님이 장 발장의 가방을 뒤진 경찰들에게 호통을 치는 장면 (　　　)

3 신부님이 ⑦과 같이 말한 까닭으로 알맞은 것을 찾아 기호를 쓰세요.

★ 추론

⑦ 장 발장이 직접 잘못을 고백하기를 바라서

⑭ 장 발장이 은그릇만 훔쳐 간 까닭이 궁금해서

㉝ 장 발장에 대한 경찰들의 의심을 풀어 주기 위해서

(　　　　　)

4 전략 적용

신부님의 가치관을 자신의 삶에 알맞게 적용한 친구의 이름을 쓰세요.

창의

민영: 신부님은 은그릇을 훔친 장 발장을 용서하고 정직하게 살 기회를 주었어. 나
도 신부님처럼 넓은 마음으로 다른 사람의 잘못을 용서해야겠어.

수교: 신부님은 장 발장에 대한 오해를 풀기 위해 경찰들에게 거짓말을 했어. 나도
친구가 오해를 받고 있을 때 어떤 방법을 써서라도 도와주려고 해.

(　　　　　)

외짝 꽃신의 꿈 | 박성배

앞부분의 줄거리 | 풀숲에 꽃신 하나가 떨어져 있다. 가을비가 내리자 꽃신 안에 빗물이 반쯤 담긴다. 빗물들은 꽃신에 갇혀 꿈을 이루지 못하게 되었다며 투덜거리고, 꽃신은 빗물들에게 미안해한다. 그러다 빗물들과 꽃신은 서로 자신의 꿈을 이야기한다.

소설 | 719자

"참, 또 하나 방금 생긴 꿈이 있어."

외짝 꽃신이 갑자기 생각난 듯 말했습니다.

"그게 뭔데?"

빗물들이 한꺼번에 물었습니다.

"너희들이 행복해지는 거야."

"우리들이 행복해지는 거라고?"

빗물들은 난처했습니다. 자기들이 이 작은 꽃신 안에 갇혀서는 도저히 행복해질 수가 없다고 생각했기 때문입니다.

그때 빗물 밑에 조용히 있던 작은 풀잎이 혼잣말처럼 중얼거렸습니다.

"행복이란 남을 위해 무슨 일인가 할 때 생기는 거야."

빗물들은 자기 밑에 있는 풀잎들을 바라보았습니다. 바싹 마르고 볼품이 없어서 빗물들도 관심을 두지 않았던 풀잎이었습니다.

"너야말로 행복할 일이 하나도 없을 것 같구나."

"그래, 바싹 마른 네 모습을 보니 행복이라는 것을 말할 자격도 없어 보이는데?"

빗물들은 조금 ___㉠___ 투로 말했습니다.

"그렇게 보이니?"

의외로 마른 풀잎들은 화를 내지 않고 차분했습니다. 그런 풀잎들의 태도가 마치 남이 모르는 값진 보물을 품고 있는 것처럼 보였습니다.

"그런데 이상해. 네가 행복해 보이니 말이야."

한참이나 마른 풀잎들을 바라보던 빗물들이 가볍게 물결을 치며 말했습니다.

"난 더운 여름도 이겨 내고 폭풍우도 이겨 내며 작은 풀씨를 만들었지. 그 풀씨들은 내년 봄이면 싹이 터서 이 풀밭을 푸르게 만들 거야. 그럼 동물들과 곤충들이 행복하게 살 수 있게 될 거야."

마른 풀잎은 자랑스럽게 말했습니다.

"그렇구나! 넌 남을 위해 보람 있는 일을 했구나."

외짝 꽃신과 빗물들이 함께 속삭이듯 말했습니다.

어휘 풀이

- **외짝** 짝을 이루지 못하고 단 하나만 있는 것.
- **난처하다** 이럴 수도 없고 저럴 수도 없어 행동하기 곤란하다.
- **중얼거리다** 남이 알아듣지 못할 정도로 작고 낮은 목소리로 혼잣말을 자꾸 하다.
- **볼품** 겉으로 드러나 보이는 모습.
- **자격** 일정한 신분이나 지위를 얻기 위해 필요한 조건이나 능력.
- **차분하다** 마음이 가라앉아 조용하다.

1 이 글을 읽고 알 수 있는 내용으로 알맞지 <u>않은</u> 것은 무엇인가요? ( )

내용
이해

① 풀잎은 바싹 마르고 볼품이 없이 생겼다.

② 외짝 꽃신의 꿈은 빗물들이 행복해지는 것이다.

③ 빗물들의 꿈은 남이 모르는 값진 보물을 가지는 것이다.

④ 빗물들은 꽃신에 갇혀서는 행복해질 수 없다고 생각했다.

⑤ 풀잎들은 더운 여름과 폭풍우를 이겨 내고 풀씨를 만들었다.

2 이 글을 읽고 떠올린 장면으로 알맞은 것에 ○표 하세요.

내용
이해

(1)  ( )

(2)  ( )

(3)  ( )

3 이 글의 특징으로 알맞은 것을 두 개 찾아 기호를 쓰세요.

표현
파악

㉮ 계절의 변화에 따라 이야기가 이어진다.

㉯ 말과 행동을 통해 인물의 마음을 짐작할 수 있다.

㉰ 빗물, 꽃신, 풀잎과 같은 사물이 인물로 등장한다.

㉱ 우리가 사는 현실 세계에서 일어난 일을 다루고 있다.

(,)

4 ㉠에 들어갈 말로 가장 알맞은 것은 무엇인가요? ( )

★추론

① 놀리는   ② 뻔뻔한   ③ 서러운

④ 시무룩한   ⑤ 우스꽝스러운

⚡ **어떻게 알았나요?**

빗물들은 행복에 대해 말하는 풀잎들에게 "너야말로   할 일이 하나도 없을 것 같구나."라고 말했습니다.

5 다음 풀잎들의 말에서 드러난 가치관과 가장 비슷한 것을 찾아 ○표 하세요.

창의

> "행복이란 남을 위해 무슨 일인가 할 때 생기는 거야."
> "그 풀씨들은 내년 봄이면 싹이 터서 이 풀밭을 푸르게 만들 거야. 그럼 동물들과 곤충들이 행복하게 살 수 있게 될 거야."

(1) 거짓말을 하지 않고 약속을 지키며 정직하게 사는 것이 행복이다.　　　　(　　　)

(2) 나만을 생각하지 않고 다른 사람을 도우며 더불어 사는 것이 행복이다.　　(　　　)

(3) 힘든 과정을 이겨 내고 끈기 있게 노력하여 꿈을 이루는 것이 행복이다.　　(　　　)

6 노트의 빈칸을 채우며, 이 글의 내용을 정리해 보세요.

「외짝 꽃신의 꿈」 정리하기

외짝 꽃신은 빗물들이 행복해지는 ❶(　　　　)이 생겼다고 말했다.

⬇

빗물들은 작은 ❷(　　　　) 안에 갇혀서는 행복해질 수가 없다고 생각했다.

⬇

마른 ❸(　　　　)들은 남을 위해 무슨 일을 할 때 행복이 생긴다고 말했다.

⬇

빗물들은 바싹 마른 풀잎을 보고 행복을 말할 자격이 없어 보인다고 말했다.

⬇

마른 풀잎들은 여름과 폭풍우를 이겨 내며 만든 풀씨가 ❹(　　　　)을 푸르게 만들 것이라고 말했다.

⬇

외짝 꽃신과 빗물들은 풀잎들이 남을 위해 ❺(　　　　) 있는 일을 했다고 말했다.

어휘 다지기

1 다음 낱말의 뜻으로 알맞은 것을 찾아 선으로 이으세요.

(1) 난처하다 •

(2) 차분하다 •

(3) 중얼거리다 •

• ① 마음이 가라앉아 조용하다.

• ② 이럴 수도 없고 저럴 수도 없어 행동하기 곤란하다.

• ③ 남이 알아듣지 못할 정도로 작고 낮은 목소리로 혼잣말을 자꾸 하다.

2 빈칸에 알맞은 낱말을 보기 에서 찾아 쓰세요.

보기   볼품   외짝   자격

(1) 이 인형은 낡고 (   )이 없지만, 내가 무척 아끼는 것이다.

(2) 홈페이지에 회원 가입을 해야 게시판에 글을 쓸 (   )이 생긴다.

(3) 동생은 달리기를 하다 신발 한 짝을 잃어버렸다며 (   ) 신발로 돌아왔다.

어휘 키우기

3 다음 뜻풀이를 읽고, 밑줄 친 낱말의 뜻으로 알맞은 것을 찾아 각각 기호를 쓰세요.

동형어

㉠ 묻다¹ 먼지, 때, 가루, 액체 등이 달라붙다.
㉡ 묻다² 물건을 흙이나 다른 물건 속에 넣어 보이지 않게 쌓아 덮다.
㉢ 묻다³ 대답이나 설명을 요구하며 말하다.

(1) 비 오는 날에 신고 나갔던 신발에 진흙이 묻었다. (   )

(2) 정류장이 어디인지 묻는 외국인에게 길을 가르쳐 주었다. (   )

(3) 다른 사람이 찾지 못하도록 보물 상자를 땅에 묻어 두었다. (   )

한글을 사랑한 주시경

▲ 주시경

주시경은 1876년에 가난한 선비의 아들로 태어났습니다. 주시경이 열두 살이 되었을 때, 그는 큰아버지를 따라 서울로 갔습니다. 서당에서 한문을 배우던 주시경은 어려운 한자가 아닌 우리글을 쓰면 사람들이 더 쉽게 공부할 수 있겠다고 생각했습니다. 그러면서 차츰 우리글에 관심을 가지게 되었습니다.

주시경이 열아홉 살이 되던 1894년, 청나라와 일본이 우리나라를 차지하기 위해 우리 땅에서 전쟁을 벌였습니다. 이 전쟁에서 승리한 일본은 우리나라의 일에 사사건건 간섭하기 시작했습니다. 이때 주시경은 배재 학당에 입학해 수학, 영어, 지리 등 새로운 학문을 배우며 본격적으로 우리글 연구에 몰두하였습니다.

시간이 흐를수록 일본의 간섭은 심해졌습니다. 주시경은 우리나라가 자주권을 지키려면 더 많은 사람이 우리글을 알아야 한다고 생각하여 우리글 교육에 온 힘을 쏟았습니다. 우리글을 가르쳐 달라는 곳이면 어디든 달려가다 보니 주말에도 쉴 틈이 없었습니다. 사람들은 커다란 보자기에 교재를 가득 넣고 분주하게 강의를 다니는 주시경에게 '주 보따리'라는 별명을 붙여 주었습니다.

1910년에 일본에 나라를 빼앗기자, [㉠] 신념이 더욱 커졌습니다. 그는 우리글에 '크고 으뜸가는 글'이라는 뜻을 담아 '한글'이라는 이름을 붙였고, 1914년에는 그동안의 연구를 모아 『말의 소리』라는 책을 발간하였습니다. 또 "한 나라가 잘되고 못 되는 열쇠는 그 나라의 국어를 얼마나 사랑하느냐에 있다."라고 말하며 우리글을 사랑하는 마음과 민족의식을 북돋웠습니다. 하지만 그해 여름, 그는 갑자기 병을 얻어 서른아홉 살의 젊은 나이로 세상을 떠났습니다.

주시경은 세상을 떠났지만 그의 가르침은 제자들에게 이어졌습니다. 제자들은 일본의 탄압 속에서도 꿋꿋이 한글 연구를 계속하였고, 결국 우리글을 지켜 냈습니다.

어휘 풀이

☐ **사사건건** 해당되는 모든 일마다.

☐ **몰두하다** 어떤 일에 온 정신을 다 기울여 열중하다. (沒 잠길 몰, 頭 머리 두)

☐ **자주권** 국가가 국내 문제나 대외 문제를 자기 뜻대로 자유롭게 결정할 수 있는 권리. (自 스스로 자, 主 주인 주, 權 권세 권)

☐ **분주하다** 정신이 없을 정도로 매우 바쁘다.

☐ **신념** 굳게 믿는 마음. (信 믿을 신, 念 생각할 념)

☐ **으뜸가다** 많은 것 가운데서 첫째가 되다.

☐ **탄압** 권력이나 무력 등으로 억지로 눌러 꼼짝 못 하게 함.

1 주시경에 대한 설명으로 알맞지 <u>않은</u> 것은 무엇인가요? (   )

내용
이해

① '주 보따리'라는 별명이 있었다.

② 『말의 소리』라는 책을 발간하였다.

③ 어렸을 때 서당에서 한문을 배웠다.

④ 우리글에 '한글'이라는 이름을 붙였다.

⑤ 열아홉 살 때부터 우리글에 관심을 가졌다.

💡 어떻게 알았나요?

1894년, 배재 학당에 입학한 주시경은 본격적으로 ＿＿＿＿＿＿＿ 연구에 몰두하였습니다.

2 이 글을 읽고 알 수 있는 내용으로 알맞은 것을 찾아 기호를 쓰세요.

내용
이해

> ㉮ 배재 학당에서는 새로운 학문을 가르쳤다.
> ㉯ 『말의 소리』는 주시경이 사용한 강의 교재이다.
> ㉰ 당시에는 우리글을 배우려는 사람들이 별로 없었다.
> ㉱ 1876년에 청나라와 일본이 우리 땅에서 전쟁을 벌였다.

(   )

3 주시경의 가치관을 알 수 있는 모습이 <u>아닌</u> 것에 ✕표 하세요.

★ 추론

(1) 열두 살에 큰아버지를 따라 서울로 가는 모습 (   )

(2) 커다란 보자기에 교재를 넣고 분주하게 강의를 다니는 모습 (   )

(3) "한 나라가 잘되고 못 되는 열쇠는 그 나라의 국어를 얼마나 사랑하느냐에 있다."라고
말하는 모습 (   )

4 ㉠에 들어갈 말을 알맞게 짐작한 것은 무엇인가요? (   )

★ 추론

① 사람들이 가난에서 벗어나야 한다는

② 우리말을 일본에도 전파해야 한다는

③ 제자들이 우리글 연구를 계속해야 한다는

④ 민족의 정신이 담긴 우리글을 지켜야 한다는

⑤ 모든 사람들이 새로운 학문을 배워야 한다는

5 다음 기사를 읽고, 주시경의 가치관을 자신의 삶에 알맞게 적용한 친구에게 ○표 하세요.

창의

홀대받는 한글 ⋯ 거리를 점령한 외국어

김○○ 기자

한글날이 코앞으로 다가왔다. 일제 강점기에도 지켜 온 한글이지만, 지금 우리 일상생활에는 외국어가 난무하고 있다.

거리에 나가 보면 한글을 찾아볼 수 없는 간판이 수두룩하다. 식당과 미용실, 안경점 등의 간판 상당수가 외국어로만 쓰여 있다. 이처럼 외국어 간판이 넘쳐 나는 것은 한글 간판을 '촌스럽다'고 생각하는 경향이 있기 때문이다. ⋯

(1) 윤아: 간판에 쓰인 외국어를 척척 읽는 사람이 부러워. 나도 앞으로 외국어 공부를 열심히 해야겠어.   (   )

(2) 혜리: 우리글보다 외국어를 더 선호하는 것 같아 안타까워. 나부터 우리글을 자랑스럽게 생각해야겠어.   (   )

6 노트의 빈칸을 채우며, 이 글의 내용을 정리해 보세요.

「한글을 사랑한 주시경」 정리하기

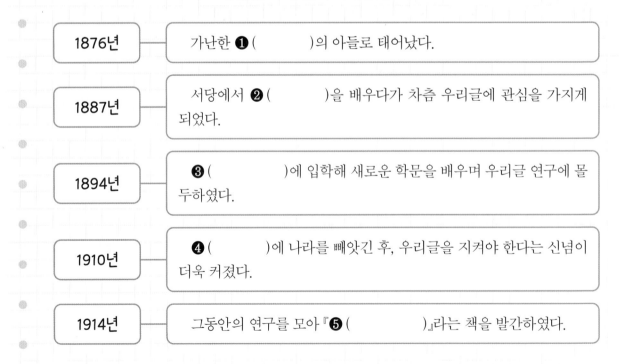

1876년	가난한 ❶( )의 아들로 태어났다.
1887년	서당에서 ❷( )을 배우다가 차츰 우리글에 관심을 가지게 되었다.
1894년	❸( )에 입학해 새로운 학문을 배우며 우리글 연구에 몰두하였다.
1910년	❹( )에 나라를 빼앗긴 후, 우리글을 지켜야 한다는 신념이 더욱 커졌다.
1914년	그동안의 연구를 모아 『❺( )』라는 책을 발간하였다.

어휘 다지기

1 다음 낱말의 뜻으로 알맞은 것을 찾아 선으로 이으세요.

(1) 몰두하다 •

(2) 분주하다 •

(3) 으뜸가다 •

• ① 많은 것 가운데서 첫째가 되다.

• ② 정신이 없을 정도로 매우 바쁘다.

• ③ 어떤 일에 온 정신을 다 기울여 열중하다.

2 빈칸에 알맞은 낱말을 보기 에서 찾아 쓰세요.

보기   신념   자주권   사사건건

(1) 은희와 나는 생각이 달라서 (   ) 부딪친다.

(2) 할아버지는 겸손하게 살아야 한다는 (   )을 가지고 계신다.

(3) 우리 조상들은 외세로부터 나라의 (   )을 지키기 위해 노력했다.

어휘 키우기

3 다음 설명을 읽고, (   )에서 알맞은 낱말을 골라 〇표 하세요.

헷갈리는 말

벌리다	가까이 있거나 붙어 있는 둘 사이를 넓히거나 멀게 하다. 예 책상 사이의 간격을 벌렸다.
벌이다	일을 계획하여 시작하거나 펼치다. 예 할머니 생신을 맞아 잔치를 벌였다.

(1) 나는 입을 크게 (벌리고 / 벌이고) 하품을 했다.

(2) 자신이 (벌린 / 벌인) 일은 스스로 해결해야 한다.

(3) 불우 이웃을 돕기 위한 모금 운동을 (벌렸다 / 벌였다).

작품 출처

위치	작품	출처
64쪽	성석제, 「선물」	『성석제의 농담하는 카메라』, 문학동네, 2008.
69쪽	오승희, 「봄바람」	『3, 4학년이 꼭 읽어야 할 동시집』, 학은미디어, 2013.
112쪽	박완서, 「할머니는 우리 편」	『자전거 도둑』, 다림, 2022.
124쪽	이은정, 「목기린 씨, 타세요!」	『목기린 씨, 타세요!』, 창비, 2021.
144쪽	박성배, 「외짝 꽃신의 꿈」	『행복한 비밀 하나』, 푸른책들, 2012.

사진 출처

위치	사진	출처
16쪽	석굴암의 내부 모습	국가유산청 국가유산포털
22쪽	나로 우주 센터 우주 과학관	한국항공우주연구원
82쪽	플레밍이 발견한 페니실린의 샘플	런던과학박물관·런던과학사회도서관
84쪽	김홍도, 〈서당〉	국립중앙박물관
85쪽	〈화성원행반차도〉	국립중앙박물관
86쪽	김홍도, 〈대장간〉	국립중앙박물관
98쪽	목판(해인사 대장경판)	국가유산청 국가유산포털

※ 퍼블릭 도메인 및 셔터스톡 사진은 따로 표기하지 않았습니다.

최상위권
독해의 비결,
추론

용선생

추론독해

3

초등 국어 **3단계**

3 · 4학년 권장

정답과 해설

사회평론주니어

용선생

추론독해

3

초등 국어 **3단계**

3 · 4학년 권장

정답과 해설

1

중심 문장과 뒷받침 문장 알기

① 문단을 이루는 여러 문장 중에서 문단의 내용을 대표하는 문장을 찾습니다. 이 문장이 중심 문장입니다.

② 중심 문장을 덧붙여 설명하거나 예를 들어 주는 문장을 찾습니다. 이 문장이 뒷받침 문장입니다.

확인 문제   9쪽

1 (2) ○   **2** (1) ㉠ (2) ㉡, ㉢, ㉣

1 이 글은 북부 지방, 남부 지방, 중부 지방에 따라 우리나라 김치의 맛이 어떻게 다른지를 설명하고 있으며, 이러한 내용을 대표하는 중심 문장은 첫 번째 문장입니다.

오답 피하기

(1) 북부 지방 김치의 맛에 대한 내용으로, 중심 문장을 덧붙여 설명하는 뒷받침 문장입니다.

(3) 남부 지방 김치에서 짠맛과 매운맛이 강한 까닭에 대한 내용으로, 중심 문장을 덧붙여 설명하는 뒷받침 문장입니다.

2 이 글은 라플레시아의 여러 가지 특징을 설명하고 있으며, 이러한 내용을 대표하는 중심 문장은 ㉠입니다. ㉡은 라플레시아꽃의 크기, ㉢은 라플레시아가 영양분을 흡수하는 방법, ㉣은 라플레시아에서 고약한 냄새가 나는 까닭에 대한 내용이므로, ㉡, ㉢, ㉣은 중심 문장인 ㉠을 덧붙여 설명하는 뒷받침 문장입니다.

이 문제를 틀렸다면

문단에서 나무의 기둥 같은 역할을 하는 것이 중심 문장입니다. 가지나 잎이 기둥에 붙어 나무를 이루는 것처럼, 중심 문장을 제외한 나머지 뒷받침 문장들은 문단에서 중심 문장을 덧붙여 설명하거나 예를 드는 방법으로 도와줍니다.

연습   10~11쪽

직원이 없는 가게

1 무인 가게   **2** ④ 💡직원

3 (1) ㉠ (2) ㉡, ㉢, ㉣   **4** (2) ×

1 이 글은 무인 가게가 무엇인지 알려 준 뒤, 무인 가게의 장점과 문제점을 제시하고 있습니다. 따라서 이 글에서 설명하는 내용은 '무인 가게의 장점과 문제점'입니다.

2 1문단의 "무인 가게에서는 손님이 물건을 고르고 직접 기계로 결제해요."를 통해 무인 가게에서는 직원이 아니라 손님이 물건값을 직접 결제한다는 것을 알 수 있습니다.

이 문제를 틀렸다면

①은 1문단을, ②는 3문단을, ③은 2문단을, ⑤는 4문단을 읽으며 확인해 봅니다.

3 ㉠~㉣이 있는 4문단은 어르신, 장애인, 어린이가 이용하기에 불편하다는 무인 가게의 문제점을 설명하고 있으며, 이러한 내용을 대표하는 중심 문장은 ㉠입니다. ㉡은 어르신이 겪는 불편함, ㉢은 장애인이 겪는 불편함, ㉣은 휠체어를 탄 사람이나 어린이가 겪는 불편함에 대한 내용이므로, ㉡, ㉢, ㉣은 ㉠을 덧붙여 설명하는 뒷받침 문장입니다.

4 무인 가게의 문제점 중 첫 번째는 옆에서 지켜보는 직원이 없어서 범죄의 표적이 되기 쉽다는 것입니다. 3문단에서 무인 가게 안에 CCTV가 설치되어 있어도 바로 제지할 사람이 없어 쉽게 범죄를 저지를 수 있다고 하였으므로, CCTV를 더 많이 설치하는 것은 무인 가게의 문제점을 해결할 방안으로 알맞지 않습니다.

오답 피하기

(1) 소리가 나지 않는 결제 기계에 음성 안내 기능을 넣으면, 시각 장애인도 무인 가게를 이용할 수 있을 것입니다.

(3) 디지털 환경에 익숙하지 않은 어르신들에게 공공 기관에서 기계 사용법을 가르쳐 드린다면, 어르신들도 무인 가게의 기계를 잘 다룰 수 있을 것입니다.

고래는 물고기일까?

1 포유류   **2** ⑤ 💡아가미   **3** ③

4 (2)◯   **5** ㉯, ㉰

6 ❶젖 ❷물 ❸온도 ❹목뼈

어휘 다지기

1 (1)② (2)① (3)③

2 (1)산소 (2)수온 (3)아가미

어휘 키우기

3 (1)㉠ (2)㉢ (3)㉡

---

1 이 글은 고래가 가지고 있는 포유류의 특징 네 가지를 들어, 고래가 어류가 아닌 <u>포유류</u>인 까닭을 설명하는 글입니다.

✏️ **이 문제를 틀렸다면**

설명하는 글에서 설명 대상은 주로 첫 번째 문단에 나타나 있습니다. ■문단에서 이 글의 설명 대상을 찾아봅니다.

2 ■문단의 "고래는 아가미가 없어서 물 밖으로 나와 폐로 숨을 쉽니다."를 통해 고래에게는 아가미가 없으며, 물 밖에서 폐로 호흡한다는 사실을 알 수 있습니다. 따라서 고래가 물 밖에서 아가미와 폐로 호흡한다는 것은 이 글의 내용으로 알맞지 않습니다.

오답 피하기 💭

① 과학자들은 아주 먼 옛날 고래의 조상이 육지에 살았다고 하였습니다(■문단).

② 고래는 물고기와 생김새가 비슷하지만 어류가 아닌 포유류입니다(■문단).

③ 고래는 새끼를 낳아 젖을 먹여 키웁니다(■문단).

④ 고래는 몸의 온도를 항상 37~40도로 유지합니다(■문단).

3 ■문단은 고래가 가진 포유류의 특징 중 하나로 일곱 개의 목뼈를 가지고 있다는 점을 설명하고 있습니다. 따라서 이러한 내용을 대표하는 중심 문장은 첫 번째 문장입니다.

오답 피하기 💭

①, ②, ④, ⑤ 중심 문장을 덧붙여 설명하는 뒷받침 문장입니다.

4 이 글에서는 고래가 포유류인 까닭을 설명하기 위해 포유류인 고래와 어류의 차이점을 다음과 같이 대조하고 있습니다.

어류	포유류
알을 낳고 젖을 먹이지 않음.	새끼를 낳고 젖을 먹여 키움.
물속에서 아가미로 숨을 쉼.	물 밖에서 폐로 숨을 쉼.
몸의 온도가 바뀜.	몸의 온도가 일정함.
목뼈가 없음.	일곱 개의 목뼈가 있음.

오답 피하기 💭

(1) ■문단에서 어류와 포유류의 몇몇 종류를 예로 들고 있지만, 고래의 종류를 예로 들고 있지는 않습니다.

(3) 고래가 새끼를 낳아 젖을 먹여 키운다는 내용은 있지만, 고래가 성장하는 과정은 이 글에 나와 있지 않습니다.

5 이 글에서 설명하는 포유류의 특징은 새끼를 낳아 젖을 먹여 키우는 것, 물 밖에서 폐로 호흡하는 것, 몸의 온도가 일정한 것, 대부분 일곱 개의 목뼈를 가지고 있는 것입니다. 이러한 특징 중에서 보기 의 오리너구리가 가진 포유류의 특징은 젖을 먹여 새끼를 기른다는 것과(㉯), 몸의 온도가 변하지 않는다는 것입니다(㉰).

오답 피하기 💭

㉮ 알을 낳는 것은 어류의 특징입니다.

㉱, ㉲ 오리너구리의 생김새와 관련된 특징으로, 이 글에서 설명한 포유류의 특징과는 관련이 없습니다.

6 이 글은 고래가 가지는 포유류로서의 특징을 설명하고 있습니다. 고래는 새끼를 낳아 ❶젖을 먹여 키우고, 폐를 통해 ❷물 밖에서 호흡합니다. 또한 몸의 ❸온도가 일정하며, 다른 포유류와 마찬가지로 일곱 개의 ❹목뼈를 가지고 있습니다.

어휘 다지기

2 (1)의 빈칸에는 '사람이 숨을 쉬는 데 없어서는 안 되는, 공기 속에 많이 들어 있는 물질.'이라는 뜻의 '산소'가, (2)의 빈칸에는 '물의 온도.'라는 뜻의 '수온'이, (3)의 빈칸에는 '물속에서 사는 동물이 숨을 쉴 수 있게 하는 기관.'이라는 뜻의 '아가미'가 들어가는 것이 알맞습니다.

어휘 키우기

3 '가지다'는 한 낱말이 여러 가지 뜻을 가진 다의어입니다. (1)에는 무엇을 손에 쥔다는 ㉠의 뜻이, (2)에는 회의를 연다는 ㉢의 뜻이, (3)에는 자격증을 지닌다는 ㉡의 뜻이 알맞습니다.

16~19쪽

과학과 예술의 조화, 석굴암

1 (3)○   **2** ⑤ 💡대표   **3** ④

4 현아   **5** (3)×

6 ❶ 신라 ❷ 인공 ❸ 아치형 ❹ 습도 ❺ 본존불상

어휘 다지기

1 (1)① (2)③ (3)②

2 (1) 반원 (2) 독창적 (3) 인공

어휘 키우기

3 (2) V (3) V

1 이 글의 **2**, **3**, **4**문단은 석굴암의 독창적인 건축 기술에 대해, **5**문단은 석굴암의 빼어난 예술성에 대해 알려 주고 있습니다. 따라서 이 글은 석굴암의 건축 기술과 예술성에 대해 설명하는 글입니다.

2 **5**문단은 석굴암 본존불상의 얼굴 모습과 전체 비율 등에 담긴 뛰어난 예술성을 설명하고 있으며, 이러한 내용을 대표하는 중심 문장은 ⑩입니다.

오답 피하기 🚫

① **1**문단의 중심 문장은 "석굴암은 옛 신라인들의 독창적인 건축 기술과 빼어난 예술성을 엿볼 수 있는 걸작입니다."입니다.

② **2**문단의 중심 문장은 "석굴암은 세계에서 유일한 인공 석굴 사원입니다."입니다.

③ **3**문단의 중심 문장은 "석굴암의 천장은 반원 모양의 아치형으로 되어 있습니다."입니다.

④ **4**문단의 중심 문장은 "석굴암은 자연적으로 일정한 습도를 유지하도록 설계되었습니다."입니다.

3 **3**문단의 "네모난 돌을 접착제도 없이 둥글게 쌓아 올려 천장을 만든 기술은"이라는 표현을 통해 석굴암의 아치형 천장은 접착제를 사용하지 않고 만들었음을 알 수 있습니다.

✏️ **이 문제를 틀렸다면**

①은 **2**문단을, ②는 **1**문단을, ③은 **5**문단을, ⑤는 **4**문단을 읽으며 확인해 봅니다.

4 **2**문단에서 신라인들이 석굴암을 만들기 위해 산의 꼭대기 부근을 파서 터를 닦았다고 한 것으로 보아, 석굴암이 산의 꼭대기 부근에 있을 것이라고 짐작할 수 있습니다.

오답 피하기 🚫

시우: "우리나라의 천연 동굴은 단단한 화강암으로 이루어져

있어"를 통해 우리나라에도 천연 동굴이 있었음을 짐작할 수 있습니다.

성훈: "다른 나라에서는 대부분 천연 동굴의 벽을 조각하여 석굴 사원을 만들었습니다."를 통해 인공 석굴 사원이 아닌 천연 동굴에 만든 석굴 사원은 다른 나라에도 있다는 사실을 짐작할 수 있습니다.

5 이 글의 **1**문단에는 석굴암의 위치, 지어진 시기, 유네스코 세계 문화유산으로 등재된 시기 등이 나와 있습니다. 그리고 보기 는 불국사가 경주시 토함산에 위치한 신라 시대의 대표적인 사원이라는 점과 대웅전 앞뜰에 나란히 서 있는 두 개의 탑이 유명하다는 점, 1995년에 유네스코 세계 문화유산으로 등재되었다는 점 등을 설명하고 있습니다. 이러한 불국사의 특징 중 이 글에서 설명한 석굴암의 특징과 공통되지 않는 것은 대웅전 앞뜰에 두 개의 탑이 있다는 점입니다.

✏️ **이 문제를 틀렸다면**

1문단의 내용을 읽으며 석굴암의 특징을 파악하고 보기 에서 설명하는 불국사의 특징과 비교해 봅니다.

6 석굴암은 토함산에 위치한 ❶ 신라 시대의 석굴 사원으로, 1995년에 유네스코 세계 문화유산으로 등재되었습니다. 석굴암은 세계에서 유일한 ❷ 인공 석굴 사원이며, 천장이 ❸ 아치형으로 되어 있고, 자연적으로 일정한 ❹ 습도를 유지하도록 설계되었다는 점에서 신라인들의 독창적인 건축 기술을 보여 줍니다. 한편 석굴암 ❺ 본존불상의 표정과 비율은 뛰어난 예술성을 자랑합니다.

어휘 다지기

2 (1)의 빈칸에는 '원의 절반.'이라는 뜻의 '반원'이, (2)의 빈칸에는 '다른 것을 모방하지 않고 새로운 것을 처음으로 만들어 내거나 생각해 내는 것.'이라는 뜻의 '독창적'이, (3)의 빈칸에는 '사람의 힘으로 만든 것.'이라는 뜻의 '인공'이 들어가는 것이 알맞습니다.

어휘 키우기

3 '세울 건(建)'이 사용된 낱말은 (2)의 '건립(建立)'과 (3)의 '창건(創建)'입니다. (1)의 '건조(乾燥)'는 '마를 건(乾)'이 사용된 낱말입니다.

사실과 의견 구별하기

① 한 일, 본 일, 들은 일과 같이 실제로 있었던 일이나 현재 일
어나는 일은 '사실'입니다.
② 대상이나 일에 대한 생각, 판단, 느낌은 '의견'입니다.

확인 문제
21쪽

1 ⓜ **2** 다희

1 ⓜ은 앞으로도 비무장 지대의 자연환경을 잘 보전하
면 좋겠다는 글쓴이의 바람이 나타나 있으므로 '의
견'입니다.

오답 피하기

㉠ 남한과 북한이 군사적 충돌을 막기 위해 비무장 지대를 설정
했다는 것은 과거에 실제로 일어난 일이므로 '사실'입니다.
㉡ 비무장 지대에 무기를 배치하거나 군사 시설을 설치할 수 없
고, 일반인의 출입이 통제된다는 것은 현재 비무장 지대에서
벌어지는 일이므로 '사실'입니다.
㉢ 비무장 지대에 오랫동안 사람의 발길이 닿지 않았다는 것은
과거부터 현재까지 일어나고 있는 일이므로 '사실'입니다.
㉣ 비무장 지대가 다양한 종의 생물이 서식하는 생태계의 보고
라는 것은 현재의 일이므로 '사실'입니다.

2 몬드리안이 1930년에 〈빨강, 파랑, 노랑의 구성〉을 그
렸다는 것은 실제 있었던 일이므로 '의견'이 아닌 '사
실'입니다.

오답 피하기

가인: 피터르 몬드리안이 네덜란드의 화가인 것은 실제 있었던
일이므로 '사실'입니다.
예랑: 〈빨강, 파랑, 노랑의 구성〉을 보면 안정감이 느껴지고 마
음이 편안해진다는 것은 글쓴이의 느낌이므로 '의견'입
니다.

우주 과학관에 가다

1 ② **2** ⑤ 💡누리호
3 (1) ㉡, ㉢ (2) ㉠, ㉣ **4** ㉲, ㉴, ㉮, ㉳

1 이 글은 글쓴이가 가족과 함께 나로 우주 센터 우주
과학관에 다녀온 뒤 그곳에서 보고 느낀 것을 쓴 글
입니다.

2 4문단을 보면 처음으로 우리나라 땅에서 발사한 로
켓은 누리호가 아니라 나로호임을 알 수 있습니다.
누리호는 국내 기술만으로 개발한 로켓입니다.

오답 피하기

② "우주 정거장은 중력의 영향이 거의 없기 때문에 모든 물건이
공중에 떠다닌다."에서 알 수 있습니다(3문단).
③ 글쓴이가 우주 체중계로 몸무게를 쟀을 때, 지구에서의 몸
무게는 35킬로그램이지만 화성에서는 13킬로그램이었습
니다(2문단). 따라서 지구에서보다 화성에서 몸무게가 더 적
게 나간다는 것을 알 수 있습니다.

3 ㉠은 마음이 설렌다는 글쓴이의 느낌을 말하고 있
으므로 '의견'입니다. ㉡은 중력 때문에 행성에 따라
몸무게에 차이가 난다는 실제의 일을 이야기하고 있
으므로 '사실'입니다. ㉢은 우주 정거장이 실제로 어
떤 곳인지에 대해 설명하고 있으므로 '사실'입니다.
㉣은 과학자가 되어야겠다는 글쓴이의 생각과 다짐
을 밝히고 있으므로 '의견'입니다.

✏️ 이 문제를 틀렸다면

어떤 대상이나 일에 대한 생각이나 판단, 느낌이 드러난 부분이
'의견'임을 이해합니다.

4 글쓴이는 먼저 나로 우주 센터 우주 과학관에 가는
길에 '우주로 가는 길'이라는 표지판을 보았습니다
(㉲). 우주 과학관에 도착한 후에는 1층 전시관에서
우주 체중계에 올라가 몸무게를 재 보고(㉴), 2층으
로 이동하여 우주 정거장을 재현해 놓은 공간을 둘
러보았습니다(㉮). 그 후, 다시 1층으로 내려와 기획
전시실에서 한국 로켓의 역사를 보여 주는 전시를
관람하였습니다(㉳).

실전 1

애니메이션은 어떻게 만들까?

1 애니메이션 　　**2** ② 💡뇌 　　**3** (2)○

4 ④ 　　　　　　**5** (3)×

6 ❶ 잔상 효과 ❷ 불빛 ❸ 눈 ❹ 움직임

어휘 다지기

1 (1)② (2)① (3)③

2 (1) 책장 (2) 실생활 (3) 착시

어휘 키우기

3 (1)ⓒ (2)ⓛ (3)㉠

---

1 이 글은 잔상 효과를 이용하여 '애니메이션을 만드는 원리'에 대해 설명하고 있습니다.

2 2문단에 따르면, 물체가 눈앞에서 사라지더라도 뇌는 짧은 시간 동안 그 물체의 상을 기억하고 있기 때문에 '잔상 효과'라는 착시 현상이 발생합니다. 이렇듯 우리의 뇌는 보이는 것을 그대로 인식하지 않고 착각을 일으키기도 합니다.

✏️ **이 문제를 틀렸다면**
①은 3문단을, ③은 5문단을, ④와 ⑤는 4문단을 읽으며 확인해 봅니다.

3 촛불을 한참 보다가 눈을 감으면 그 촛불의 상이 희미하게 나타난다는 내용은 실제로 일어나는 현상이므로 '사실'에 해당합니다.

⚠️ **오답 피하기**
(1) 기분이 좋아진다는 것은 글쓴이의 느낌이므로 '의견'입니다.
(3) 자연스러운 움직임을 나타내기 위해 1초에 스물네 장의 그림이 지나가야 한다는 것은 실제로 일어나는 일에 기반한 정보이므로 '사실'입니다.
(4) 잔상 효과에 대한 정의이므로 '사실'입니다.

4 ㉠의 앞 문장에서 여러 장의 그림을 짧은 간격으로 보여 주면, 앞의 그림의 잔상이 남아 있는 상태에서 뒤의 그림이 나오게 된다고 하였습니다. 이 경우 동작이 미세하게 다른 각각의 그림이 '연결되어' 마치 움직이는 것처럼 보일 것입니다.

✏️ **이 문제를 틀렸다면**
①~⑤를 ㉠의 위치에 넣어 보고, 내용이 자연스럽게 이어지는지 확인해 봅니다.

5 4문단에 따르면 애니메이션의 연속된 움직임을 표현

하려면 동작이 미세하게 다른 여러 장의 그림을 짧은 간격으로 보여 주어야 합니다. 즉 동작의 차이는 미세하고, 다음 그림으로 넘어가는 속도는 빨라야 합니다. **보기** 의 주프락시스코프도 애니메이션과 비슷한 원리로 정지된 사진을 움직이는 것처럼 보이게 하는 기계입니다. 따라서 주프락시스코프를 빠르게 돌릴수록 사진 속 동물의 움직임이 자연스러울 것이라고 짐작할 수 있습니다.

⚠️ **오답 피하기**
(4) 주프락시스코프는 동물의 사진을 붙여 영화처럼 보였겠지만, 사진 대신 그림을 붙인다면 애니메이션처럼 보일 것입니다.

6 ❶잔상 효과는 눈으로 보고 있던 모습이 없어진 후에도 잠시 동안 그 모습이 남아 있는 현상입니다. 불을 켠 전등을 바라보다가 갑자기 불을 껐을 때 잠깐 ❷불빛이 보이는 것이 잔상 효과의 대표적인 사례입니다. 또한 촛불을 보고 있다가 ❸눈을 감으면 그 촛불의 상이 희미하게 나타나는 것도 잔상 효과의 예시입니다. 애니메이션의 원리는 이러한 잔상 효과를 이용한 것으로, 애니메이션에서는 여러 장의 정지된 그림으로 연속된 ❹움직임을 표현합니다.

어휘 다지기

2 (1)의 빈칸에는 '책을 이루는 하나하나의 장.'이라는 뜻의 '책장'이, (2)의 빈칸에는 '이론이나 상상이 아닌 실제의 생활.'이라는 뜻의 '실생활'이, (3)의 빈칸에는 '착각하여 잘못 보는 현상.'이라는 뜻의 '착시'가 들어가는 것이 알맞습니다.

어휘 키우기

3 '상'은 형태는 같지만 뜻이 서로 다른 동형어입니다. (1)에는 우수한 성적을 칭찬하여 주는 물건이라는 ⓒ의 뜻이, (2)에는 눈에 보이는 사물의 형체라는 ⓛ의 뜻이, (3)에는 음식을 차려 올리는 가구라는 ㉠의 뜻이 알맞습니다.

'데이 문화'의 문제점

1 데이 문화, 반대　　**2** (1)×　　**3** ② 💡의견

4 ㉯　　　　　　　**5** ③

6 ❶ 상술 ❷ 기념일 ❸ 상처 ❹ 편지

어휘 다지기

1 (1) ③ (2) ② (3) ①

2 (1) 유래 (2) 법정 (3) 소외감

어휘 키우기

3 (1) √ (2) √

---

1 1문단의 마지막 문장인 "그러나 저는 다음과 같은 이유로 데이 문화에 반대합니다."를 통해 글쓴이가 데이 문화에 반대하고 있음을 알 수 있습니다.

2 2문단에 따르면 화이트 데이는 일본의 법정 기념일이 아니라, 일본의 과자 회사들이 사탕을 많이 팔기 위해 만든 날입니다.

> ✏️ **이 문제를 틀렸다면**
> (2)는 3문단을, (3)은 1문단을 읽으며 확인해 봅니다.

3 ㉠과 ㉢은 각각 기념일과 농업인의 날에 대한 실제적인 정보이므로 '사실'입니다. 반면 ㉡, ㉣, ㉤은 각종 '데이' 및 '데이 문화'에 대한 글쓴이의 생각이므로 '의견'입니다.

> ✏️ **이 문제를 틀렸다면**
> '사실'은 누구에게나 똑같이 받아들여지지만 '의견'은 사람마다 다를 수 있다는 것을 알고, '사실'과 '의견'을 구별해 봅니다.

4 11월 11일인 농업인의 날은 막대 과자를 선물하는 날과는 겹치지만, 3월 14일인 화이트 데이와는 겹치지 않습니다. 따라서 모든 '데이'가 농업인의 날과 겹칠 것이라는 짐작은 알맞지 않습니다.

> ⚠️ **오답 피하기**
> ㉮ 2문단에서 각종 '데이'들은 기념일과 달리 유래가 불분명하며 특별한 의미가 없다고 하였습니다. 따라서 기념일은 각종 '데이'와 달리 유래가 분명하고 특별한 의미가 있는 날일 것입니다.
> ㉰ 사탕을 주고받는 화이트 데이는 일본의 과자 회사들이 사탕을 팔기 위해 만든 날입니다. 이를 고려하면, 막대 과자를 선물하는 날 또한 기업이 막대 과자를 팔기 위해 만든 날일 것이라고 짐작할 수 있습니다.

5 글쓴이는 데이 문화에 반대하면서 그 근거로 데이 문화의 부정적 효과를 들고 있습니다. 따라서 데이 문화를 계기로 친구들과 가까워질 수 있다며 데이 문화의 긍정적 효과를 이야기하는 것은 글쓴이의 생각과 다른 의견입니다.

> ⚠️ **오답 피하기**
> ① 글쓴이는 기념일은 축하하거나 기릴 만한 일이 있을 때 이를 기억하기 위해 만든 날이라고 하였고(2문단), 각종 '데이'를 챙기느라 중요한 기념일이 가려져서는 안 된다고 하였습니다(3문단).
> ② 글쓴이는 각종 '데이'에 선물을 주거나 받지 못하는 친구들은 마음이 위축되고 소외감을 느낄 수 있다고 하였습니다(4문단).
> ④ 글쓴이는 평소에 정성이 담긴 편지를 써서 건네면 충분히 마음을 전할 수 있다고 하였습니다(5문단).
> ⑤ 글쓴이는 데이 문화란 기업이 특정 상품의 소비를 부추겨 돈을 벌 목적으로 만든 날이라고 하였습니다(2문단).

6 글쓴이는 데이 문화에 반대하는 이유로 첫째, 데이 문화는 기업이 물건을 팔기 위해 만든 ❶상술에 불과하다는 점, 둘째, 데이 문화 때문에 다른 뜻깊은 ❷기념일이 묻힌다는 점, 셋째, 선물을 주거나 받지 못하는 친구들이 ❸상처를 받을 수 있다는 점을 들었습니다. 글쓴이는 이러한 데이 문화에 휩쓸리지 말고, 평소에 친구에게 정성이 담긴 ❹편지를 써서 건네는 것을 제안하였습니다.

어휘 다지기

2 (1)의 빈칸에는 '사물이나 일이 생겨난 내력.'이라는 뜻의 '유래'가, (2)의 빈칸에는 '법으로 정함.'이라는 뜻의 '법정'이, (3)의 빈칸에는 '무리에 끼지 못하고 따돌림을 당해 멀어진 듯한 느낌.'이라는 뜻의 '소외감'이 들어가는 것이 알맞습니다.

어휘 키우기

3 '없을 무(無)'가 사용된 낱말은 (1)의 '무죄(無罪)'와 (2)의 '무선(無線)'입니다. (3)의 '무장(武裝)'은 '굳셀 무(武)'가 사용된 낱말입니다.

글의 목적 파악하기

① 어떠한 대상을 설명하는 글인지, 글쓴이의 의견을 주장하는 글인지 파악합니다.

② 설명하는 글에서는 글쓴이가 설명하는 대상이 무엇인지 찾아봅니다.

③ 주장하는 글에서는 글쓴이가 내세우는 의견이 무엇인지 찾아봅니다.

확인 문제
33쪽

1 (2) ○　　　　**2** ㉮

1 이 글은 글쓴이가 나무를 살리고 환경을 보호하기 위해 이면지를 재활용하자고 설득하는 글입니다. 이러한 글쓴이의 의견은 "이면지를 버리지 말고 재활용하는 습관을 들여야 합니다."에서 명확히 알 수 있습니다.

✎ **이 문제를 틀렸다면**

설득하는 글에서 글쓴이는 자신의 의견을 '~해야 합니다.', '~합시다.', '~하자.'와 같은 표현으로 드러냅니다.

2 이 글은 패럴림픽이 1948년에 작은 경기에서 시작해 현재 대규모 대회로 발전한 역사와, 패럴림픽에서 진행되는 종목들에 대해 설명하고 있습니다. 따라서 글쓴이는 패럴림픽의 역사와 종목을 알려 주기 위해 이 글을 썼을 것입니다.

오답 피하기 ❗

㉯ 2문단에서 패럴림픽과 올림픽의 종목을 비교하며 설명하고 있지만, 패럴림픽과 올림픽의 종목이 달라야 한다는 글쓴이의 의견은 드러나지 않습니다. 이 글은 주장하는 글이 아니라, 패럴림픽의 역사와 종목을 설명하는 글입니다.

법 중의 법, 헌법

1 ③ 💡 설명하는　　　**2** ②　　　**3** 정우

4 (1) ㉡ (2) ㉠ (3) ㉠ (4) ㉡

1 이 글은 헌법이 무엇인지, 헌법에는 어떤 내용이 명시되어 있는지, 헌법은 왜 존재하는지에 대해 설명하고 있습니다. 따라서 글쓴이는 헌법의 내용과 의의를 알려 주기 위해 이 글을 썼을 것입니다.

2 헌법을 어기면 어떻게 되는지는 이 글에 나와 있지 않습니다.

오답 피하기 ❗

① 5문단에서 헌법은 모든 국민이 존중받고 행복한 삶을 살 수 있도록 하기 위해 존재한다는 것을 알 수 있습니다.

③ 1문단에서 헌법과 관련 있는 국경일이 '제헌절'임을 알 수 있습니다.

④ 3문단에서 헌법에 어떤 권리들이 명시되어 있는지 알 수 있습니다.

⑤ 4문단에서 헌법에 어떤 의무들이 명시되어 있는지 알 수 있습니다.

3 1문단에 따르면 제헌절은 대한민국 헌법을 만들어 국민에게 널리 알린 것을 기념하는 날입니다. 만약 모든 나라의 헌법이 똑같다면 우리나라만의 헌법을 만들지 않았을 것입니다. 또 모든 나라의 헌법이 같다는 내용은 이 글에 나오지 않습니다.

오답 피하기 ❗

지훈: 우리나라에 있는 여러 종류의 법은 모두 헌법을 바탕으로 만들어집니다(2문단). 따라서 헌법의 내용이 바뀌면 다른 법의 내용 또한 바뀔 것입니다.

은채: 우리나라에 있는 여러 종류의 법은 헌법에 어긋나서는 안 됩니다(2문단). 그러므로 헌법에 어긋나는 법은 고치거나 없애야 할 것입니다.

4 (1)은 국민의 의무 중 환경 보전의 의무에 해당합니다(㉡). (2)는 국민의 권리 중 정치에 참여할 권리에 해당합니다(㉠). (3)은 국민의 권리 중 국가의 간섭을 받지 않고 행동할 권리에 해당합니다(㉠). (4)는 국민의 의무 중 납세의 의무에 해당합니다(㉡).

✎ **이 문제를 틀렸다면**

㉠과 ㉡에 포함되는 구체적인 권리와 의무들 중에서 (1)~(4)에 해당하는 것을 하나씩 찾아봅니다.

미래를 위한 에너지

1 (2) ○　　**2** ③ 💡고갈　　**3** 지수

4 ①　　**5** (1) ⓑ, ⓒ (2) ㉮, ㉣

6 ❶ 오염 ❷ 생물 ❸ 수소 ❹ 경제적

어휘 다지기

1 (1) ③ (2) ② (3) ①

2 (1) 환경친화적 (2) 배설물 (3) 무한정

어휘 키우기

3 (3) V

---

1 이 글은 신재생 에너지의 세 가지 종류와 장점을 알려 주고 있습니다.

오답 피하기 📢

(1) 이 글은 주장하는 글이 아니라, 화석 연료 에너지 대신 사용할 수 있는 신재생 에너지에 관해 설명하는 글입니다.

(3) 환경 오염 물질을 배출하지 않는 것은 글쓴이가 설명한 신재생 에너지의 장점 중 하나입니다. 환경 오염 물질을 배출하면 안 된다는 의견은 이 글에 드러나지 않습니다.

(4) 이 글에는 음식을 섭취하여 에너지를 얻는 방법이 나와 있지 않습니다. 1문단의 "우리는 음식을 섭취하여 에너지를 얻습니다."는 글에서 설명할 대상과 관련하여 읽는 이의 흥미를 불러일으키기 위해 쓴 도입 문장입니다.

2 5문단의 첫 번째 문장인 "신재생 에너지는 아무리 써도 고갈되지 않고 무한하게 쓸 수 있는 에너지입니다."에서 알 수 있듯이, 신재생 에너지는 쓸 수 있는 양이 정해져 있지 않습니다.

✏️ **이 문제를 틀렸다면**

①은 1문단을, ②는 4문단을, ④는 2문단을, ⑤는 3문단을 읽으며 확인해 봅니다.

3 4문단에서 수소는 공기 중의 산소와 만나면 화학 반응을 일으켜 에너지를 만들어 내며, 이때 오염 물질은 전혀 발생하지 않고 오직 물만 배출된다고 하였습니다.

오답 피하기 📢

민경, 기현: 현재까지는 대부분의 수소를 물이 아닌 화석 연료에서 생산하기 때문에 완전한 친환경 에너지로 보기 어렵다고 하였습니다.

4 ㉠의 앞 문장에서는 화석 연료 에너지의 단점을, ㉠의 뒤 문장에서는 사람들이 화석 연료 에너지를 대신할

신재생 에너지에 주목하였음을 설명하고 있습니다. ㉠의 앞뒤 문장의 관계를 따져 보면, 화석 연료의 단점이 원인이 되어 사람들이 신재생 에너지에 주목하는 결과로 이어졌다고 보는 것이 자연스럽습니다. 따라서 ㉠에는 원인과 결과를 이어 주는 말인 '그래서'가 들어가야 합니다.

5 지열(㉮)과 파도(㉣)는 '자연의 힘을 이용한 에너지'와 관련이 있습니다. 그리고 농작물 찌꺼기(ⓑ)와 가축의 배설물(ⓒ)은 '생물을 이용한 에너지'와 관련이 있습니다.

6 화석 연료 에너지는 무한정 쓸 수 없고, 에너지로 전환되는 과정에서 대기를 ❶오염시킨다는 단점이 있습니다. 그래서 신재생 에너지가 새롭게 주목받기 시작했습니다. 신재생 에너지의 종류에는 자연의 힘을 이용한 에너지, ❷생물을 이용한 에너지, ❸수소를 이용한 에너지가 있습니다. 이러한 신재생 에너지는 무한하게 쓸 수 있고, 환경 오염 물질을 배출하지 않아 친환경적이며, 비용을 절감할 수 있어 ❹경제적이라는 장점이 있습니다.

어휘 다지기

2 (1)의 빈칸에는 '자연환경을 오염하지 않고 자연 그대로의 환경과 잘 어울리는 것.'이라는 뜻의 '환경친화적'이, (2)의 빈칸에는 '생물체가 몸 밖으로 내보내는 똥이나 오줌, 땀 같은 노폐물.'이라는 뜻의 '배설물'이, (3)의 빈칸에는 '정해지거나 제한된 것이 없음.'이라는 뜻의 '무한정'이 들어가는 것이 알맞습니다.

어휘 키우기

3 '들다'는 한 낱말이 여러 가지 뜻을 가진 다의어입니다. 제시된 문장에서 '들다'는 '어떤 일에 돈, 시간, 노력, 물자 등이 쓰이다.'라는 뜻으로 쓰였으며, 이와 같은 뜻의 '들다'가 쓰인 것은 (3)입니다. (1)에서는 '들다'가 '물감, 색깔, 물기, 소금기가 스미거나 배다.'라는 뜻으로, (2)에서는 '어떤 범위나 기준, 또는 일정한 기간 안에 속하거나 포함되다.'라는 뜻으로 쓰였습니다.

또 하나의 가족, 반려견

1 ㉰   **2** (2)○   **3** ④

4 다정   **5** ③ 💡보호자

6 ❶책임감 ❷이웃 ❸허락

【 어휘 다지기 】

1 (1)② (2)① (3)③

2 (1)부담 (2)유기 (3)명칭

【 어휘 키우기 】

3 (1)∨ (3)∨

---

1 이 글은 반려견을 둘러싼 여러 가지 문제를 해결하기 위해 올바른 반려견 문화를 정착시켜야 한다고 설득하는 글입니다.

🖋 **이 문제를 틀렸다면**

1문단과 **5**문단에서 글쓴이가 내세우는 의견이 드러난 문장을 찾아봅니다.

2 **2**문단에서 글쓴이는 반려견을 입양할 사람은 가벼운 마음으로 반려견을 데려와서는 안 된다면서, 이렇게 데려올 경우 시간이나 비용 등의 부담이 커졌을 때 기르는 것을 쉽게 포기할 수 있다고 하였습니다.

오답 피하기 🔔

(1) **3**문단에서 공동 주택에서 반려견을 기를 때 지켜야 할 예절을 알려 주고 있으므로, 공동 주택에서 반려견을 기르면 안 된다는 것은 이 글의 내용으로 알맞지 않습니다.

(3) **5**문단에서 올바른 반려견 문화는 반려견을 기르려는 사람, 기르고 있는 사람, 기르지 않는 사람 모두가 동물을 존중하고 서로를 배려할 때 정착될 수 있다고 하였습니다.

(4) **1**문단에서 강아지를 가족처럼 여기는 사람들이 늘어나면서 사람과 함께 사는 개의 명칭이 '애완견'에서 '반려견'으로 달라졌다고 하였습니다.

3 ㉠은 반려견을 기르는 사람과 기르지 않는 사람이 예절을 지킬 때 해결할 수 있는 문제입니다. 그런데 책임감을 가지고 반려견을 입양하는 것은 반려견을 기르려는 사람이 가져야 할 태도이므로, ㉠을 해결할 방법이 아닙니다.

🖋 **이 문제를 틀렸다면**

반려견을 기르는 보호자와 반려견을 기르지 않는 사람이 지켜야 할 예절을 설명하는 **3**, **4**문단에서 ①~⑤의 내용을 하나씩 찾아봅니다.

4 **2**문단에서 글쓴이는 '귀여운데 나도 길러 볼까?'처럼 가벼운 마음으로 반려견을 데려와서는 안 된다고 하였습니다. 따라서 친구네 강아지가 귀엽다는 이유로 같은 종의 강아지를 무작정 입양하려는 것은 적절하지 않은 행동입니다.

오답 피하기 🔔

가람: 반려견을 돌볼 시간적 여유가 있는지 따져 보는 행동이므로 적절합니다.

희나: 반려견의 사료와 용품을 구매할 능력이 있는지 확인하는 행동이므로 적절합니다.

5 제시된 글은 몸집이 큰 반려견을 기르는 사람이 반려견과 외출할 때의 예절을 설명하고 있습니다. 이 내용은 반려견을 기르는 보호자가 지켜야 할 예절에 해당하므로 이를 다루는 **3**문단에 들어가는 것이 알맞습니다.

6 글쓴이는 반려견을 기르려는 사람, 기르고 있는 사람, 기르지 않는 사람 모두가 동물을 존중하고 서로를 배려할 때 올바른 반려견 문화가 정착될 수 있다고 주장합니다. 우선 반려견을 기르려는 사람은 자신의 상황을 따져 본 뒤, ❶책임감을 가지고 반려견을 맞이해야 합니다. 또한 반려견을 기르는 사람은 ❷이웃에게 피해가 가지 않도록 주의해야 하며, 반려견과 외출 시 필요한 물품을 챙겨야 합니다. 마지막으로 반려견을 기르지 않는 사람은 산책 중인 반려견에게 소리를 지르거나 보호자의 ❸허락 없이 반려견을 만져서는 안 됩니다.

【 어휘 다지기 】

2 (1)의 빈칸에는 '어떠한 의무나 책임을 짐.'이라는 뜻의 '부담'이, (2)의 빈칸에는 '내다 버림.'이라는 뜻의 '유기'가, (3)의 빈칸에는 '사람이나 사물 등을 가리켜 부르는 이름.'이라는 뜻의 '명칭'이 들어가는 것이 알맞습니다.

【 어휘 키우기 】

3 '움직일 동(動)'이 사용된 낱말은 (1)의 '작동(作動)'과 (3)의 '운동(運動)'입니다. (2)의 냉동(冷凍)은 '얼 동(凍)'이 사용된 낱말입니다.

글의 내용 간추리기

① 각 문단의 중심 문장을 찾습니다.
② 중심 문장들을 이어서 전체 내용을 하나로 정리합니다.
③ 문장을 이을 때는 '그리고', '그래서', '그러나'와 같은 이어 주는 말을 사용할 수 있습니다.

확인 문제   45쪽

1 ■: 비대면 진료는 스마트폰이나 컴퓨터 등을 이용하여 의사에게 진료를 받는 서비스입니다.
   ■: 비대면 진료의 장점은 병원에 가지 않고도 누구나 쉽게 의료 서비스를 받을 수 있다는 점입니다.
   ■: 비대면 진료는 의사가 환자의 말에만 의존하여 문제를 파악해야 한다는 단점도 있습니다.

2 (1)비대면 (2)장점 (3)단점

1 이 글은 ■문단에서 비대면 진료의 개념을, ■문단에서 비대면 진료의 장점을, ■문단에서 비대면 진료의 단점을 설명하고 있습니다. 이를 고려할 때, 각 문단의 중심 문장은 모두 첫 번째 문장입니다.

✎ **이 문제를 틀렸다면**
문단의 내용을 대표하는 문장인 중심 문장은 문단의 중간이나 끝에 위치하기도 하지만, 처음에 있는 경우가 많다는 것을 이해합니다.

2 이 글은 비대면 진료의 개념과 장단점에 대한 내용입니다. (1)비대면 진료는 스마트폰이나 컴퓨터 등을 이용하여 진료를 받는 서비스입니다. 비대면 진료의 (2)장점은 병원에 가지 않고도 누구나 쉽게 의료 서비스를 받을 수 있다는 점입니다. 그러나 의사가 환자의 말에만 의존하여 문제를 파악해야 하기 때문에 잘못된 진단을 내릴 위험이 있다는 (3)단점도 있습니다.

북극여우가 추위에서 살아남는 법

1 ④, ⑤   **2** ⑤
3 (1)추운 (2)빽빽하게 (3)귀 (4)보온 (5)색깔 💡 발바닥
4 (2)○

1 ■문단에서 북극여우는 날이 추워지면 따뜻한 피를 발바닥으로 더 많이 보내고, 발바닥이 두툼한 털로 덮여 있어 얼음 위를 걸어도 동상에 걸리지 않는다고 하였습니다(④). 또한 ■문단에서 여름이 오면 털이 땅 색깔을 닮은 짙은 회갈색으로 바뀐다고 하였습니다(⑤).

오답 피하기 🎙
① 북극여우는 북극에 삽니다(■문단).
② 북극여우는 날이 추워지면 귀가 아닌 발바닥의 혈관을 확장하여 따뜻한 피를 발바닥으로 더 많이 보냅니다(■문단).
③ 기온이 내려가면 북극여우의 털이 두 배가량 더 빨리 자랍니다(■문단).

2 ■문단은 북극여우의 털 색깔이 겨울에는 눈과 비슷한 흰색이고, 여름에는 땅 색깔을 닮은 회갈색으로 바뀐다는 내용입니다. 따라서 이 문단의 내용을 대표하는 중심 문장은 첫 번째 문장인 "북극여우는 계절에 따라 털 색깔이 달라져요."입니다.

3 ■문단을 통해 북극여우는 북극의 (1)추운 환경에서도 살아남을 수 있는 생김새를 가졌다는 것을, ■문단을 통해 북극여우의 몸에는 두꺼운 털이 (2)빽빽하게 나 있다는 것을 알 수 있습니다. 또한 ■문단을 통해 북극여우의 (3)귀는 짧고 작아 몸 안의 열이 밖으로 잘 빠져나가지 않는다는 것을, ■문단을 통해 북극여우의 발바닥은 (4)보온 효과가 뛰어나다는 것을, ■문단을 통해 계절에 따라 북극여우의 털 (5)색깔이 달라진다는 것을 알 수 있습니다.

✎ **이 문제를 틀렸다면**
각 문단의 중심 문장을 확인하여 글을 간추려 봅니다.

4 북극여우는 귀가 짧고 작으며, 눈이 많은 겨울 동안 털이 흰색을 띱니다.

오답 피하기 🎙
(1) 귀가 크고 털이 모래와 비슷한 색을 띠는 사막여우의 모습입니다.

지명에서 유래된 재미있는 우리말

1 지역, 이름
2 ④ 💡차사, 사실
3 ㉰
4 ①
5 (1) ② (2) ③ (3) ①
6 ❶ 안성맞춤 ❷ 유기 ❸ 고집 ❹ 소 ❺ 함흥

어휘 다지기

1 (1) ② (2) ① (3) ③
2 (1) 고집불통 (2) 유기 (3)장인

어휘 키우기

3 (1) ㉡ (2) ㉠ (3) ㉢

---

1 이 글은 안성맞춤, 벽창호, 함흥차사와 같이 우리나라의 특정한 지역의 이름과 관련된 우리말을 소개하고, 이 말들에 얽힌 이야기를 알려 주는 글입니다.

2 4문단에 따르면, 함흥에 간 차사들이 모두 죽임을 당했다는 것은 역사적 사실이 아닌 소문이었습니다.

✏️ **이 문제를 틀렸다면**
①은 4문단을, ②와 ③은 3문단을, ⑤는 2문단을 읽으며 확인해 봅니다.

3 이 글에서 각 문단의 중심 문장은 다음과 같습니다.

문단	중심 문장
1	우리말 중에는 특정한 지역의 이름과 관련된 것들이 있습니다.
2	'필요에 맞게 잘 만들어진 물건'을 뜻하는 안성맞춤은 경기도 안성의 품질 좋은 유기에서 비롯된 말입니다.
3	'고집이 매우 센 사람'을 이르는 벽창호는 평안북도 벽동과 창성의 소에서 유래한 말입니다.
4	'심부름을 간 사람이 좀처럼 오지 않음'이라는 뜻의 함흥차사는 함경남도 함흥으로 간 차사와 관련된 말입니다.

따라서 ㉰는 3문단의 내용을 잘못 이해한 문장입니다. '벽창호'는 고집불통인 소가 아니라 고집이 매우 센 사람을 이르는 말입니다.

✏️ **이 문제를 틀렸다면**
각 문단의 중심 문장을 찾아 밑줄을 그어 봅니다.

4 ㉠의 앞 문장은 벽동과 창성의 소가 억세고 무뚝뚝하며 말을 잘 듣지 않았다는 내용이고, ㉠의 뒤 문장은 고집불통인 소를 '벽창우'라고 불렀다는 내용입니다. ㉠의 앞 내용이 원인이고 뒤 내용이 결과이므로, ㉠에는 원인과 결과를 이어 주는 말인 '그래서'가 들어가는 것이 알맞습니다.

오답 피하기 ❗

②, ④ '그러나'와 '하지만'은 앞의 내용과 반대되는 내용을 이어 주는 말입니다.
③ '그리고'는 앞의 내용과 비슷한 내용을 이어 주는 말입니다.
⑤ '왜냐하면'은 앞의 내용이 결과이고 뒤의 내용이 원인일 때 두 내용을 이어 주는 말입니다.

5 (1)의 빈칸에 '안성맞춤(②)'을 넣으면, 엄마가 나에게 딱 맞는 신발을 사 주셨다는 내용의 자연스러운 문장이 됩니다. (2)는 동생이 돌아올 때가 지났는데도 아직 오지 않는 상황이므로, 빈칸에 '함흥차사(③)'가 들어가야 합니다. (3)에서 민준이는 친구의 조언을 듣지 않는 고집스러운 사람이므로, 빈칸에 '벽창호(①)'가 들어가는 것이 어울립니다.

6 우리말 중에는 특정한 지역의 이름과 관련된 것들이 있습니다. ❶안성맞춤은 필요에 맞게 잘 만들어진 물건을 뜻하는 말로, 경기도 안성의 품질 좋은 ❷유기에서 비롯된 말입니다. 벽창호는 ❸고집이 매우 센 사람을 이르는 말로, 억세고 무뚝뚝한 벽동과 창성의 ❹소에서 유래한 말입니다. 함흥차사는 심부름을 간 사람이 좀처럼 오지 않을 때 쓰는 말로, 이방원이 ❺함흥으로 보낸 차사와 관련된 말입니다.

어휘 다지기

2 (1)의 빈칸에는 '자기의 생각이나 주장을 굽힐 줄 모르고 고집이 셈.'이라는 뜻의 '고집불통'이 들어가야 합니다. (2)의 빈칸에는 '놋쇠로 만든 그릇.'이라는 뜻의 '유기'가 들어가야 합니다. (3)의 빈칸에는 '손으로 물건을 만드는 일을 직업으로 하는 사람.'이라는 뜻의 '장인'이 들어가야 합니다.

어휘 키우기

3 '통하다'는 한 낱말이 여러 가지 뜻을 가진 다의어입니다. (1)에는 마음이 다른 사람에게 잘 전달된다는 ㉡의 뜻이, (2)에는 막힘이 없이 흐른다는 ㉠의 뜻이, (3)에는 어떤 과정을 바탕으로 한다는 ㉢의 뜻이 알맞습니다.

일상을 구독하세요

1 (4) ×   **2** ①, ④ 💡맞춤형

3 ③   **4** ㉡   **5** 수빈

6 ❶ 기간 ❷ 배송 ❸ 버리게 ❹ 무제한 ❺ 저렴

어휘 다지기

1 (1) ② (2) ③ (3) ①

2 (1) 규모 (2) 콘텐츠 (3) 일정

어휘 키우기

3 (1) 반듯이 (2) 반드시 (3) 반듯이

---

1   이 글은 1문단에서 구독 경제의 뜻을 알려 주고, 2문단과 3문단에서 구독 경제의 두 가지 유형을 소개한 뒤, 4문단과 5문단에서 각각 구독 경제의 장점과 단점을 설명하고 있습니다. 그러나 구독 경제의 등장 배경은 이 글에 나와 있지 않습니다.

2   2문단에서 '정기 배송 유형'은 월 사용료를 내면 물건을 정기적으로 배송해 주는 것으로(①), 신문이나 잡지 구독이 이 유형에 해당한다고 하였습니다(④).

✎ **이 문제를 틀렸다면**

①~⑤의 설명을 글에서 하나씩 찾아봅니다. 단순히 ①~⑤에 있는 말이 글에도 있는지를 확인하는 것이 아니라, 그 말이 포함된 문장을 읽어 보며 내용을 이해하도록 합니다.

3   글의 내용을 간추릴 때는 각 문단의 중심 문장을 이어서 정리합니다. 3문단의 중심 문장은 "두 번째는 일정한 요금을 내고 콘텐츠를 무제한으로 이용하는 '무제한 이용 유형'입니다."입니다. ㉢은 중심 문장을 도와주는 뒷받침 문장으로, 이 글의 내용을 간추릴 때 꼭 필요한 문장이 아닙니다.

오답 피하기 ❗

㉠, ㉡, ㉣, ㉤은 각각 1문단, 2문단, 4문단, 5문단의 중심 문장으로, 이 글의 내용을 간추릴 때 꼭 필요합니다.

4   3문단에 따르면 무제한 이용 유형은 음악, 영화, 전자책과 같은 디지털 콘텐츠를 제공하는 기업에서 주로 활용하고 있습니다. 따라서 이 유형의 서비스를 구독하기 위해서는 디지털 콘텐츠를 이용할 수 있는 전자 기기가 필요할 것입니다.

오답 피하기 ❗

㉮ 정기 배송 유형과 관련된 내용이므로 알맞지 않습니다.

㉯ 5문단에서 무제한 이용 유형은 콘텐츠를 전혀 이용하지 않아도 무제한으로 이용한 것과 똑같은 비용이 결제된다고 하였으므로 알맞지 않습니다.

5   수빈이는 제때 사용하지 못한 제품이 쌓여 버리게 되는 구독 경제의 단점을 경험하였습니다.

✎ **이 문제를 틀렸다면**

지웅: 매번 주문하지 않아도 때가 되면 알아서 제품을 배송해 주는 구독 경제의 장점을 경험하였습니다.

다경: 따로 구매하는 것보다 저렴한 비용으로 다양한 콘텐츠를 즐길 수 있는 구독 경제의 장점을 경험하였습니다.

6   구독 경제는 일정 ❶기간마다 비용을 내고 상품이나 서비스를 이용하는 경제 활동을 말합니다. 구독 경제의 유형 중 '정기 배송 유형'은 월 사용료를 내면 물건을 정기적으로 ❷배송해 주는 것입니다. 때가 되면 알아서 배송해 주기 때문에 편리하다는 장점이 있지만, 제때 사용하지 못한 제품이 쌓이면 결국 ❸버리게 된다는 단점이 있습니다. 한편 '무제한 이용 유형'은 일정 요금을 내고 콘텐츠를 ❹무제한으로 이용하는 것입니다. ❺저렴한 비용으로 다양한 콘텐츠를 즐길 수 있어서 경제적이라는 장점이 있지만, 콘텐츠를 전혀 이용하지 않아도 비용이 결제된다는 단점이 있습니다.

어휘 다지기

2   (1)의 빈칸에는 '물건이나 현상의 크기나 범위.'라는 뜻의 '규모'가 들어가야 합니다. (2)의 빈칸에는 '인터넷이나 컴퓨터 통신 등을 통하여 제공되는 각종 정보나 그 내용물.'이라는 뜻의 '콘텐츠'가 들어가야 합니다. (3)의 빈칸에는 '어떤 것의 크기, 모양, 범위, 시간 등이 하나로 정해져 있음.'이라는 뜻의 '일정'이 들어가야 합니다.

어휘 키우기

3   '반드시'와 '반듯이'는 뜻이 다르지만 글자가 비슷하여 헷갈리는 말입니다. (1)에서는 흐트러지지 않고 바르게 앉았다는 것이므로 '반듯이'가 알맞습니다. (2)에서는 틀림없이 꼭 일찍 일어난다는 것이므로 '반드시'가 알맞습니다. (3)에서는 모자를 비뚤어지지 않고 바르게 고쳐 쓴 것이므로 '반듯이'가 알맞습니다.

이야기의 내용 간추리기

① 시간과 장소의 변화에 따라 일어난 일을 순서대로 정리합니다.
  • 시간을 나타내는 말: '어느 날', '아침', '여름' 등
  • 장소를 나타내는 말: '집 앞에서', '숲속에', '학교로' 등
② 정리한 내용을 자연스럽게 이어서 전체 이야기를 간추립니다.

확인 문제   57쪽

1 어느 날, 그날 저녁, 다음 날 아침

2 (1) 방 (2) 앞마당 (3) 궁궐

1 이 글에서 시간을 나타내는 말은 '어느 날', '그날 저녁', '다음 날 아침'입니다.

✎ **이 문제를 틀렸다면**
이 글에서 시간을 나타내는 말과 장소를 나타내는 말은 다음과 같습니다. 글을 다시 읽으며 시간과 공간이 어떻게 변하였는지 확인해 봅니다.

시간을 나타내는 말	장소를 나타내는 말
어느 날	방
그날 저녁	앞마당
다음 날 아침	궁궐

2 어느 날 (1)방에서 잠든 마량은 꿈속에서 신령님께 그림을 그리면 그린 것이 실제로 생기게 되는 요술 붓 한 자루를 받았습니다. 그날 저녁, 마량은 어려운 처지의 사람들을 집 (2)앞마당으로 불러 필요한 것들을 요술 붓으로 그려 주었습니다. 다음 날 아침, 이 소문을 들은 욕심쟁이 왕이 마량을 (3)궁궐로 붙잡아 왔습니다. 왕은 마량에게 황금으로 된 산을 그리라고 명령했고, 마량은 꾀를 내어 바다 위에 황금으로 된 섬과 배 한 척을 그렸습니다. 왕이 배에 올라타자 마량은 거센 폭풍을 그려 배를 뒤집히게 만들고 떠나 버렸습니다.

비밀의 화원

1 ④   **2** (3) × ⚲콜린   **3** 해주

4 (1) 화원 (2) 콜린 (3) 걷는 (4) 일주일

1 이 글은 메리가 발견한 장소인 '비밀의 화원'을 중심으로 이야기가 전개되고 있습니다.

⚠ **오답 피하기**
② 이 글에서 메리와 콜린 사이의 갈등은 나타나지 않습니다. 메리는 방 안에서 누워 지내는 콜린이 걸을 수 있게 도와줍니다.
③ 이 글에 등장하는 인물은 메리와 콜린 두 사람뿐입니다.
⑤ 이 글의 말하는 이(이야기를 전달하는 사람)는 작품 속에 등장하는 인물이 아닙니다. 소설에서 말하는 이는 작품 속에 있을 때도 있지만, 작품 밖에 있기도 합니다.

2 비밀의 화원에서 건강을 되찾은 메리는 사촌 콜린에게 함께 비밀의 화원에 가자고 제안했습니다. 이에 "외출을 꺼리던 콜린도 비밀의 화원만큼은 꼭 가 보고 싶었"다고 하였으므로, 이 글을 읽고 메리가 콜린을 억지로 비밀의 화원에 데려가는 모습을 떠올리는 것은 알맞지 않습니다.

3 ⓒ은 비밀의 화원에 들어간 콜린의 눈앞에 생전 처음 보는 풍경이 펼쳐진 상황입니다. 콜린은 이 풍경을 보고 태어나서 처음으로 활짝 웃었습니다. 따라서 이때 콜린은 혼자만 비밀의 화원에 드나든 메리를 미워하는 마음이 든 것이 아니라, 비밀의 화원의 아름다운 풍경에 감탄하고 행복함을 느꼈을 것입니다.

⚠ **오답 피하기**
규민: 병약했던 메리는 비밀의 화원을 드나들며 건강을 되찾았습니다. 따라서 메리는 몸이 불편한 콜린을 보고 자신의 예전 모습이 떠올라 도와주고 싶었을 것입니다.

4 비밀의 (1)화원을 발견한 메리는 몰래 그곳을 드나들며 꽃을 가꾸었고, 그러는 사이 건강을 되찾았습니다. 그러던 어느 날, 메리는 사촌 (2)콜린이 울고 있는 모습을 보고 그를 비밀의 화원으로 데려갔습니다. 그날 이후, 메리는 콜린이 매일 비밀의 화원에서 (3)걷는 연습을 하도록 도와주었고, (4)일주일쯤 만에 콜린은 무려 열 걸음이나 걸을 수 있게 되었습니다.

✎ **이 문제를 틀렸다면**
이 글은 인물이 겪는 일을 시간의 흐름에 따라 보여 주고 있습니다. 글에서 '그러던 어느 날', '그날 이후', '일주일쯤' 등 시간을 나타내는 말을 찾아봅니다.

만년 셔츠

1 ②　　**2** (3) ○　　**3** ㉰, ㉱, ㉮, ㉯

4 ③　　**5** ②, ④ 💡양복바지

6 ❶ 선생님　❷ 만년 셔츠　❸ 창남　❹ 큰불(불)

어휘 다지기

1 (1) ②　(2) ③　(3) ①

2 (1) 웃옷　(2) 만년　(3) 맨몸

어휘 키우기

3 (1) ㉡　(2) ㉢　(3) ㉠

---

1 창남이가 "저희 집은 반만 타다 남아서 건진 물건이 있지만"이라고 한 것으로 보아, 창남이의 집이 몽땅 불에 탄 것은 아닙니다.

✎ **이 문제를 틀렸다면**

글을 다시 읽으며 ①, ③, ④, ⑤의 내용을 하나씩 찾아봅니다.

2 창남이는 웃옷을 벗으라는 선생님의 말에 "만년 셔츠도 좋습니까?"라고 답했고, 선생님이 "만년 셔츠가 무엇이냐?"라고 묻자 "맨몸입니다."라고 답했습니다. 이를 통해 ㉠의 까닭이 창남이가 셔츠를 입지 않은 자신의 맨몸을 만년셔츠라고 말했기 때문임을 알 수 있습니다.

오답 피하기 🔔

(1), (2) 창남이가 말한 '만년 셔츠'는 실제로 입을 수 있는 셔츠가 아니라 맨몸을 의미하는 것이었습니다.

3 어느 추운 날, 체조 시간에 웃옷을 벗으라는 선생님의 명령에 창남이는 웃옷을 벗지 못하고 있었습니다. 화가 난 선생님의 호령에 창남이가 웃옷을 벗자 맨몸이 드러났습니다(㉰). 선생님은 셔츠가 없어서 입지 못했다는 창남이의 말을 듣고, 모두에게 창남이의 용기를 배우라고 말했습니다(㉱). 다음 날, 창남이가 맨몸에 양복저고리와 얇고 해진 바지를 입고 학교에 왔습니다(㉮). 선생님이 이유를 묻자, 창남이는 동네에 큰불이 나서 사람들에게 옷을 나누어 주었다고 말했습니다(㉯).

4 창남이는 불이 나서 집이 반이나 탔지만, 더 어려운 이웃들을 위해 자기가 입고 있던 바지까지 나누어 주었습니다. 이러한 사연을 들은 선생님과 학생들은 창남이가 우스꽝스러운 옷차림으로 학교에 온 사정을 이해하고, 창남이의 행동이 대단하다고 생각해 ㉡과 같이 고개를 숙였을 것입니다.

5 창남이가 자신의 바지까지 이웃집 영감님께 양보한 것을 보면, 남보다 자신을 먼저 생각한다거나(②) 자존심이 세고 질투심이 강하다고(④) 평가하기 어렵습니다.

오답 피하기 🔔

① 창남이는 가난해서 셔츠를 입지 못했음에도 자신의 맨몸을 '만년 셔츠'라고 재치 있게 말했습니다.

③ 창남이는 불이 나 집을 잃고 추위에 떨고 있는 동네 어른들께 옷을 나누어 드렸고, 입고 있던 양복바지까지 아픈 이웃집 영감님께 벗어 드렸습니다.

⑤ 창남이는 왜 셔츠를 안 입었냐는 선생님의 물음에 부끄러워하지 않고 "없어서 못 입었습니다."라고 당당하게 대답했습니다.

6 어느 추운 날 체조 시간, 웃옷을 벗으라는 ❶선생님의 명령에 창남이가 한참 동안 멈칫거렸습니다. 선생님의 호령에 창남이가 웃옷을 벗자, 맨몸이 드러났습니다. 창남이는 셔츠가 없어 입지 못했다고 말했습니다. 선생님은 창남이의 용기를 칭찬했고, 그날부터 학교에 소문이 퍼져 모두가 창남이를 ❷만년 셔츠라고 불렀습니다. 다음 날, ❸창남이가 양복저고리와 얇고 해진 바지를 입고 등교했습니다. 학생들은 크게 웃었고, 선생님은 무슨 일인지 물었습니다. 창남이는 동네에 ❹큰불(불)이 나서 이웃들에게 옷을 나누어 주었다고 말했습니다. 이 말을 들은 모든 학생과 선생님이 고개를 숙였습니다.

어휘 다지기

2 (1)의 빈칸에는 '가장 겉에 입는 옷.'이라는 뜻의 '웃옷'이, (2)의 빈칸에는 '언제나 변함없이 한결같은 상태.'라는 뜻의 '만년'이, (3)의 빈칸에는 '아무것도 입지 않은 몸.'이라는 뜻의 '맨몸'이 들어가는 것이 알맞습니다.

어휘 키우기

3 '돌다'는 한 낱말이 여러 가지 뜻을 가진 다의어입니다. (1)에는 침이 생긴다는 ㉡의 뜻이, (2)에는 소문이 어떤 지역에 퍼진다는 ㉢의 뜻이, (3)에는 물체가 일정한 점을 중심으로 원을 그리면서 움직인다는 ㉠의 뜻이 알맞습니다.

선물

1 강아지   **2** (1) ㉠, ㉡ (2) ㉢, ㉣

3 ④   **4** ③ 💡 물   **5** (3) ○

6 ❶ 강아지 ❷ 백설기 ❸ 머리 ❹ 연민

어휘 다지기

1 (1) ① (2) ② (3) ③

2 (1) 몫 (2) 연민 (3) 공급

어휘 키우기

3 (1) 들른다 (2) 들렸다 (3) 들러서

---

1 이 글은 '내'가 아버지께 선물받은 강아지를 밤새 돌보았던 경험을 쓴 수필입니다.

2 ㉠은 "우는 소리"를 낼 수 있는 대상이므로 '강아지'를 가리키며, ㉡ 또한 "다리를 덜덜 떨며 낑낑거렸다."라는 말을 통해 '강아지'를 가리킨다는 것을 알 수 있습니다. 한편 ㉢은 '내'가 강아지에게 내민 '백설기'를 가리키며, ㉣도 '내'가 강아지에게 주었다가 철회한 것이므로 '백설기'를 가리킵니다.

✎ 이 문제를 틀렸다면
각각의 '선물'이 가리키는 대상이 무엇인지 앞뒤 문장을 살피며 알아봅니다.

3 한밤중에 강아지의 울음소리를 듣고 밖으로 나간 '내'가 강아지의 머리를 쓰다듬기 시작하자, 강아지가 비로소 울음을 그쳤습니다.

오답 피하기 🔔
① '나'는 개를 "닭 이상으로 좋아할 것도 없는 동물"이라고 하였습니다.
② '나'는 한밤중에 선물이 우는 소리에 잠을 깼으며, "사실 오줌이 마려웠던 것도 아니었다."라고 하였습니다.
③ '나'는 "아껴 먹다 남겨 둔 백설기를 가지고 나왔다."라고 하였으므로, 백설기가 싫어서 남겼다고 보기 어렵습니다.
⑤ "천둥 치듯 아버지는 코를 골았지만 선물의 가느다란, 여린 낑낑거림은 정확하게 나의 청각을 자극하고 잠 못 들게 했다."라는 내용으로 보아, '나'는 아버지의 코 고는 소리가 아닌 강아지의 낑낑거리는 소리 때문에 다시 잠들지 못했습니다.

4 '나'는 강아지가 백설기를 먹지 않자 화가 나서 백설기를 치웠습니다. 하지만 강아지가 울다 보면 목이 멜지도 모른다는 생각에 물은 그대로 두었습니다. 따라서 '내'가 백설기와 물을 모두 치우고 방으로 들

어왔다는 것은 인물이 한 일을 잘못 파악한 것입니다.

5 '나'는 강아지를 달래기 위해 백설기를 주었지만, 강아지는 너무 어려서 백설기를 먹을 수 없었습니다. 즉, '나'는 강아지가 어리다는 특성을 배려하지 못한 것입니다. 이는 보기 에서 여우가 두루미의 특성을 배려하지 못하고 두루미가 먹을 수 없는 납작한 접시에 음식을 담아 대접한 것과 비슷합니다.

오답 피하기 🔔
(1) '나'는 강아지를 방 안으로 데려온 것이 아니라, 강아지가 있는 방 밖으로 나가 백설기를 주었습니다.
(2) '나'는 강아지가 배가 고파 운다고 생각해 아껴 먹다 남겨 둔 백설기를 큰맘 먹고 준 것이지, 강아지가 백설기를 먹지 못하는 줄 알면서 일부러 준 것이 아닙니다.

6 어느 날 '나'의 아버지는 점퍼 속에 ❶강아지 한 마리를 넣어 와 '나'에게 주었습니다. '나'는 강아지가 우는 소리에 잠을 깨서 방 밖으로 나가 강아지의 상태를 확인했습니다. '나'는 강아지에게 큰맘 먹고 ❷백설기를 주었지만, 강아지가 먹지 않자 화가 나서 다시 가져갔습니다. 강아지의 울음소리에 다시 밖으로 나간 '나'는 날이 밝아 올 때까지 강아지의 ❸머리를 쓰다듬으며 달래 주었습니다. 이러한 경험을 통해 '나'는 강아지가 '나'에게 ❹연민의 감정을 선물했다고 생각했습니다.

어휘 다지기

2 (1)의 빈칸에는 '무엇을 여럿이 나누어 가질 때 각 사람이 가지게 되는 부분.'이라는 뜻의 '몫'이, (2)의 빈칸에는 '불쌍하고 가엾게 여김.'이라는 뜻의 '연민'이, (3)의 빈칸에는 '요구나 필요에 따라 물품을 제공함.'이라는 뜻의 '공급'이 들어가는 것이 알맞습니다.

어휘 키우기

3 '들르다'와 '들리다'는 뜻이 다르지만 글자가 비슷하여 헷갈리는 말입니다. (1)에서는 도서관에 잠깐 들어가 머무른 것이므로 '들른다'가 알맞습니다. (2)에서는 발소리가 귀를 통해 알아차려진 것이므로 '들렸다'가 알맞습니다. (3)에서는 문방구에 잠깐 들어가 머무른 것이므로 '들러서'가 알맞습니다.

시의 특징 알기

① 시가 몇 행으로 이루어져 있는지, 몇 개의 연으로 묶여 있는지 파악합니다.
② 소리가 비슷한 글자나 일정한 글자 수가 반복되는 부분을 찾아 운율을 느껴 봅니다.

확인 문제
69쪽

1 ② 2 (2) ×

1 시의 한 줄을 '행'이라고 하고, 여러 행을 하나로 묶은 것을 '연'이라고 합니다. 이 시는 총 열두 줄이고 세 개의 연으로 묶여 있으므로, 3연 12행으로 이루어진 시입니다.

✎ 이 문제를 틀렸다면
시가 총 몇 줄로 되어 있는지, 몇 개의 묶음으로 묶여 있는지 확인해 봅니다.

2 모든 행이 같은 글자 수로 이루어져 있다면 운율을 느낄 수 있습니다. 그러나 이 시에서 각 연의 1, 3행은 일곱 글자로 이루어져 있고 2, 4행은 마침표를 제외하고 다섯 글자로 이루어져 있습니다. 따라서 이 시는 모든 행이 같은 글자 수로 이루어져 있지 않습니다.

오답 피하기 ❗
(1) 1연은 '돋아났어요.'로, 2연은 '맺히었어요.'로, 3연은 '피어올라요.'로 끝납니다. 시는 보통 한 연씩 끊어 읽게 되는데, 각 연의 끝나는 말이 모두 '~요'로 같기 때문에 운율을 느낄 수 있습니다.
(3) 각 연의 1, 2행에서 '봄바람', '자리'라는 낱말이 반복되어 쓰이고 있습니다. 이처럼 소리가 같은 낱말이 반복되면 운율을 느낄 수 있습니다.
참고로 이 시에 쓰인 '살랑살랑', '솔솔', '파릇파릇', '한들한들', '가물가물' 등의 흉내 내는 말도 소리가 같은 글자가 반복되어 운율이 느껴지는 부분입니다.

기왓장 내외

1 (2) ○ 💡기왓장 2 ②
3 2, 8, 운율 4 ①

1 이 시는 비 오는 날 오래된 기와집 지붕에서 물이 떨어지는 모습을 그린 시입니다. 시인은 지붕 위의 기왓장 두 개를 '기왓장 내외'라며 마치 사람인 것처럼 표현하고 있습니다. 그러나 이 시에 실제로 사람이 등장하는 것은 아닙니다.

✎ 이 문제를 틀렸다면
이렇게 사물을 마치 사람처럼 표현하는 것을 '의인법'이라고 합니다. 시나 소설 같은 문학 작품에서는 대상을 더 재미있고 친근하게 표현하기 위해 의인법이 자주 사용됩니다.

2 기왓장 내외는 2연에서 주름 잡힌 얼굴을 어루만지며 '아름답던 옛날'을 그리워하고 있습니다. 따라서 '아름답던 옛날'은 주름과 같은 세월의 흔적이 생기기 전의 깨끗했던 기왓장의 모습을 표현한 것입니다.

오답 피하기 ❗
① 아래로 오목한 암키와와 위로 볼록한 수키와가 서로 맞닿아 있는 것을 '기왓장 내외'라고 표현하였습니다.
③ '아름답던 옛날'과 대비되는 지금의 낡은 기왓장의 모습을 '주름 잡힌 얼굴'이라고 표현하였습니다.
④ 비 오는 날 저녁에 처마에서 빗물이 떨어지는 모습이 마치 눈물을 흘리는 듯해 기왓장이 '구슬피 울음 웁니다.'라고 표현하였습니다.
⑤ 기왓장은 가운데가 둥글게 구부러진 모양으로, 이를 '꼬부라진 잔등'이라고 표현하였습니다.

3 이 시는 총 여덟 줄이고 두 개의 연으로 묶여 있으므로, 2연 8행으로 이루어진 시입니다. 또한 이 시는 모든 행의 글자 수가 똑같이 열두 글자이고 '기왓장 내외', '~선지', '어루만지며', '~니다' 등 소리가 같은 글자가 반복되어 운율이 느껴집니다.

4 이 시의 기왓장 내외는 1연에서 비 오는 날 저녁에 잃어버린 외아들을 떠올리며 구슬피 울고, 2연에서 아름답던 옛날이 그리워 주름진 얼굴을 어루만지며 물끄러미 하늘을 쳐다봅니다. 이러한 시의 내용을 통해 쓸쓸하고 슬픈 분위기를 느낄 수 있습니다.

나팔꽃

1 ② 💡점심   **2** (1)① (2)②

3 (2)○   **4** (1)○   **5** ①, ⑤

6 ❶ 나팔꽃 ❷ 우물가 ❸ 동무 ❹ 아침

어휘 다지기

1 (1)② (2)① (3)③

2 (1) 동무 (2) 첫인사 (3) 우물가

어휘 키우기

3 (1) ㉢ (2) ㉠ (3) ㉡

---

1 이 시의 1연을 통해 말하는 이가 아침에 우물가에 들러 나팔꽃을 보았다는 것을 알 수 있습니다.

오답 피하기 ❗
① "노여워 입 다물고 / 말도 말재요."를 통해 나팔꽃이 말하는 이에게 화를 낸 것임을 알 수 있습니다.
③ "아침마다 첫인사 / 방긋 웃어요."를 통해 나팔꽃이 말하는 이에게 웃으며 인사한 것임을 알 수 있습니다.
④ "점심때 우물가에 / 다시 와 보면"을 통해 말하는 이는 다른 곳에 있다가 점심때 우물가로 다시 왔음을 알 수 있습니다. 그러나 말하는 이가 우물가에서 점심을 먹었는지는 이 시에 나오지 않습니다.
⑤ "동무하고 놀다가 / 늦게 와 보니"를 통해 말하는 이는 동무와 다른 곳에서 놀다가 늦게서야 우물가에 왔음을 알 수 있습니다.

2 주어진 자료는 나팔꽃이 아침에 피고 오후가 되면 진다는 내용입니다. 따라서 나팔꽃이 아침마다 첫인사로 방긋 웃는다는 ㉠은 아침에 나팔꽃이 활짝 핀 모습을 표현한 것입니다. 또 늦게 찾아가니 나팔꽃이 입을 다물고 있다는 ㉡은 나팔꽃이 오므라든 모습을 표현한 것입니다.

✏️ 이 문제를 틀렸다면
㉠은 아침에 본 나팔꽃의 모습, ㉡은 저녁때 본 나팔꽃의 모습임을 이해합니다.

3 2연의 "방긋방긋 반가워 / 놀다 가래요."는 나팔꽃이 웃고 말을 건다고 하여 나팔꽃을 마치 사람처럼 표현한 부분입니다.

4 이 시는 총 열두 줄이고 세 개의 연으로 묶여 있으므로 3연 12행으로 이루어진 시입니다.

오답 피하기 ❗
(2) 이 시에서는 시간대에 따라 달라지는 나팔꽃의 모습을 보여

주고 있습니다. 그러나 계절의 변화나 그에 따른 풍경에 대한 표현은 없습니다.
(3) 이 시에서 말하는 이는 다른 사람과 대화하고 있지 않습니다.

5 이 시는 홀수 행이 일곱 글자, 짝수 행이 다섯 글자로 글자 수가 같고, 모든 연이 '~요'로 끝나 운율이 느껴집니다. 그리고 보기 는 모든 행이 열두 글자로 이루어져 글자 수가 같고, 모든 연이 '~니다'로 끝나 운율이 느껴집니다. 따라서 이 시와 보기 의 시에서 운율이 느껴지는 까닭은 일정한 글자 수가 반복되고(①), 각 연의 마지막에 소리가 비슷한 글자가 반복되기(⑤) 때문입니다.

오답 피하기 ❗
② 이 시의 '방긋방긋', 보기 의 '너훌너훌'은 움직임을 흉내 내는 말입니다. 두 시에 소리를 흉내 내는 말은 나오지 않습니다.
③ 보기 에서는 1연과 3연에 같은 문장이 나오지만, 이 시에서는 같은 문장이 반복되지 않습니다.
④ 이 시에는 '우물가', '방긋' 등의 낱말이, 보기 에는 '봄바람', '하늘하늘', '연분홍', '살구꽃', '송이송이', '나비' 등의 낱말이 반복되어 나옵니다. 하지만 두 시 모두 소리가 같은 낱말이 모든 행에 반복되는 것은 아닙니다.

6 이 시의 1연은 우물가에서 아침마다 방긋 웃으며 첫인사를 건네는 고운 ❶나팔꽃의 모습을, 2연은 점심때 ❷우물가에 와 보면 놀다 가라며 반갑게 웃는 나팔꽃의 모습을, 3연은 ❸동무와 놀다가 늦게 와 보니 입을 다물고 있는 나팔꽃의 모습을 표현하고 있습니다. 이를 통해 알 수 있는 이 시의 주제는 '❹아침에 피었다가 오후에 지는 나팔꽃의 모습'입니다.

어휘 다지기

2 (1)의 빈칸에는 '늘 친하게 어울리는 사람.'이라는 뜻의 '동무'가, (2)의 빈칸에는 '사람을 처음 만났을 때, 또는 편지 등에서 처음으로 하는 인사.'라는 뜻의 '첫인사'가, (3)의 빈칸에는 '우물의 가까운 둘레.'라는 뜻의 '우물가'가 들어가는 것이 알맞습니다.

어휘 키우기

3 '곱다'는 한 낱말이 여러 가지 뜻을 가진 다의어입니다. (1)에는 가루가 아주 잘다는 ㉢의 뜻이, (2)에는 모양이 산뜻하고 아름답다는 ㉠의 뜻이, (3)에는 만져 보는 느낌이 보드랍다는 ㉡의 뜻이 알맞습니다.

할아버지

1 ④ **2** (1) ① (2) ② 💡비

3 2, 10 **4** ㉮ **5** ⑤

6 ❶ 들 ❷ 가문 ❸ 할아버지

어휘 다지기

1 (1) ② (2) ① (3) ③

2 (1) 날 (2) 들 (3) 도롱이

어휘 키우기

3 (2) V

1 이 시는 할아버지가 담뱃대(비에 젖으면 불이 꺼지는 물건)를 물고 나가면 날이 개고, 도롱이(비가 올 때 입는 옷)를 입고 나가면 비가 온다는 내용으로, 마치 날씨를 예상하는 것 같은 할아버지의 신기한 행동을 표현한 시입니다.

오답 피하기 ❗

① 2연에 할아버지가 도롱이를 입고 나간다며 할아버지의 옷차림을 언급하였지만, 할아버지의 옷차림이 이 시의 주된 내용은 아닙니다.

②, ③, ⑤ 비·가뭄과 농사의 관계, 들에 나가서 바라보는 풍경, 더운 날 할아버지가 일하시는 모습 등은 이 시에 나와 있지 않습니다.

2 1연에서 할아버지가 담뱃대를 물고 들에 나가면 비가 내리는 궂은 날에도 비가 그칩니다(①). 한편, 2연에서 할아버지가 도롱이를 입고 들에 나가면 오랫동안 비가 오지 않는 가뭄 날에도 비가 내립니다(②).

3 이 시는 총 열 줄이고 두 개의 연으로 묶여 있으므로, 2연 10행으로 이루어진 시입니다.

4 이 시의 1연과 2연이 모두 5행으로 이루어져 있는 것은 맞습니다. 그러나 두 연의 행의 수가 같다고 해서 운율이 형성되는 것은 아닙니다. 운율은 소리가 같거나 비슷한 글자가 반복될 때, 또는 일정한 글자 수가 반복될 때 생깁니다.

오답 피하기 ❗

㉯ 1연과 2연에서 모두 '할아버지가', '들에 나가시니', '날도'라는 말이 반복되어 운율이 느껴집니다.

㉰ 1연과 2연의 각 행은 글자 수가 같습니다. 두 연 모두 1행과 5행은 다섯 글자, 2행과 3행은 여섯 글자, 4행은 네 글자로 되어 있습니다. 이렇게 일정한 글자 수가 반복될 때도 운율

이 생깁니다.

㉱ 1연과 2연에서 모두 '할아버지가 / ~를 ~고'와 같이 소리가 비슷한 말이 반복되어 운율이 느껴집니다.

5 무릎의 통증으로 비가 올 것을 예상하는 희우네 할머니의 모습은, 이 시에서 날씨의 변화를 미리 알고 있는 듯한 할아버지의 모습과 비슷합니다.

✎ 이 문제를 틀렸다면

시 속 할아버지의 모습이 어떠한지 생각해 봅니다.

6 이 시의 1연은 할아버지가 담뱃대를 물고 ❶ 들에 나가시면 궂은 날도 갠다는 내용이고, 2연은 할아버지가 도롱이를 입고 들에 나가시면 ❷ 가문 날에도 비가 온다는 내용입니다. 이를 통해 알 수 있는 이 시의 주제는 '날씨를 짐작하는 ❸ 할아버지의 지혜'입니다.

어휘 다지기

2 (1)의 빈칸에는 '그날그날의 비, 구름, 바람, 기온 등이 나타나는 기상 상태.'라는 뜻의 '날'이, (2)의 빈칸에는 '논이나 밭으로 되어 있는 넓은 땅.'이라는 뜻의 '들'이, (3)의 빈칸에는 '짚 등으로 엮어 허리나 어깨에 걸쳐 두르는 비옷.'이라는 뜻의 '도롱이'가 들어가는 것이 알맞습니다.

어휘 키우기

3 '물다'는 형태는 같지만 뜻이 서로 다른 동형어입니다. 제시된 문장에서 '물다'는 '윗니나 아랫니 또는 양 입술 사이에 끼운 상태로 떨어지거나 빠져나가지 않도록 다소 세게 누르다.'라는 뜻이며, 이와 같은 뜻의 '물다'가 쓰인 것은 (2)입니다. (1)에서는 '갚아야 할 것을 치르다.'라는 뜻의 '물다'가, (3)에서는 '남에게 입힌 손해를 돈으로 갚아 주거나 본래의 상태로 해 주다.'라는 뜻의 '물다'가 쓰였습니다.

낱말의 뜻 짐작하기

① 뜻을 모르는 낱말의 앞뒤 내용을 살펴보고 그 뜻을 짐작해
봅니다.
② 바꾸어 쓸 수 있는 비슷한 뜻의 낱말을 짐작하여 넣어 봅
니다.
③ 짐작한 뜻이나 낱말이 앞뒤 내용과 자연스럽게 어울리는지
확인합니다.

확인 문제 81쪽

1 (1)○ **2** 은수

1 '치명적인'의 앞에는 많은 사람이 모기에게 물려 목
숨을 잃는다는 내용이 나와 있으며, 뒤에는 이러한
질병에 걸리면 열이 나고 배가 아프며 심한 경우 사
망할 수도 있다는 내용이 이어집니다. 따라서 '치명
적인'은 '생명을 위협하는'이라는 뜻이라고 짐작할 수
있습니다.

✏️ **이 문제를 틀렸다면**
글의 첫 부분이 아니라, 뜻을 모르는 낱말의 앞뒤 내용을 살펴
보며 뜻을 짐작해 봅니다.

2 ㉢에 '일으키기'를 넣으면 어린이들이 안전하게 지
나다닐 수 있는 구역이라는 스쿨 존의 의미와 자연스
럽게 연결되지 않습니다. '방지하다'는 '어떤 일이나
현상이 일어나지 못하게 막다.'라는 뜻이고, '일으
키다'는 '일어나게 하다.'라는 뜻입니다.

🔵 **오답 피하기**
미정: 이 글에서는 어린이가 어른보다 체구(㉠)가 작아 운전자
의 눈에 잘 띄지 않는다고 하였습니다. ㉠의 자리에 '몸'을
넣어도 뜻이 통하므로, '체구'는 '몸'과 뜻이 비슷하다고 짐
작할 수 있습니다. '체구'는 '몸의 크기나 부피.'라는 뜻입
니다.
영서: ㉡의 앞에서는 어린이가 어른보다 사고가 날 위험이 크다
고 하였고, 실제로 어린이들이 다니는 등하굣길에서는 교
통사고가 빈번하게(㉡) 일어난다고 하였습니다. 따라서 '빈
번하게'는 '자주'로 바꾸어 쓸 수 있다고 짐작할 수 있습
니다. '빈번하다'는 '어떤 일이나 현상 등이 일어나는 횟수
가 많다.'라는 뜻입니다.

기적의 약, 페니실린

1 페니실린 **2** (3)×
3 ㉰, ㉣, ㉯, ㉱, ㉮ **4** 서진 💡 앞뒤

1 3문단에서 페니실린이 수많은 사람의 목숨을 구해
'기적의 약'이라 부를 정도라고 하였습니다. 따라서
제목의 ㉠에 들어갈 말은 페니실린입니다.

✏️ **이 문제를 틀렸다면**
설명하는 글의 제목에는 설명 대상이 나타나 있는 경우가 많습
니다. 이 글에서 설명하고 있는 대상이 무엇인지 찾아봅니다.

2 2문단에 플레밍이 푸른곰팡이에서 페니실린을 분리
해 냈다는 내용이 나오지만, 페니실린을 분리하는
방법은 나와 있지 않습니다.

🔵 **오답 피하기**
(1)은 1문단의 흰 곰팡이와 누룩곰팡이의 예시를 통해, (2)는
2문단의 내용을 통해 알 수 있습니다.

3 페니실린이 발견되고 널리 보급된 과정을 정리하면
다음과 같습니다. 1928년에 플레밍은 포도상 구균을
연구하다가 실험 용기에 푸른곰팡이가 핀 것을 발견
하고(㉰), 이 푸른곰팡이에서 세균을 없애는 물질인
페니실린을 분리해 냅니다(㉣). 이후 플로리와 체인
이 페니실린의 치료 효과를 검증하고(㉯), 1943년에
페니실린을 대량으로 추출하는 방법을 찾아냅니다
(㉱). 덕분에 페니실린이 항생제로 널리 보급되어(㉮)
많은 사람의 목숨을 구할 수 있었습니다.

✏️ **이 문제를 틀렸다면**
2문단과 3문단을 읽으며 일이 일어난 순서를 정리해 봅니다.

4 ㉡의 앞 문장에는 푸른곰팡이 주변에만 포도상 구
균이 죽어 있었다는 내용이 나옵니다. 또한 ㉡의 뒤
문장에서는 푸른곰팡이에서 분리해 낸 페니실린이
우리 몸에 해로운 세균을 없애 준다고 설명합니다.
이를 종합해 볼 때, ㉡에는 푸른곰팡이가 세균의 활
동을 막거나 멈추게 한다는 뜻의 낱말이 들어가야
합니다. 따라서 '억제한다는'의 뜻을 '살린다는'이라
는 뜻으로 짐작하는 것은 알맞지 않습니다. '억제
하다'의 뜻은 '정도나 한도를 넘어서 나아가려는 것
을 억눌러 멈추게 하다.'입니다.

✏️ **이 문제를 틀렸다면**
'억제한다는' 대신에 '막는다는', '살린다는', '멈추게 한다는'을 넣
어 2문단의 내용을 읽어 봅니다.

김홍도와 신윤복의 풍속화

1 (2)× ◈평범하게　2 ④　　　3 ④

4 정훈　　　　　5 (2)○

6 ❶ 서민 ❷ 강한 ❸ 인물 ❹ 양반 ❺ 가느다란

어휘 다지기

1 (1)① (2)② (3)③

2 (1)화폭 (2)통행 (3)낭만적

어휘 키우기

3 (1)채 (2)채 (3)체

---

1 풍속화는 사람들이 평범하게 생활하는 모습을 그린 그림입니다. 그런데 (2)의 그림에서는 사람들이 복장을 갖춰 입고 가마를 들고 가는, 특별한 행사의 모습이 나타나 있습니다. 이는 〈화성원행반차도〉로, 조선의 22대 왕이었던 정조가 아버지의 무덤인 현륭원으로 행차하는 풍경을 기록한 궁중 기록화입니다.

오답 피하기 ⚡

(1) 김득신의 〈파적도〉로, 집 마당에서 병아리를 물어 가는 고양이와 이를 보는 주인 부부의 모습을 그린 풍속화입니다.

(3) 신윤복의 〈단오풍정〉으로, 단옷날에 여인들이 그네를 타거나 머리를 감는 모습을 그린 풍속화입니다.

2 4문단에서 신윤복은 부드럽고 가느다란 선으로 인물과 배경을 섬세하게 묘사했다고 하였습니다.

오답 피하기 ⚡

①, ③ 2문단에서 김홍도는 인물에게 시선이 집중되도록 배경을 생략하고, 색을 거의 쓰지 않았다고 하였습니다.

② 4문단에서 신윤복은 양반들의 생활이나 사랑하는 연인 또는 여성의 모습을 즐겨 그렸다고 하였습니다.

⑤ 1문단에서 김홍도와 신윤복은 조선 시대의 풍속화를 대표하는 화가라고 하였습니다.

3 이 글은 조선 시대의 풍속화를 대표하는 두 화가인 김홍도와 신윤복이 그린 그림의 특징을 설명하는 글입니다. 두 화가 중 김홍도의 그림이 더 뛰어나다고 주장하는 내용은 나와 있지 않습니다.

오답 피하기 ⚡

① 1문단에 나타나 있습니다.

② 김홍도의 〈서당〉과 신윤복의 〈월하정인〉을 예로 들고 있습니다.

③ 이 글에서는 김홍도와 신윤복이 사용한 소재 및 표현 방식의 차이점을 알려 주고 있습니다.

⑤ 2문단에서 김홍도 그림의 특징을, 4문단에서 신윤복 그림의 특징을 나열하며 설명하고 있습니다.

4 ㉠의 앞뒤 내용을 보면 김홍도와 신윤복이 풍속화를 통해 당시 사람들의 삶을 그림으로 그렸음을 알 수 있습니다. 따라서 '묘사했다는'을 '그려서 표현했다는'으로 바꾸어도 의미상 자연스럽습니다. '묘사하다'는 '어떤 대상이나 사물, 현상 등을 언어로 서술하거나 그림을 그려서 표현하다.'라는 뜻입니다.

✏ 이 문제를 틀렸다면

'익살스럽다'와 '조심스럽다', '심리'와 '심술'의 뜻을 국어사전에서 찾아보고, 바꾸어 쓸 수 있는 낱말인지 판단해 봅니다.

5 보기 의 〈대장간〉은 조선 시대의 평범한 대장장이, 즉 서민들이 일하는 일상의 모습을 그렸다는 점에서 김홍도의 그림이라고 짐작할 수 있습니다.

✏ 이 문제를 틀렸다면

2문단과 4문단을 다시 읽으며 김홍도가 그린 풍속화와 신윤복이 그린 풍속화의 특징을 비교해 봅니다.

6 김홍도와 신윤복은 풍속화를 통해 당시 사람들의 평범한 삶을 진솔하게 묘사했다는 공통점이 있지만, 그림에서 사용한 소재나 표현 방식에서 차이를 보입니다. 김홍도의 풍속화는 ❶ 서민들이 일하거나 흥겹게 노는 일상을 소재로 삼았습니다. 또한 색을 거의 쓰지 않고, 굵고 ❷ 강한 선으로 표현하였으며, ❸ 인물에 시선이 집중되도록 배경을 생략하였습니다. 반면 신윤복은 ❹ 양반들의 생활이나 사랑하는 연인 또는 여성의 모습을 소재로 삼았습니다. 또한 화려한 색과 부드럽고 ❺ 가느다란 선을 사용하였으며, 인물과 배경을 섬세하게 묘사하였습니다.

어휘 다지기

2 (1)의 빈칸에는 '그림을 그려 놓은 천이나 종이.'라는 뜻의 '화폭'이, (2)의 빈칸에는 '어떤 곳을 지나다님.'이라는 뜻의 '통행'이, (3)의 빈칸에는 '감미롭고 감상적인 것.'이라는 뜻의 '낭만적'이 들어가는 것이 알맞습니다.

어휘 키우기

3 '채'와 '체'는 뜻이 다르지만 글자가 비슷하여 헷갈리는 말입니다. (1)에서는 고개를 숙인 상태 그대로 있다는 것이므로 '채'가 알맞습니다. (2)에서는 옷을 입은 상태 그대로 잠들었다는 것이므로 '채'가 알맞습니다. (3)에서는 자는 것처럼 꾸미는 거짓 모양을 했다는 것이므로 '체'가 알맞습니다.

실전 2

선택의 대가, 기회비용

1 선택, 기회비용   **2** ③ 💡사람

3 ㉯, ㉰   **4** ②   **5** (2) ○

6 ❶ 포기 ❷ 작은 ❸ 가치 ❹ 만족

어휘 다지기

1 (1) ③ (2) ① (3) ②

2 (1) 기로 (2) 대안 (3) 만족도

어휘 키우기

3 (2) V (3) V

---

1 이 글은 '기회비용'이라는 개념을 통해 가장 바람직한 선택을 하는 방법을 설명하고 있습니다. 즉, 이 글은 가장 바람직한 선택을 하기 위해 기회비용을 따져보는 방법을 알려 주는 글입니다.

2 4문단에 따르면 사람마다 무엇에 더 큰 가치를 부여하는지, 무엇에 더 만족을 느끼는지가 다르기 때문에 기회비용을 고려한 선택도 다르게 나타납니다. 그러므로 기회비용을 고려하면 모든 사람이 같은 선택을 하게 된다는 것은 이 글의 내용으로 알맞지 않습니다.

오답 피하기 💡

① 4문단의 두 번째 문장에서 확인할 수 있습니다.

② 3문단에서 최선의 선택은 기회비용이 가장 작은 쪽을 선택하는 것이라고 하였으므로, 기회비용이 가장 큰 선택은 바람직하지 않음을 알 수 있습니다.

④ 3문단의 예시를 통해 만족도가 더 큰 것을 선택하는 것이 현명하다는 것을 알 수 있습니다.

⑤ 2문단의 첫 번째, 두 번째 문장에서 확인할 수 있습니다.

3 3문단에서 최선의 선택(㉠)을 하기 위해서는 기회비용이 가장 작은 쪽, 즉 포기하는 것의 가치가 가장 작은 선택을 해야 한다고 하였습니다(㉯). 또한 4문단의 예시를 통해 자신에게 더 중요한 가치가 있는 것을 선택하는 것이 최선의 선택임을 알 수 있습니다 (㉰).

✎ **이 문제를 틀렸다면**

최선의 선택은 기회비용이 가장 작은 쪽을 선택하는 것임을 이해합니다. 이는 여러 가지 선택지 중에서 가치나 만족도가 가장 작은 것을 포기하고, 가치나 만족도가 가장 큰 것을 선택하는 것입니다.

4 ㉡의 앞뒤 내용을 고려하면, ㉡을 '두는지'로 바꾸어 쓰는 것이 가장 자연스럽습니다. '부여하다'는 '사람에게 권리·명예·임무 등을 지니도록 해 주거나, 사물이나 일에 가치·의의 등을 붙여 주다.'라는 의미이고, '두다'는 '중요성이나 가치 등을 부여하다.'라는 뜻입니다.

✎ **이 문제를 틀렸다면**

㉡의 자리에 ①~⑤를 넣어 읽어 봅니다.

5 보기 의 인어 공주는 다리를 가질 수 있는 물약을 마심으로써 목소리를 잃게 됩니다. 즉, 다리를 선택하고 목소리를 포기한 것입니다. 이 글에 따르면 바람직한 선택은 포기한 것보다 선택한 것의 만족도가 높은 것이므로, 인어 공주가 목소리를 가졌을 때보다 이를 포기하고 다리를 얻었을 때의 만족도가 높다면 바람직한 선택을 한 것입니다.

오답 피하기 💡

(1) 인어 공주의 선택에 따른 기회비용은 다리를 얻게 됨으로써 포기하게 되는 것, 즉 목소리입니다.

(3) 인어 공주가 고민 끝에 물약을 마셨다는 것은, 아름다운 목소리로 노래를 부르는 것보다 두 다리로 육지를 걷는 것에 더 큰 가치를 부여했음을 뜻합니다.

6 기회비용은 하나를 선택한 결과로 ❶포기해야 하는 것을 뜻합니다. 최선의 선택을 하기 위해서는 이러한 기회비용이 가장 ❷작은 쪽을 선택하는 것이 좋습니다. 그러나 사람마다 각자 무엇에 더 큰 ❸가치를 부여하는지, 무엇에 더 ❹만족을 느끼는지가 다르므로, 기회비용은 사람마다 다릅니다.

어휘 다지기

2 (1)의 빈칸에는 '갈림길이라는 뜻으로, 어느 한쪽을 선택해야 할 상황을 비유적으로 이르는 말.'이라는 뜻의 '기로'가 들어가야 합니다. (2)의 빈칸에는 '어떤 일에 대처할 방안.'이라는 뜻의 '대안'이 들어가야 합니다. (3)의 빈칸에는 '만족을 느끼는 정도.'라는 뜻의 '만족도'가 들어가는 것이 알맞습니다.

어휘 키우기

3 '때 시(時)'가 사용된 낱말은 (2)의 '시세(時勢)'와 (3)의 '당시(當時)'입니다. (1)의 '표시(表示)'는 '보일 시(示)'가 사용된 낱말입니다.

이어 주는 말 짐작하기

① 이어 주는 말의 앞 문장과 뒤 문장이 어떻게 연결되는지 살펴봅니다.

② 앞뒤 문장을 자연스럽게 이어 주는 말이 무엇일지 짐작해 봅니다.
- 앞 문장의 내용과 비슷한 내용이 연결될 때 → 그리고
- 앞 문장의 내용과 반대되는 내용이 연결될 때 → 그러나, 하지만
- 앞 문장이 원인이고 뒤 문장이 결과일 때 → 그래서, 그러므로, 따라서
- 앞 문장이 결과이고 뒤 문장이 원인일 때 → 왜냐하면

확인 문제
93쪽

1 성원   **2** 하지만

1 ㉠의 앞 문장에서는 바흐와 헨델이 독일에서 태어났음을 설명하였고, ㉠의 뒤 문장에서는 바흐와 헨델이 말년에 시력을 잃었음을 설명하였습니다. 즉 ㉠의 앞뒤 내용이 모두 바흐와 헨델의 공통점에 관한 것이므로, ㉠에는 앞 문장의 내용과 비슷한 내용이 연결될 때 이어 주는 말인 '그리고'가 들어가는 것이 알맞습니다.

오답 피하기
희수: '따라서'는 앞 문장이 원인이고 뒤 문장이 결과일 때 이어 주는 말입니다.

2 ㉡의 앞 문장은 바흐가 일생을 독일의 작은 마을에서 소박하게 살았다는 내용이고, ㉡의 뒤 문장은 바흐와 달리 헨델은 여러 나라를 오가며 다채롭게 살았다는 내용입니다. 따라서 ㉡에는 앞 문장의 내용과 반대되는 내용이 연결될 때 이어 주는 말인 '하지만'이 들어가야 합니다.

이 문제를 틀렸다면
뒤 문장의 내용이 앞 문장의 내용과 반대될 때는 '그러나', '하지만' 등의 이어 주는 말이 들어가야 함을 이해합니다.

녹음된 목소리가 이상한 이유

1 (3) ○   **2** ④   **3** 예지 💡뼈

4 ③

1 이 글에서는 여러 가지 사례를 들어 소리가 발생하고 전달되는 원리를 설명하고 있습니다.

2 3문단에 따르면, 실 전화기와 수중 발레는 공기와 같은 기체가 아닌 고체나 액체를 통해 소리가 전달되는 대표적인 사례입니다. 실 전화기에서는 고체인 실을 통해 소리가 전달되고, 수중 발레에서는 액체인 물을 통해 소리가 전달됩니다.

이 문제를 틀렸다면
①은 2문단을, ②는 3문단을, ③과 ⑤는 4문단을 읽으며 확인해 봅니다.

3 내가 듣는 목소리에는 공기의 진동을 통해 밖으로 퍼져 나가는 소리와, 얼굴에 있는 뼈를 진동시켜 직접 귀로 전달되는 소리가 합쳐져 있습니다. 그러나 다른 사람은 녹음기에 녹음된 목소리와 같이 공기의 진동을 통해 밖으로 퍼져 나가는 소리만 들을 수 있습니다. 따라서 다른 사람이 듣는 내 목소리는 녹음기에 녹음된 목소리와 비슷할 것입니다.

오답 피하기
영훈: 소리는 물체가 떨리면서 발생하고, 실 전화기는 고체인 실을 통해 소리가 전달됩니다. 따라서 실 전화기에 대고 말을 할 때 소리가 전달되는 물체인 실을 손으로 만지면 떨림이 느껴질 것입니다.
수연: 소리는 기체, 고체, 액체와 같은 물질을 통해 전달됩니다. 따라서 아무런 물질이 없는 우주에서는 소리가 다른 사람에게 전달되지 못할 것입니다.

4 ㉠의 앞 문장은 물체가 떨리면서 소리가 만들어진다는 내용이고, ㉠의 뒤 문장은 소리가 나는 물체에서 떨림이 느껴진다는 내용입니다. 또 ㉡의 앞 문장은 말하는 사람은 공기와 얼굴 뼈를 통해 전달된 소리를 합쳐서 듣지만 녹음기는 공기를 통해 전달되는 소리만 기록한다는 내용이고, ㉡의 뒤 문장은 녹음된 목소리와 스스로 듣는 목소리가 다르게 느껴진다는 내용입니다. ㉠과 ㉡ 모두 앞 내용이 원인이 되어 뒤의 결과로 이어지는 것이므로 '그래서'가 들어가는 것이 알맞습니다.

금속 활자의 발명과 '직지'

1 금속 활자   **2** ㉯, ㉣   **3** ③ 💡 프랑스

4 ⑤   **5** (2) ✕

6 ❶ 고려 ❷ 활자 ❸ 직지 ❹ 흥덕사 ❺ 유네스코

어휘 다지기

1 (1) ③ (2) ② (3) ①

2 (1) 비약적 (2) 골동품 (3) 실물

어휘 키우기

3 (1) ㉢ (2) ㉠ (3) ㉡

---

1 이 글에서는 우리나라가 세계 최초로 발명한 금속 활자와, 이를 이용해 만든 현존하는 가장 오래된 금속 활자 책인 『직지』에 대해 설명하고 있습니다.

2 2문단에 따르면 금속 활자는 각각의 활자들을 내용에 맞게 조합한 뒤(㉯), 먹물을 발라 종이에 찍어 내는 방식으로 사용합니다. 한편 1234년 무렵 『상정고금예문』을 금속 활자로 찍었다는 기록을 통해 고려가 1200년대에 금속 활자를 만들어 사용했음을 알 수 있습니다(㉣).

오답 피하기 ❗

㉮ 금속 활자는 금속 위에 글자를 하나씩 볼록하게 새긴 것입니다(2문단).

㉰ 우리 조상인 고려 시대 사람들은 독일의 구텐베르크보다 200여 년이나 앞서 금속 활자를 발명하였습니다(1문단).

3 4문단에서 『직지』는 130여 년 전 한국에 있던 프랑스 대사가 프랑스로 가져갔고, 이후 골동품 수집가가 이를 소장하고 있다가 프랑스 국립 도서관에 기증하여 지금도 프랑스 국립 도서관이 소유하고 있다고 하였습니다. 따라서 『직지』를 현재 프랑스의 골동품 수집가가 소장하고 있다는 설명은 알맞지 않습니다.

4 ㉠의 앞 문장은 1234년 무렵에 『상정고금예문』을 금속 활자로 찍었다는 기록이 남아 있다는 내용이고, ㉠의 뒤 문장은 이 책이 실물로 전해지지 않는다는 내용입니다. 기록에는 남아 있지만, 실제로는 전해지지 않는다는 반대의 내용이 이어지고 있으므로 ㉠에는 '그러나' 또는 '하지만'이 들어가야 합니다. 한편 ㉡의 앞 문장은 『직지』가 현재 프랑스에 있다는 내용이고, ㉡의 뒤 문장은 『직지』가 프랑스에 있게 된 까

닭에 대한 내용입니다. 뒤 문장이 앞 문장의 원인이므로 ㉡에는 '왜냐하면'이 들어가야 합니다.

✏️ **이 문제를 틀렸다면**

'그리고', '그래서', '그러므로'는 앞뒤 문장이 어떤 관계일 때 이어 주는 말인지 확인해 봅니다.

5 이 글의 2문단에서 금속 활자가 고려 시대인 1200년대에 발명되었으며, 금속 활자는 새로운 책을 만들 때 기존의 활자를 사용할 수 있어서 편리했다고 하였습니다. 한편 **보기**에서는 목판 인쇄술이 조선 시대에 들어서도 널리 사용되었으며, 새로운 책을 만들 때 글자를 새로 새겨야 하고 오래 보관하기 어려운 단점이 있다고 하였습니다. 따라서 금속 활자가 목판보다 편리한 것은 맞지만, 목판 인쇄술이 금속 활자가 발명된 고려 시대 이후에는 사용되지 않았을 것이라는 짐작은 알맞지 않습니다.

오답 피하기 ❗

(1) 금속 활자는 나무가 아닌 금속으로 만들어졌으므로 갈라지고 휘어지는 단점은 없었을 것이라고 짐작할 수 있습니다.

(3) 2문단에서 금속 활자로 새로운 책을 만들 때 기존의 활자를 다시 조합하여 사용한다고 하였으므로 활자를 새로 새길 필요가 없었을 것이라고 짐작할 수 있습니다.

6 ❶고려 시대 사람들은 독일의 구텐베르크보다 200여 년 앞서, 금속 위에 글자를 하나씩 새긴 금속 ❷활자를 발명하였습니다. 현재 전해 내려오는 가장 오래된 금속 활자 책은 『❸직지』로, 1377년 청주의 ❹흥덕사에서 간행되었습니다. 『직지』는 그 가치를 인정받아 ❺유네스코 세계 기록 유산으로 등재되었으나, 현재 우리나라가 아닌 프랑스에 있습니다.

어휘 다지기

2 (1)의 빈칸에는 '지위나 수준 등이 갑자기 빠른 속도로 높아지거나 더 나아지는 것.'이라는 뜻의 '비약적'이, (2)의 빈칸에는 '오래되었거나 희귀한 옛 물건.'이라는 뜻의 '골동품'이, (3)의 빈칸에는 '실제로 있는 물건이나 사람.'이라는 뜻의 '실물'이 들어가는 것이 알맞습니다.

어휘 키우기

3 '대사'는 형태는 같지만 뜻이 서로 다른 동형어입니다. (1)에는 연극에서 배우가 하는 말이라는 ㉢의 뜻이, (2)에는 중요한 일이라는 ㉠의 뜻이, (3)에는 다른 나라에 파견되어 외교를 맡아보는 사람이라는 ㉡의 뜻이 알맞습니다.

코끼리 똥의 변신

1 ②   **2** ㉰, ㉮, ㉯, ㉱   **3** 연주

4 (2)○ 🔆 환경   **5** (3)×

6 ❶ 종이 ❷ 섬유질 ❸ 멸균 ❹ 친환경적

어휘 다지기

1 (1)③ (2)② (3)①

2 (1) 원료 (2) 서식지 (3) 질감

어휘 키우기

3 (1) 부수고 (2) 부술 (3) 부셨다

---

1 3문단에 코끼리의 소화 능력이 떨어진다는 언급이 있기는 하지만, 소화 능력이 떨어지는 까닭에 대한 설명은 이 글에 나와 있지 않습니다.

오답 피하기 ❗

① 코끼리 똥 종이는 한지와 비슷한 질감입니다(4문단).

③ 스리랑카의 한 기업은 코끼리와 인간이 공존하기 위해 코끼리 똥으로 종이를 만들어 파는 방법을 고안하였습니다(2문단).

④ 사람들이 개발을 위해 코끼리의 서식지인 숲을 파괴하자, 먹이가 부족해진 코끼리가 사람들이 사는 곳으로 내려왔습니다(1문단).

⑤ 코끼리 똥 종이는 나무를 자르지 않고 화학 약품도 전혀 사용하지 않아 친환경적인 종이로 주목받고 있습니다(5문단).

2 코끼리 똥 종이를 만드는 과정은 4문단에서 확인할 수 있습니다. 먼저 코끼리 똥을 모아 햇볕에 바짝 말리고(㉰), 하루 종일 삶아서 멸균합니다(㉮). 이 과정에서 죽처럼 걸쭉해진 똥의 섬유질을 체로 거른 뒤(㉯), 얇게 펴서 말리면(㉱) 종이가 완성됩니다.

3 ㉠의 앞 문장은 스리랑카의 한 기업에서 사람들이 코끼리 똥을 주워 와 종이를 만드는 일을 했다는 내용이고, ㉠의 뒤 문장은 이들이 코끼리 똥 종이로 다양한 제품을 만들어 판매하는 일도 했다는 내용입니다. ㉠의 앞뒤 내용 모두 코끼리 똥 종이를 만드는 기업에서 사람들이 하는 일을 설명하고 있으므로, 비슷한 내용을 이어 주는 말인 '그리고'가 들어가야 합니다.

4 ㉡에는 코끼리와 환경 두 가지를 모두 살릴 수 있다는 코끼리 똥 종이의 효과와 관련된 사자성어가 들어가야 합니다. 따라서 ㉡에는 한 가지 일을 해서 두 가지 이익을 얻는다는 말인 '일석이조(一石二鳥)'가

들어가는 것이 알맞습니다.

5 이 글에 따르면 코끼리 똥으로 종이를 만들 수 있는 것은 코끼리가 먹이 속 섬유질을 흡수하지 못해 똥으로 배출하기 때문입니다. 그런데 보기 에서 자이언트 판다의 똥으로도 종이를 만든다고 하였으므로, 자이언트 판다 역시 코끼리처럼 섬유질이 풍부한 먹이를 먹지만 섬유질을 잘 흡수하지 못해 많은 양의 섬유질을 똥으로 배출할 것입니다. 따라서 자이언트 판다가 섬유질을 잘 소화할 것이라는 짐작은 알맞지 않습니다.

🖋 **이 문제를 틀렸다면**

3문단에서 코끼리 똥으로 종이를 만들 수 있는 까닭을 확인하여 자이언트 판다의 경우와 비교해 봅니다.

6 스리랑카에서 코끼리와 인간 사이에 갈등이 심화되자, 한 기업이 코끼리와 인간의 공존을 위해 코끼리 똥으로 ❶종이를 만들어 파는 방법을 고안했습니다. 코끼리는 먹은 ❷섬유질을 흡수하지 못하고 대부분 똥으로 배출하기 때문에 코끼리 똥으로 종이를 만들 수 있습니다. 코끼리 똥을 모아 말리고 삶아서 ❸멸균하고, 체에 거른 뒤 얇게 펴서 말리면 종이가 만들어집니다. 이러한 코끼리 똥 종이는 나무를 자르지 않고 화학 약품을 사용하지 않아 ❹친환경적인 종이로 주목받고 있습니다.

어휘 다지기

2 (1)의 빈칸에는 '어떤 물건을 만드는 데 들어가는 재료.'라는 뜻의 '원료'가, (2)의 빈칸에는 '생물이 자리를 잡고 사는 곳.'이라는 뜻의 '서식지'가, (3)의 빈칸에는 '어떤 재료에서 느껴지는 독특한 느낌.'이라는 뜻의 '질감'이 들어가는 것이 알맞습니다.

어휘 키우기

3 '부수다'와 '부시다'는 뜻이 다르지만 글자가 비슷하여 헷갈리는 말입니다. (1)에서는 화분을 깨뜨려 못 쓰게 만든 것이므로 '부수고'가 알맞습니다. (2)에서는 자물쇠를 깨뜨려 못 쓰게 만든 것이므로 '부술'이 알맞습니다. (3)에서는 빛이 강하여 똑바로 보기 어려운 것이므로 '부셨다'가 알맞습니다.

이야기의 분위기 파악하기

① 이야기의 배경이 되는 시간과 장소, 인물이 처한 상황이 주는 느낌을 생각해 봅니다.
② 이야기의 분위기가 드러나는 인물의 말과 행동, 마음과 생각 등을 찾아봅니다.

확인 문제
105쪽

1 ㉠

2 (2)○

1 ㉠은 로빈슨이 친구를 따라가서 배의 선원이 되었다는 단순한 정보로, 이를 통해 글의 분위기를 짐작하기는 어렵습니다.

오답 피하기

ⓒ 세찬 바람이 불고 배를 삼킬 듯 파도가 휘몰아쳤다는 것은 배에 타고 있는 로빈슨이 처한 위험한 상황을 보여 주므로, 이 글의 분위기를 짐작할 수 있는 단서입니다.

ⓒ 함께 배를 타고 있던 사람들이 모두 죽고 외딴섬에 로빈슨만 홀로 살아남은 상황은 이 글의 분위기를 짐작할 수 있는 단서입니다.

ⓔ 섬에 사람들이 사는지 찾다가 그곳이 무인도라는 사실을 깨닫게 된 로빈슨이 자신이 곧 무인도에서 홀로 죽게 될 것이라고 생각하는 내용은 이 글의 분위기를 짐작할 수 있는 단서입니다.

2 아프리카로 향하는 배에 탄 로빈슨은 갑자기 바람이 불고 파도가 휘몰아치자, 두려움에 떨다가 정신을 잃었습니다. 어떤 섬의 해변에서 눈을 뜬 로빈슨은 자신만 살아남았다는 것과 이 섬이 아무도 살지 않는 무인도라는 사실을 깨달았습니다. 로빈슨은 무인도에서 혼자 죽게 될 것이라고 생각하며 절망했고, 항해를 반대했던 아버지께 미안한 마음이 들어 눈물을 흘렸습니다. 이러한 로빈슨의 상황과 이야기의 배경을 통해 이 글의 분위기가 무섭고 절망적임을 짐작할 수 있습니다.

✏️ **이 문제를 틀렸다면**

로빈슨이 무인도에서 눈을 뜬 뒤에 어떤 감정에 빠졌다고 했는지 찾아봅니다.

심청전

1 눈, 삼백

2 ③ 💡수레

3 ②, ⑤

4 민정

1 이 글에서 심청은 아버지 심 봉사가 쌀 삼백 석을 절에 시주하기로 약속한 것을 알게 된 뒤, 심 봉사의 눈을 뜨게 하기 위해 쌀 삼백 석을 받고 뱃사람들에게 제물로 팔려 가게 된 상황에 처해 있습니다.

2 이 글에서 심청이 큰 수레를 타고 뱃사람들과 함께 떠나는 장면은 나오지 않습니다. 심청이 큰 수레를 타고 어디론가 한없이 가는 것은 심 봉사가 꾼 꿈의 내용입니다.

✏️ **이 문제를 틀렸다면**

심청이 실제로 한 일과 심 봉사의 꿈에 나와 한 일을 구분해 봅니다.

3 심청은 자신을 뱃사람들에게 제물로 팔아 쌀 삼백 석을 구했지만, 심 봉사에게는 장 승상 댁 부인의 수양딸이 되기로 하고 쌀 삼백 석을 받았다고 거짓말을 했습니다(ⓒ). 또한 심청은 자기가 큰 수레를 타고 어디론가 가는 심봉사의 꿈이 자신이 죽을 꿈인 줄 짐작했지만, 심 봉사에게는 좋은 꿈이라며 둘러댔습니다(ⓜ).

4 심청은 자신이 떠난 뒤 홀로 남을 아버지가 걱정되어 슬픔에 빠졌습니다. 그리고 눈이 안 보이는 아버지가 혼자서도 살아갈 수 있도록 옷을 짓고, 주변을 정리하며 떠날 준비를 했습니다. 제물로 팔려 가기 전날 밤, 심청은 잠든 아버지를 바라보며 숨죽여 울었습니다. 이러한 심청의 상황과 행동을 통해 슬프고 안타까운 분위기를 느낄 수 있습니다.

오답 피하기

정후: 뱃사람들이 마당에 모여 심청을 부른 까닭은 심청을 제물로 데려가기 위해서입니다. 따라서 활기차고 즐거운 분위기가 느껴진다는 짐작은 알맞지 않습니다.

혜수: 심 봉사는 떠나려는 심청에게 가지 말라며 통곡하였습니다. 심청에게 화를 낸 것이 아니므로 다급하고 무서운 분위기가 느껴진다는 짐작은 알맞지 않습니다.

시턴 동물기

1 ① 💡워브 **2** ② **3** ㉰

4 (3)○ **5** (1)① (2)③ (3)②

6 ❶여름 ❷낮잠 ❸황소 ❹피킷 ❺뒷발

어휘 다지기

1 (1)① (2)② (3)③

2 (1)연거푸 (2)통증 (3)맏이

어휘 키우기

3 (1)거름 (2)걸음 (3)걸음

---

1 이 글은 회색곰 워브가 엄마와 세 형제를 잃고 홀로 살아남아 숲으로 달아나는 내용을 담고 있습니다. 따라서 이 글의 제목으로 가장 알맞은 것은 '혼자가 된 워브'입니다.

오답 피하기 💬
⑤ 이 글의 앞부분에 워브 가족의 평화로운 일상이 나오지만, 이것이 글 전체를 대표하는 내용은 아닙니다.

2 이 글의 마지막 부분을 보면, 피킷의 총에서 총알이 튀어나온 뒤에 워브는 뒷발이 떨어져 나가는 듯 아팠다고 하였습니다. 이를 통해 워브는 피킷이 쏜 총에 뒷발을 맞았음을 알 수 있습니다.

오답 피하기 💬
① 피킷이 자신이 키우는 황소들 중 한 마리가 다친 것을 보았다고 하였으므로, 피킷은 황소를 여러 마리 키우고 있음을 알 수 있습니다.
③ 강둑 아래로 떨어진 것은 네 마리의 새끼 곰 중 맏이인 워브가 아니라 막내 곰입니다.
④ 어미 곰이 막내 곰에게 달려드는 황소의 등을 주먹으로 내리쳤습니다.
⑤ 피킷을 발견한 어미 곰은 새끼 곰들을 데리고 숲으로 달아나려 했습니다.

3 피킷은 자신이 키우는 황소가 다친 것을 보고 "회색곰의 짓이군."이라고 말했습니다. 이를 통해 피킷은 회색곰이 자신의 황소를 다치게 했다고 생각해서 총을 챙겨 강둑으로 달려갔음을 알 수 있습니다.

4 이 글은 워브의 가족들이 언덕에서 평화로운 시간을 보내는 내용으로 시작하여, 피킷이 쏜 총에 맞아 워브의 형제들과 어미 곰이 모두 죽는 내용으로 이어집니다. 이러한 흐름에 따라 이 글의 초반부에서는 평화로운 분위기가 느껴지고, 후반부에서는 급박하고 비극적인 분위기가 느껴집니다.

5 ㉠은 회색곰이 자신의 황소를 다치게 했다는 사실을 안 피킷이 회색곰들을 발견하고 총을 거머쥐는 내용으로, 이때 피킷은 회색곰을 해치우겠다는 생각(①)을 했을 것입니다. ㉡은 어미 곰이 피킷의 총에 맞고도 새끼 곰들을 살피는 내용으로, 이때 어미 곰은 자신이 다친 것보다 새끼들을 지켜야 한다는 생각(③)을 했을 것입니다. 마지막으로 ㉢은 엄마와 형제들이 모두 죽은 것을 본 워브가 그 곁을 떠나지 못하고 주위를 맴도는 내용으로, 이때 워브는 당황스럽고 무섭다는 생각(②)을 했을 것입니다.

🖋 **이 문제를 틀렸다면**
인물의 생각과 나의 생각은 다를 수 있습니다. 인물이 한 말과 행동을 통해 생각을 짐작해 봅니다.

6 ❶여름이 시작될 무렵, 회색곰 워브의 가족들이 강가에서 한가로운 시간을 보내고 있었습니다. 그런데 ❷낮잠을 자고 일어난 막내 곰이 형제들과 장난을 치다가 강둑 아래로 굴러떨어졌고, 황소가 막내 곰을 향해 달려들었습니다. 이를 본 어미 곰이 막내 곰을 향해 달려드는 ❸황소를 내리쳐서 쫓아냈습니다. 얼마 후, 황소의 주인인 ❹피킷이 강둑으로 달려가 워브의 가족들에게 총을 쏘았습니다. 피킷의 총에 가족들이 모두 죽고 혼자 살아남은 워브는 총에 맞아 피가 흐르는 ❺뒷발을 끌며 숲으로 달아났습니다.

어휘 다지기

2 (1)의 빈칸에는 '여러 번 계속해서.'라는 뜻의 '연거푸'가, (2)의 빈칸에는 '아픈 증세.'라는 뜻의 '통증'이, (3)의 빈칸에는 '여러 형제자매 가운데 첫 번째로 태어난 사람.'이라는 뜻의 '맏이'가 들어가는 것이 알맞습니다.

어휘 키우기

3 '거름'과 '걸음'은 뜻이 다르지만 글자가 비슷하여 헷갈리는 말입니다. (1)에서는 오이가 잘 자라도록 땅에 뿌린 것이므로 '거름'이 알맞습니다. (2)에서는 횡단보도 앞에서 두 발을 번갈아 옮겨 놓는 동작을 멈춘 것이므로 '걸음'이 알맞습니다. (3)에서는 아기가 두 발을 번갈아 옮겨 놓는 동작을 한 것이므로 '걸음'이 알맞습니다.

할머니는 우리 편

1 (4)○   **2** ② ❓방   **3** ㉰

4 ③   **5** ④

6 ❶ 이사 ❷ 들판 ❸ 할머니 ❹ 자연

어휘 다지기

1 (1) ① (2) ③ (3) ②

2 (1) 한바탕 (2) 생기 (3) 너울너울

어휘 키우기

3 (1) V

---

1 이 글의 주인공 '나'는 삼 학년 때 이사한 동네에서 할머니와 들판을 산책하며 경험한 일과 그때 느낀 속마음을 이야기하고 있습니다.

2 "할머니와 나는 서로 딴 방을 쓰게 된 것을 잠깐 언짢아했을 뿐"이라는 내용을 통해 '내'가 할머니와 방을 같이 쓰고 싶어 했다는 것을 알 수 있습니다.

오답 피하기 ❗

① 할머니가 '나'에게 건넨 "길수야, 난 이곳이 좋구나."라는 말에서 '나'의 이름이 '길수'임을 알 수 있습니다.

③ '나'는 어른들의 말 때문에 호박꽃이 미운 꽃인 줄 알았지만, 실제로 보고 나서 아주 환하고 예쁜 꽃이라고 생각했습니다.

④ '내'가 삼 학년 때 '나'의 가족은 엄마의 소원이었던 방 네 개짜리 아파트로 이사를 했습니다.

⑤ 할머니와 '나'는 저녁나절이나 이른 새벽에 손잡고 들판을 산책하기를 즐겼습니다.

3 이 글에서 '내'가 할머니를 "훌륭한 자연 선생님"이라고 한 것은 할머니가 실제로 자연 선생님이라서가 아니라, 마치 선생님처럼 자연 책에도 없는 온갖 풀에 대해 알고 계셨기 때문입니다. 따라서 할머니가 동네에 있는 들판에서 자연 선생님으로 일했다는 것은 이 글을 읽고 알 수 있는 내용이 아닙니다.

오답 피하기 ❗

㉠ "엄마의 소원은 내가 삼 학년 때 이루어져서 우리는 또 이사를 하게 되었습니다. 방이 하나 더 늘어나서 방 네 개짜리 아파트로 말입니다."에서 알 수 있습니다.

㉡ 이사 온 동네의 들판에서 할머니가 "오래간만에 흙냄새, 풀냄새를 맡으니 살 것 같구나. 이곳 경치는 할머니가 태어난 시골만은 못하지만"이라고 말한 것을 통해 알 수 있습니다.

㉣ "이번 아파트는 앞으로도 뒤로도 아파트만 보이는 그런 답답한 동네가 아니고"에서 알 수 있습니다.

4 할머니는 '내'가 좋아하는 것은 뭐든지 같이 좋아해 주셨고, '나'와 함께 손을 잡고 들판을 산책하며 들판의 풀과 채소에 대해 자세히 알려 주셨습니다. 이를 통해 할머니가 다정한 성격임을 짐작할 수 있습니다.

✏️ **이 문제를 틀렸다면**

할머니의 말과 행동을 통해 할머니가 어떤 성격인지 짐작해 봅니다.

5 '나'는 할머니와 들판을 산책하며 토끼풀과 사금파리가 어떻게 다른가는 그림으로는 구별할 수 없다는 것을 알게 되었다고 하였습니다. 하지만 토끼풀과 사금파리를 구별하기 어려워하는 '나'의 모습은 이 글에 나와 있지 않으며, 만약 나와 있다 하더라도 이를 통해 글의 분위기를 짐작하기는 어렵습니다.

✏️ **이 문제를 틀렸다면**

①~⑤에 제시된 각각의 모습을 떠올리며 어떤 느낌이 느껴지는지 확인해 봅니다.

6 '나'는 삼 학년 때 넓은 들판과 작은 집들과 산들이 보이는 새집으로 ❶이사를 했습니다. '나'는 저녁나절이나 이른 새벽에 할머니와 ❷들판을 산책하곤 했습니다. '나'는 이곳이 좋아 오래오래 살고 싶다고 말하는 ❸할머니를 보며 좋아했고, 훌륭한 ❹자연 선생님인 할머니에게 풀과 채소와 꽃에 대해 배웠습니다. 이렇게 할머니와 함께 들판을 산책하고 나면 '나'는 마음이 상쾌해지는 것을 느낄 수 있었습니다.

어휘 다지기

2 (1)의 빈칸에는 '크게 한 번.'이라는 뜻의 '한바탕'이, (2)의 빈칸에는 '활발하고 건강한 기운.'이라는 뜻의 '생기'가, (3)의 빈칸에는 '물결이나 큰 천, 나뭇잎 등이 부드럽고 느리게 흔들거리며 자꾸 움직이는 모양.'이라는 뜻의 '너울너울'이 들어가는 것이 알맞습니다.

어휘 키우기

3 '달리다'는 형태는 같지만 뜻이 서로 다른 동형어입니다. 제시된 문장에서 '달리다'는 '열매가 맺히다.'라는 뜻이며, 이와 같은 뜻의 '달리다'가 쓰인 것은 (1)입니다. (2)에서는 '뛰어서 빨리 가거나 오다.'라는 뜻의 '달리다'가, (3)에서는 '재물이나 기술, 힘 등이 모자라다.'라는 뜻의 '달리다'가 쓰였습니다.

인물의 행동 평가하기

① 이야기 속 인물이 어떤 상황에서 어떤 행동을 했는지 파악합니다.

② 인물이 그렇게 행동한 까닭을 생각해 보고, 적절한 이유를 들어 인물의 행동을 평가해 봅니다.

확인 문제
117쪽

1 (1)○ **2** 수민

1 농부는 세 아들의 게으름을 걱정했습니다. 농사가 잘되려면 포도밭을 파헤쳐서 땅을 부드럽게 만들어야 하는데, 아들들이 게을러 포도밭을 돌보지 않을 것 같았기 때문입니다. 그런데 농부가 ㉠과 같이 말하자, 세 아들은 열심히 포도밭을 파헤쳤습니다. 따라서 농부는 게으른 세 아들이 포도밭을 열심히 파헤치도록 하기 위해 ㉠과 같이 말했을 것입니다.

✎ **이 문제를 틀렸다면**
농부의 말을 들은 세 아들이 어떤 행동을 했는지 생각하며 농부가 ㉠과 같이 말한 의도를 짐작해 봅니다.

2 농부는 죽기 전에 '포도밭에 보물을 숨겨 놓았다'는 말을 남겼고, 이 말을 들은 세 아들은 포도밭을 열심히 파헤쳤습니다. 그해 여름, 포도밭에는 탐스러운 포도가 가득 열렸습니다. 이렇듯 열심히 일해 값진 결과를 얻는 과정을 경험하게 함으로써 세 아들이 지난날을 반성하고 부지런히 농사짓게 만든 농부의 행동은 현명하다고 평가할 수 있습니다.

오답 피하기 💡
누리: 농부가 포도밭에 숨겨 놓았다고 말한 보물은 보석과 같은 재물이 아니라 '부지런히 일해서 성과를 얻는 경험'이었습니다. 따라서 농부가 세 아들에게 보물을 숨긴 사실을 털어놓았다고 이해하는 것이나 농부의 행동이 어리석다고 평가하는 것은 알맞지 않습니다.

홍길동전

1 ③ 💡사고 **2** ㉯ **3** (2)○
4 연희

1 홍길동이 함경도 감사에게 남문에 불을 낼 것임을 경고했다는 내용은 이 글에 나와 있지 않습니다. 이는 함경도 감사가 불이 났다는 소리에 깜짝 놀라고 크게 당황한 것에서도 알 수 있습니다.

✎ **이 문제를 틀렸다면**
①~⑤의 내용이 나타난 부분을 글에서 찾아 밑줄을 그어 봅니다.

2 홍길동은 자신을 따르는 무리에 '활빈당'이라는 이름을 붙이고, 조선 팔도를 돌아다니며 마을의 나쁜 관리들이 부정한 방법으로 모은 재산을 빼앗아 가난한 사람들에게 나누어 주었습니다. 따라서 ㉠의 내용으로 가장 알맞은 것은 ㉯입니다.

오답 피하기 💡
㉮ 활빈당은 나라의 재산과 착한 백성들의 재물에는 손대지 않았습니다.
㉰ 활빈당은 백성들을 괴롭히고 부정한 방법으로 모은 재물을 빼앗아 가난한 사람들에게 나누어 주었습니다.

3 이 글에서 홍길동은 백성을 괴롭히는 관리들만 골라 재물을 빼앗았습니다. 따라서 이 글의 뒤에는 팔도로 흩어진 여덟 명의 길동이 곳곳에서 나쁜 관리들의 재물을 훔치는 내용이 이어질 것입니다.

오답 피하기 💡
(1) 홍길동은 함경도 감사의 재물을 빼앗은 것을 반성하고 있지 않으므로, 이 글의 뒷이야기로 여덟 명의 길동이 함경도 감사에게 사과하는 내용이 이어지는 것은 알맞지 않습니다.

4 홍길동은 재물을 챙겨서 혼자 달아나지 않았고, 군사들에게 들키지 않도록 부하들을 데리고 도술을 써서 거처로 돌아왔습니다.

오답 피하기 💡
명민: 나쁜 관리들의 재물을 빼앗아 가난한 백성들에게 나누어 준 것이 정의로운 일일지라도, 이를 위해 도둑질을 한 것은 옳지 못하다고 평가할 수 있습니다.

목걸이

1 (3) ◯   **2** ② 💡초대장

3 ①, ⑤   **4** ㉯   **5** 영미

6 ❶목걸이 ❷거울 ❸돈 ❹10년 ❺가짜

어휘 다지기

1 (1)② (2)③ (3)①

2 (1) 밤낮없이 (2) 빚 (3) 턱없이

어휘 키우기

3 (1) V (3) V

---

1 이 글에서 마틸다는 필요 이상으로 겉을 화려하게 꾸미다가 곤경에 빠졌습니다. 따라서 이 글의 교훈으로 알맞은 것은 '허영심을 채우기 위한 행동은 불행을 불러온다.'입니다.

2 마틸드의 남편은 마틸드가 호화로운 파티의 초대장을 받으면 손뼉을 치며 기뻐할 것이라고 기대했습니다. 그러나 남편의 기대와 달리 마틸드는 초대장을 던지며 파티에 입고 갈 옷이 없다고 불평했습니다.

   오답 피하기 💡

① 마틸드 부부는 새 다이아몬드를 사며 진 빚을 갚기 위해 살던 집을 팔고 다락방으로 이사했습니다.

③ 마틸드는 파티에 가기 위해 비싼 옷을 사고 친구 포레스티에에게 다이아몬드 목걸이를 빌렸습니다.

④ 마틸드는 가난했지만, 자신이 비싸고 좋은 것들을 누리기 위해 태어났다고 생각했습니다.

⑤ 화려하게 꾸민 마틸드는 파티의 주인공이 되었지만, 파티가 끝난 뒤에는 남편과 함께 낡은 마차를 타고 집으로 돌아와야 했습니다.

3 마틸드는 친구인 포레스티에에게 빌린 비싼 목걸이가 없어진 것을 알게 된 상황에서 비명을 지르며 ㉠과 같이 말했으므로, 놀라고 당황스러운 마음이 들었을 것입니다.

   ✏️ **이 문제를 틀렸다면**

마틸드가 어떤 상황에서 ㉠과 같은 말을 했는지 살펴봅니다.

4 ㉡은 마틸드가 우연히 포레스티에를 만나 예전에 빌렸던 다이아몬드 목걸이에 얽힌 사연을 이야기하는 부분입니다. 따라서 ㉡에는 마틸드가 다이아몬드 목걸이를 새로 사기 위해 돈을 빌렸고, 그 돈을 갚기 위해 꼬박 10년 동안 밤낮없이 일했다는 내용이 들

어갈 것이라고 짐작할 수 있습니다.

   오답 피하기 💡

㉮ 마틸드는 남편과 함께 10년 동안 밤낮없이 일하며 빚을 갚았습니다.

㉰ 마틸드는 돈을 빌려 진짜 다이아몬드 목걸이를 사서 포레스티에에게 돌려주었습니다. 또 두 사람은 어느 날 우연히 만났을 뿐, 마틸드가 포레스티에를 피해 다녔던 것은 아닙니다.

5 마틸드는 가난하게 살고 있었음에도 호화로운 파티에 참석하기 위해 형편에 맞지 않는 비싼 옷을 사고 친구에게 다이아몬드 목걸이를 빌렸습니다. 이는 지나치게 욕심을 부린 행동이라고 평가할 수 있습니다.

   오답 피하기 💡

정선: 포레스티에는 마틸드에게 다이아몬드 목걸이를 빌려주며 그것이 가짜라는 사실을 알려 주지는 않았지만, 마틸드를 부러워해서 일부러 가짜 목걸이를 빌려준 것은 아닙니다.

도윤: 마틸드의 남편은 마틸드가 호화로운 파티의 초대장을 받으면 손뼉을 치면서 기뻐할 것이라고 생각했습니다.

동헌: 마틸드 부부가 오랫동안 열심히 일을 한 것은 잃어버린 목걸이를 새로 사느라 빌린 돈을 갚기 위해서이지, 새 다이아몬드 목걸이를 사기 위해서가 아닙니다.

6 마틸드는 파티에 가기 위해 비싼 옷을 사고 친구에게 다이아몬드 ❶목걸이를 빌렸습니다. 파티가 끝나고 집에 돌아온 마틸드는 ❷거울을 보고 목걸이가 사라졌음을 알게 되었습니다. 마틸드 부부는 ❸돈을 빌려 새 목걸이를 사서 친구에게 돌려주었습니다. 그리고 ❹10년 동안 밤낮없이 일해서 빚을 모두 갚았습니다. 어느 날, 우연히 친구를 만난 마틸드는 지난 일을 털어놓았고, 친구는 안타까워하며 빌려주었던 목걸이가 ❺가짜였다는 사실을 알려 주었습니다.

어휘 다지기

2 (1)의 빈칸에는 '밤이나 낮이나 가리지 않고 항상.'이라는 뜻의 '밤낮없이'가, (2)의 빈칸에는 '남에게 갚아야 할 돈.'이라는 뜻의 '빚'이, (3)의 빈칸에는 '수준이나 분수에 맞지 않게.'라는 뜻의 '턱없이'가 들어가는 것이 알맞습니다.

어휘 키우기

3 '마음 심(心)'이 사용된 낱말은 (1)의 '결심(決心)'과 (3)의 '의심(疑心)'입니다. (2)의 '수심(水深)'은 '깊을 심(深)'이 사용된 낱말입니다.

목기린 씨, 타세요!

1 마을버스 **2** ④ 💡키 **3** (3)○

4 (1)○ **5** ⑤

6 ❶천장 ❷목 ❸고습도치 ❹목기린

어휘 다지기

1 (1)③ (2)① (3)②

2 (1)회관 (2)차 (3)까마득히

어휘 키우기

3 (1)ⓒ (2)ⓐ (3)ⓑ

1 목기린 씨는 고슴도치 관장에게 쓴 편지에서 마을버스의 천장을 높여 자기도 버스에 태워 달라고 하였습니다. 따라서 목기린 씨는 화목 마을의 마을버스를 탈 수 있게 해 달라고 요청하기 위해 편지를 보낸 것입니다.

2 고슴도치 관장은 "다음 관장이 될 누군가가 목기린 씨 문제를 자기 대신 해결해 주기를 바라면서" 목기린 씨의 편지를 구석으로 밀었습니다. 이를 통해 고슴도치 관장은 다음 관장 선거에 나가지 않을 것임을 알 수 있습니다.

오답 피하기 ❗

① 목기린 씨는 자신도 마을버스를 탈 수 있도록 마을버스 천장을 높여 달라고 요구했습니다. 또 고슴도치 관장은 마을버스에 버스 한 대를 더 올려도 목기린 씨 키보다 클 것 같지는 않다고 생각했습니다. 이를 통해 목기린 씨는 마을버스 천장보다 키가 크다는 것을 알 수 있습니다.

② 마을버스를 만들겠다는 것은 고슴도치 관장이 선거 때 한 약속이었고, 화목 마을 주민들은 고슴도치 관장을 볼 때마다 약속을 잘 지켰다며 칭찬했습니다.

③ 목기린 씨는 하루도 빠짐없이 고슴도치 관장에게 편지를 보냈습니다.

⑤ 고슴도치 관장은 목기린 씨의 편지를 받을 때마다 스트레스로 가시가 곤두서곤 했습니다.

3 고슴도치 관장은 마을의 1번지에서 10번지까지 주민들을 하나하나 살피며 화목 마을 마을버스를 계획해 만들었습니다.

오답 피하기 ❗

(1) 화목 마을 마을버스가 이미 만들어진 뒤, 목기린 씨가 9번지로 이사를 왔습니다.

(2) 화목 마을 마을버스는 마을의 1번지에서 10번지까지 모두 운행하는 버스입니다.

4 고슴도치 관장은 다음 관장이 목기린 씨의 문제를 해결해 주기를 바라며 목기린 씨의 편지를 계속 무시했습니다. 고슴도치 관장의 이러한 행동은 자신의 일을 다른 사람에게 미루는 무책임한 행동이라고 평가할 수 있습니다.

✏️ **이 문제를 틀렸다면**

나영, 주희, 상호가 고슴도치 관장의 행동을 제대로 파악했는지 확인해 봅니다.

5 이 글에서 목기린 씨는 화목 마을의 다른 주민들보다 키가 크다는 이유로 마을버스를 타지 못하는 불편을 겪었습니다. 그러나 보기 에 제시된 뒷이야기에서 이를 적극적으로 알려 불편을 해소했다는 것을 알 수 있습니다. 그러므로 목기린 씨와 비슷한 경험을 한 친구는 자신이 왼손잡이임을 미술 선생님께 알려, 사용하는 데 불편함이 없는 왼손잡이용 가위를 쓰게 된 강인이입니다.

오답 피하기 ❗

①, ③, ④ 남희, 라경, 지율이는 불편을 겪었지만, 불편한 점을 알려 이를 해소하지는 않았습니다.

② 몸이 불편하신 할아버지를 배려한 창민이의 경험은 목기린 씨의 경험과 비슷하다고 보기 어렵습니다.

6 목기린 씨는 마을버스의 ❶천장을 높여 버스를 탈 수 있게 해 달라고 하루도 빠짐없이 고슴도치 관장에게 편지를 보냈습니다. 9번지에 이사 온 목기린 씨는 ❷목이 길어 마을버스를 탈 수 없었기 때문입니다. 마을버스를 만든 ❸고슴도치 관장은 목기린 씨의 편지를 구석으로 밀어 두고 모른 척했습니다. 9번지인 집에서 사무실이 있는 1번지까지 걸어가야 하는 ❹목기린 씨는 2번지 정거장 의자에 앉아 땀을 식혔습니다.

어휘 다지기

2 (1)의 빈칸에는 '집회나 회의 등을 목적으로 지은 건물.'이라는 뜻의 '회관'이, (2)의 빈칸에는 '어떠한 일을 하던 기회나 순간.'이라는 뜻의 '차'가, (3)의 빈칸에는 '거리가 매우 멀어서 보이는 것이나 들리는 것이 희미하게.'라는 뜻의 '까마득히'가 들어가는 것이 알맞습니다.

어휘 키우기

3 '타다'는 형태는 같지만 뜻이 서로 다른 동형어입니다. (1)에는 탈것에 몸을 얹는다는 ⓒ의 뜻이, (2)에는 불이 붙어 불꽃이 일어난다는 ⓐ의 뜻이, (3)에는 액체에 가루를 넣어 섞는다는 ⓑ의 뜻이 알맞습니다.

(11) 128~139쪽

서로 다른 의견 비교하기

① 두 글에서 공통으로 다루는 대상이 무엇인지 파악합니다.

② 각각의 글이 제시하는 주장과 근거를 살펴보고, 어떠한 차이가 있는지 비교해 봅니다.

확인 문제
129쪽

1 (2)○ **2** 장려, 피해

1 글 **가**와 **나**에서 다루는 대상은 모두 '거리 공연'입니다.

✎ **이 문제를 틀렸다면**
두 글에서 자주 등장하는 말이 무엇인지 확인해 봅니다.

2 글 **가**는 거리 공연의 긍정적인 측면(아마추어 음악가가 자신의 음악을 들려줄 수 있음, 사람들이 공연장에 가지 않아도 음악을 즐길 수 있음, 지역에 특색 있는 문화가 형성됨)을 들어, 하나의 예술 문화인 거리 공연을 정부가 장려해야 한다고 주장하고 있습니다. 글 **나**는 거리 공연의 부정적인 측면(음악이 누군가에게 소음일 수 있음, 늦은 밤에 주민들의 휴식과 수면을 방해함, 통행을 막아 불편을 줌)을 들어, 다른 사람들에게 피해를 주는 거리 공연을 정부가 규제해야 한다고 주장하고 있습니다.

✎ **이 문제를 틀렸다면**
글 **가**와 **나**에서 글쓴이의 주장이 직접적으로 나타나 있는 문장을 찾아봅니다.

연습
130~131쪽

양날의 검, 칭찬 스티커

1 칭찬 스티커 **2** ④ 💡분위기

3 (2)✕ **4** 마루

1 글 **가**는 칭찬 스티커 제도의 긍정적인 영향에 주목하며 칭찬 스티커 제도에 찬성합니다. 글 **나**는 칭찬 스티커 제도의 부정적인 영향을 강조하며 칭찬 스티커 제도에 반대합니다. 따라서 두 글에서 공통으로 다루는 대상은 '칭찬 스티커 제도'입니다.

2 칭찬 스티커 제도가 시행될 경우 친구끼리 비교하고 순위를 매기는 분위기가 만들어진다는 것은 글 **나**의 글쓴이가 이 제도에 반대하며 제시한 근거입니다.

✎ **이 문제를 틀렸다면**
주장하는 글에서 근거가 여러 개일 때는 '첫째, 둘째, 셋째'와 같은 낱말을 써서 나열하기도 합니다. 이를 이해한 뒤, 글 **가**와 **나**에 나열된 근거를 하나씩 파악해 봅니다.

3 글 **나**의 글쓴이가 설명한 ㉠의 내용은 대가를 바라고 선행을 하게 되는 것, 서로 비교하는 학급 분위기가 만들어져 친구들 사이에 갈등이 생기는 것, 칭찬 스티커를 적게 받은 사람이 마음에 상처를 받는 것입니다. 응원과 격려의 말로 올바른 행동을 북돋아 준다는 것은 ㉠의 내용이 아니라, ㉠을 극복할 대안으로 글쓴이가 제시한 방법입니다.

4 글 **가**의 글쓴이는 1문단에서 칭찬 스티커 제도에 찬성한다는 주장을 밝혔고, 글 **나**의 글쓴이는 1문단에서 칭찬 스티커 제도에 반대한다는 주장을 밝혔습니다.

오답 피하기 ❗

서율: 글 **가**와 **나**의 글쓴이는 모두 주장에 대한 근거를 세 가지씩 들고 있으므로 알맞지 않습니다.

우리: 글 **가**에는 칭찬 스티커를 모으는 과정에서 성취감을 느낄 수 있다는 내용이, 글 **나**에는 칭찬 스티커를 적게 받은 학생이 자신감을 잃고 위축될 수 있다는 내용이 나오므로 알맞지 않습니다.

초등학생과 스마트폰

1 반대, 찬성   2 ②, ③   3 ㉮

4 ①   5 (4)○ 💡지식

6 ❶ 집중 ❷ 유해한 ❸ 소통 ❹ 학습

어휘 다지기

1 (1)③ (2)① (3)②

2 (1) 필수적 (2) 자제력 (3) 수시로

어휘 키우기

3 (1) ㉢ (2) ㉡ (3) ㉠

---

1 초등학생에게 스마트폰이 필요한지에 대해 글 ㉮ 의 글쓴이는 반대하고, 글 ㉯ 의 글쓴이는 찬성하고 있습니다. 이는 글 ㉮ 의 "초등학생에게 스마트폰이 필요하지 않다고 생각합니다."와 글 ㉯ 의 "초등학생에게 스마트폰이 필요하다고 생각합니다."를 통해 명확히 알 수 있습니다.

2 글 ㉮ 의 글쓴이는 어린이는 호기심이 많고 아직 판단력이 부족해 유해한 콘텐츠에 빠져들 위험이 크다고 했을 뿐, 스마트폰을 장시간 사용하면 판단력이 부족해진다고 하지는 않았습니다(②). 이와 관련하여 글쓴이가 근거로 제시한 내용은 2문단의 "스마트폰을 장시간 사용하는 것은 뇌 기능이 발달하는 데 악영향을 줍니다."입니다. 또 글쓴이는 스마트폰으로 접근할 수 있는 콘텐츠에는 흥미롭고 유용한 정보도 있다고 했지만, 이는 주장에 대한 근거로 사용된 내용이 아닙니다(③).

✏️ **이 문제를 틀렸다면**

①은 2문단을, ④는 3문단을, ⑤는 1문단을 확인해 봅니다.

3 글 ㉯ 의 글쓴이는 스마트폰을 이용하면 책을 읽다가 궁금한 것이 생겼을 때 바로바로 검색할 수 있고, 사진이나 동영상과 같은 자료도 마음껏 볼 수 있어 학습에 도움이 된다고 하였습니다. 그러나 스마트폰을 이용하면 책을 마음껏 볼 수 있다는 내용은 없습니다.

✏️ **이 문제를 틀렸다면**

㉯는 1문단을, ㉱는 3문단을 확인해 봅니다.

4 ㉠의 앞 문장은 어린이가 어른에 비해 자제력이 부족하다는 내용이고, ㉠의 뒤 문장은 어린이가 쉽게 스마트폰에 중독될 수 있다는 내용입니다. 앞 내용이 원인이 되어 뒤의 결과로 이어지는 것이므로, ㉠에는 원인과 결과를 이어 주는 말인 '그래서'가 들어가는 것이 알맞습니다.

✏️ **이 문제를 틀렸다면**

이어 주는 말의 앞뒤 문장이 어떻게 연결되는지 살펴보고, 앞과 뒤의 내용을 자연스럽게 이어 주는 말이 무엇일지 짐작해 봅니다.

5 글 ㉮ 의 글쓴이는 1문단에서 스마트폰에 정신을 빼앗기면 학교에서도 공부에 집중하기 어려울 것이라며 스마트폰이 학습을 방해한다고 하였습니다. 반면 글 ㉯ 의 글쓴이는 2문단에서 스마트폰을 잘 활용하면 우리의 지식과 경험을 넓혀 주어 학습에 도움이 된다고 하였습니다.

⚠️ **오답 피하기**

(1) 글 ㉯ 의 글쓴이만 스마트폰이 어린이의 안전을 지켜 준다고 하였습니다.

(2) 글 ㉮ 의 글쓴이는 어린이가 자제력과 판단력이 부족하고 호기심이 많다고 하였습니다.

(3) 글 ㉮ 의 글쓴이는 스마트폰이 건강에 해롭다고 하였지만, 글 ㉯ 의 글쓴이는 스마트폰과 건강을 관련지어 이야기하지 않았습니다.

6 글 ㉮ 의 글쓴이는 초등학생에게 스마트폰이 필요하지 않다고 주장합니다. 그 근거는 스마트폰에 정신을 빼앗기면 학교에서 공부에 ❶집중하기 어렵고, 스마트폰을 오래 사용하면 건강에 해로우며, ❷유해한 콘텐츠에 노출되기 쉽다는 것입니다. 반면 글 ㉯ 의 글쓴이는 초등학생에게 스마트폰이 필요하다고 주장합니다. 그 근거는 스마트폰이 필수적인 ❸소통 수단이고, ❹학습에 도움이 되며, 안전을 지켜 준다는 것입니다.

어휘 다지기

2 (1)의 빈칸에는 '꼭 있어야 하거나 해야 하는 것.'이라는 뜻의 '필수적'이, (2)의 빈칸에는 '자기의 감정이나 욕망을 스스로 억누르고 다스리는 힘.'이라는 뜻의 '자제력'이, (3)의 빈칸에는 '아무 때나 늘.'이라는 뜻의 '수시로'가 들어가는 것이 알맞습니다.

어휘 키우기

3 '떨어지다'는 한 낱말이 여러 가지 뜻을 가진 다의어입니다. (1)에는 일정한 거리를 두고 있다는 ㉢의 뜻이, (2)에는 다른 것보다 수준이 낮다는 ㉡의 뜻이, (3)에는 위에서 아래로 내려진다는 ㉠의 뜻이 알맞습니다.

식량 위기를 해결할 방법

1 식량 위기　　**2** (1) ㉠, ㉣ (2) ㉡, ㉢

3 ④ ⚡자동　　**4** 가　　　　**5** ③

6 ❶ GMO ❷ 생산량 ❸ 스마트 팜 ❹ 환경

어휘 다지기

1 (1) ① (2) ② (3) ③

2 (1) 최첨단 (2) 생태계 (3) 변형

어휘 키우기

3 (1) V (2) V

---

1 글 가와 나에서는 극심한 식량 위기를 극복할 대안으로 각각 GMO와 스마트 팜을 들고 있습니다. 따라서 글 가와 나의 제목의 빈칸에 공통으로 들어갈 말은 '식량 위기'입니다.

✎ **이 문제를 틀렸다면**

글 가와 나의 글쓴이가 어떤 문제를 극복하고 해소하려 하는지 파악해 봅니다.

2 글 가의 2문단에서 GMO는 살충제를 쓰지 않고도 품질이 좋은 농산물을 수확할 수 있고(㉣), 농산물의 생산량을 크게 늘릴 수 있다고 하였습니다(㉠). 한편 글 나의 1문단에서는 GMO를 오랫동안 섭취했을 때 인간에게 어떤 문제가 생기는지 알 수 없고(㉢), 새로운 종류의 작물인 GMO가 기존의 생태계를 파괴할 가능성이 있다고 하였습니다(㉡).

3 ㉠은 사람이 아닌 컴퓨터가 알아서 농장의 온도와 습도를 조절하는 '똑똑한 농장'입니다.

오답 피하기 ❗

스마트 팜은 최첨단 농업 기술을 적용한 농장으로(②), 작물에 필요한 영양소를 제때 공급해 줍니다(⑤). 이렇게 작물에 적합한 환경을 자동으로 유지하기 때문에 생산량을 수십 배까지 높일 수 있고(③), 기후에 영향을 받지 않아 1년 내내 작물을 생산할 수 있습니다(①).

4 제시된 의견은 GMO 기술을 활용하면 농사를 짓기 힘든 땅에서도 작물을 수확할 수 있다는 뜻이므로, GMO가 식량 위기를 극복할 대안이라는 글 가의 주장을 뒷받침합니다.

✎ **이 문제를 틀렸다면**

글 가와 나에서 글쓴이의 주장이 드러난 문장을 찾아봅니다. 글 가는 2문단의 마지막 문장에서, 글 나는 1문단과 2문단의

마지막 문장에서 글쓴이의 주장을 확인할 수 있습니다.

5 글 가는 식량 위기를 해소할 방법으로 GMO를 들고 있으나, 글 나는 GMO가 식량 위기를 극복할 완벽한 대안이 아니므로 스마트 팜 기술을 발전시켜 식량 위기를 해소해야 한다고 주장합니다. 따라서 글 나는 글 가와 다른 방법으로 식량 위기를 해소할 것을 주장하고 있습니다.

오답 피하기 ❗

① 두 글 모두 식량 위기의 원인에 대해서는 언급하지 않았습니다.

② 글 가는 GMO의 필요성을, 글 나는 GMO의 위험성을 강조하고 있습니다.

④ 글 가와 나 모두 GMO 소비를 줄이는 실천 방법을 소개하고 있지 않습니다.

⑤ 글 가는 식량 부족을 겪는 사람의 수를 구체적으로 제시하고 있으나, 글 나에는 구체적인 수치를 제시하는 부분이 없습니다.

6 글 가와 나는 모두 전 세계적인 식량 위기에 대해 다루고 있습니다. 글 가는 ❶GMO를 통해 식량 위기를 극복하자고 주장합니다. GMO는 살충제를 쓰지 않고도 품질이 좋은 작물의 ❷생산량을 크게 늘릴 수 있다는 것이 그 근거입니다. 반면 글 나는 GMO가 식량 위기를 극복할 완벽한 대안이 아니기 때문에 ❸스마트 팜 기술을 발전시켜 식량 위기를 해소하자고 주장합니다. 그 근거로 스마트 팜이 작물에 적합한 ❹환경을 자동으로 유지하여 생산량을 수십 배까지 높일 수 있다는 점을 들고 있습니다.

어휘 다지기

2 (1)의 빈칸에는 '시대나 유행, 기술 등의 맨 앞.'이라는 뜻의 '최첨단'이, (2)의 빈칸에는 '일정한 지역이나 환경에서 여러 생물들이 서로 적응하고 관계를 맺으며 어우러진 자연의 세계.'라는 뜻의 '생태계'가, (3)의 빈칸에는 '모양이나 형태를 달라지게 함.'이라는 뜻의 '변형'이 들어가는 것이 알맞습니다.

어휘 키우기

3 '해로울 해(害)'가 사용된 낱말은 (1)의 '손해(損害)'와 (2)의 '침해(侵害)'입니다. (3)의 '화해(和解)'는 '풀 해(解)'가 사용된 낱말입니다.

인물의 가치관을 삶에 적용하기

① 인물이 어떤 일을 겪고 있는지 살펴봅니다.
② 인물이 처한 상황에서 인물이 한 행동과 말, 생각 등을 통해 인물이 지닌 가치관을 파악합니다.
③ 인물의 가치관에서 본받을 점을 생각해 봅니다.

확인 문제
141쪽

1 ㉠ **2** (1) ○

1 박동진이 우연히 판소리 공연을 보게 된 것(㉠)은 그가 판소리를 배우는 계기가 된 사건일 뿐, 이를 통해 그의 가치관을 알기는 어렵습니다.

오답 피하기 💡
㉡ 목이 상했음에도 좌절하지 않고 하루에 열여덟 시간씩 혹독하게 훈련하는 박동진의 모습에서, 힘든 상황에서도 판소리를 위해 노력하는 가치관을 엿볼 수 있습니다.
㉢ 밤낮없이 연습에 매달려 결국 우리나라 최초로 판소리 다섯 마당을 완창하는 데 도전한 박동진의 모습에서, 하고 싶은 일을 위해 꾸준히 노력하는 가치관을 짐작할 수 있습니다.
㉣ 일흔이 넘은 나이에도 판소리를 계속하고 싶다는 박동진의 말에서, 하고 싶은 일에 열정을 가지고 임하는 가치관을 파악할 수 있습니다.

2 1번 문제의 ㉡, ㉢, ㉣ 외에도 학교를 그만두고 전국을 돌아다니며 판소리를 배우는 모습, 소리꾼이 되어 판소리 연습에 힘을 쏟는 모습, 나이가 들어서도 공연 요청이 있으면 어디든 달려가는 모습 등을 통해 하고 싶은 일에 열정을 가지고 끊임없이 노력하는 그의 가치관을 확인할 수 있습니다.

✏️ **이 문제를 틀렸다면**
박동진이 한 일과 그의 말과 행동을 근거로 가치관을 짐작해 봅니다.

레 미제라블

1 ④ 💡은그릇 **2** (1) ○ **3** ㉣
4 민영

1 신부님은 장 발장에게 아침에 따뜻한 우유를 가져다 주겠다고 했지만, 장 발장은 신부님이 잠든 사이에 은그릇을 훔쳐 도망쳤습니다.

오답 피하기 💡
⑤ 장 발장은 침실로 가다가 가정부가 신부님의 방 벽장에 은그릇들을 넣는 것을 보았습니다.

2 신부님은 경찰들에게 자신이 장 발장에게 은그릇과 은촛대를 선물했다고 말하며, 장 발장에게 은촛대를 건넸습니다.

✏️ **이 문제를 틀렸다면**
(1)~(3)의 장면과 관련된 신부님의 말과 행동을 글에서 찾아봅니다.

3 ㉠의 뒤 내용에서 신부님은 장 발장이 은그릇을 훔친 것 같아 데려왔다는 경찰들에게 "제가 선물로 은그릇과 은촛대를 드렸습니다. 오해가 풀렸다면 이제 저분을 놓아주시지요."라고 말했습니다. 그러므로 신부님이 ㉠과 같이 말한 것은 장 발장에 대한 경찰들의 의심을 풀어 주기 위해서라고 짐작할 수 있습니다.

오답 피하기 💡
㉮ 신부님은 경찰들이 장 발장을 잡아가지 않도록 그의 잘못을 숨겨 주었으므로, 장 발장이 직접 잘못을 고백하기를 바랐다는 짐작은 알맞지 않습니다.
㉯ 장 발장이 은그릇을 훔쳐 간 것을 알게 된 신부님이 "아무래도 필요한 사람에게 잘 찾아간 것 같군요."라고 말하며 아무 일도 없었다는 듯이 행동한 것으로 보아, 장 발장이 은그릇만 훔쳐 간 까닭을 궁금해했다고 보기 어렵습니다.

4 신부님은 은그릇을 훔친 장 발장을 용서하고, 그가 경찰들에게 붙잡혀 가지 않고 정직한 사람이 될 기회를 주었습니다. 따라서 넓은 마음으로 다른 사람의 잘못을 용서해야겠다는 민영이가 신부님의 가치관을 자신의 삶에 알맞게 적용한 친구입니다.

오답 피하기 💡
수교: 장 발장은 은그릇을 훔쳤다는 오해를 받고 있었던 것이 아니라, 실제로 남의 물건을 훔치는 잘못을 저질렀습니다. 따라서 오해를 받은 사람을 도와주겠다는 것은 신부님의 가치관을 잘못 파악한 것입니다.

외짝 꽃신의 꿈

1 ③   **2** (3) ○   **3** ㉯, ㉰

4 ① 💡 행복   **5** (2) ○

6 ❶ 꿈 ❷ 꽃신 ❸ 풀잎 ❹ 풀밭 ❺ 보람

어휘 다지기

1 (1) ② (2) ① (3) ③

2 (1) 볼품 (2) 자격 (3) 외짝

어휘 키우기

3 (1) ㉠ (2) ㉢ (3) ㉡

---

1 빗물들은 마른 풀잎들의 차분한 태도를 보며 남이 모르는 값진 보물을 품고 있는 것처럼 보인다고 생각했습니다. 그러나 남이 모르는 값진 보물을 가지는 것이 빗물들의 꿈은 아니며, 이 글에서 빗물들의 꿈은 드러나지 않습니다.

2 이 글은 마른 풀밭 위에 홀로 있던 외짝 꽃신 안에 빗물들이 고여 서로 대화를 나누는 내용입니다. 따라서 이 글을 읽고 떠올릴 수 있는 장면은 (3)입니다.

오답 피하기 💡

(1) 이 글의 내용과 달리, 꽃신이 외짝이 아니라 한 켤레이며 꽃신 안에 빗물이 고여 있지 않습니다.

(2) 이 글에는 아이가 꽃신이 나오는 꿈을 꾸는 내용이 나오지 않습니다.

3 이 글의 인물은 꽃신, 빗물, 풀잎과 같은 사물이며(㉯), 이들의 말과 행동을 통해 마음을 짐작할 수 있습니다(㉰).

오답 피하기 💡

㉮ 이 글에서 계절이 변화하지는 않습니다.

㉱ 꽃신, 빗물, 풀잎이 사람처럼 대화를 나누고 있으므로 현실 세계에서 일어난 일을 다루고 있다고 보기 어렵습니다.

4 풀잎들이 "행복이란 남을 위해 무슨 일인가 할 때 생기는 거야."라고 했을 때, 빗물들은 풀잎이 바싹 마르고 볼품이 없는 모습이라 행복할 일이 하나도 없을 것 같고 행복을 말할 자격도 없어 보인다고 말했습니다. 이는 풀잎의 모습을 은근히 흉보며 비웃은 것입니다. 따라서 빗물들이 이 말을 조금 '놀리는' 투로 했을 것이라고 짐작할 수 있습니다.

✏️ **이 문제를 틀렸다면**

빗물들이 자기 밑에 있는 풀잎들을 바라보며 어떤 생각을 했는지, 그리고 풀잎들에게 어떻게 말했는지 확인해 봅니다.

5 풀잎들은 행복이란 자신만을 위해서가 아니라 남을 위해 무엇을 할 때 생기는 것이며, 동물들과 곤충들의 행복한 삶을 생각하며 풀밭을 푸르게 만들 것이라고 말했습니다. 이를 통해 다른 사람을 도우며 더불어 사는 것이 행복이라고 생각하는 풀잎들의 가치관을 짐작할 수 있습니다.

오답 피하기 💡

(1), (3) 풀잎들은 정직한 삶이나 노력하여 꿈을 이루는 삶에 대해 말하지 않았습니다.

6 외짝 꽃신은 빗물들이 행복해지는 ❶꿈이 생겼다고 갑자기 생각난 듯 말했습니다. 그러나 빗물들은 작은 ❷꽃신에 갇혀서는 행복해질 수가 없다고 생각해 난처했습니다. 그때, 빗물 밑에 있던 마른 ❸풀잎들이 행복이란 남을 위해 무슨 일인가 할 때 생기는 것이라고 말했습니다. 빗물들은 바싹 마른 풀잎의 모습을 보고 행복을 말할 자격이 없어 보인다고 말했지만, 풀잎들은 여름과 폭풍우를 이겨 내며 만든 풀씨가 ❹풀밭을 푸르게 만들 것이라고 자랑스럽게 말했습니다. 그러자 외짝 꽃신과 빗물들은 풀잎들이 남을 위해 ❺보람 있는 일을 했다고 속삭이듯 말했습니다.

어휘 다지기

2 (1)의 빈칸에는 '겉으로 드러나 보이는 모습.'이라는 뜻의 '볼품'이, (2)의 빈칸에는 '일정한 신분이나 지위를 얻기 위해 필요한 조건이나 능력.'이라는 뜻의 '자격'이, (3)의 빈칸에는 '짝을 이루지 못하고 단 하나만 있는 것.'이라는 뜻의 '외짝'이 들어가는 것이 알맞습니다.

어휘 키우기

3 '묻다'는 형태는 같지만 뜻이 서로 다른 동형어입니다. (1)에는 무언가가 달라붙는다는 ㉠의 뜻이, (2)에는 대답을 요구하며 말한다는 ㉢의 뜻이, (3)에는 물건을 흙에 넣어 보이지 않게 쌓아 덮는다는 ㉡의 뜻이 알맞습니다.

한글을 사랑한 주시경

1 ⑤ 💡우리글   **2** ㉮   **3** (1) ×

4 ④   **5** (2) ○

6 ❶선비 ❷한문 ❸배재 학당 ❹일본 ❺말의 소리

어휘 다지기

1 (1) ③ (2) ② (3) ①

2 (1) 사사건건 (2) 신념 (3) 자주권

어휘 키우기

3 (1) 벌리고 (2) 벌인 (3) 벌였다

---

1 주시경은 열두 살에 서당에서 한문을 배우면서 차츰 우리글에 관심을 가지게 되었습니다.

✏️ **이 문제를 틀렸다면**

①은 3문단을, ②와 ④는 4문단을, ③은 1문단을 읽으며 확인해 봅니다.

2 2문단의 "주시경은 배재 학당에 입학해 수학, 영어, 지리 등 새로운 학문을 배우며"라는 내용을 통해 배재 학당에서 새로운 학문을 가르쳤음을 확인할 수 있습니다.

오답 피하기 ❗

㉯『말의 소리』는 주시경이 그동안의 한글 연구를 모아 발간한 책입니다.

㉰ 3문단의 "우리글을 가르쳐 달라는 곳이면 어디든 달려가다 보니 주말에도 쉴 틈이 없었습니다."를 통해 우리글을 배우려는 사람들이 많았음을 확인할 수 있습니다.

㉱ 청나라와 일본이 우리 땅에서 전쟁을 벌인 것은 1894년입니다.

3 주시경이 열두 살에 큰아버지를 따라 서울로 간 일은 주시경이 서당에서 한문을 배우며 우리글에 관심을 가지게 된 계기가 되었습니다. 그러나 이는 우연한 사건으로, 이를 통해 주시경의 가치관을 짐작하기는 어렵습니다.

✏️ **이 문제를 틀렸다면**

(2)와 (3)의 모습에서 짐작할 수 있는 주시경의 가치관은 무엇인지 생각해 봅니다.

4 주시경은 우리나라가 자주권을 지키기 위해서 더 많은 사람이 우리글을 알아야 한다고 생각했고, "한 나라가 잘되고 못 되는 열쇠는 그 나라의 국어를 얼마나 사랑하느냐에 있다."라고 말했습니다. 또한 주시경의 가르침을 이어받은 제자들은 일본의 탄압 속에

서도 한글을 지켜 냈습니다. 따라서 주시경의 신념인 ㉠에 들어갈 알맞은 말은 '민족의 정신이 담긴 우리글을 지켜야 한다'는입니다.

5 제시된 기사에서는 한글을 '촌스럽다'고 생각하는 경향 때문에 거리의 많은 간판이 외국어로만 쓰여 있는 현실을 알려 주고 있습니다. 한편 이 글에서는 민족의 정신이 담긴 우리글을 소중히 여기며 자랑스러워하는 주시경의 가치관을 확인할 수 있습니다. 따라서 이 글과 제시된 기사를 읽고 주시경의 가치관을 자신의 삶에 알맞게 적용한 친구는 우리글을 자랑스럽게 생각해야겠다고 말한 혜리입니다.

오답 피하기 ❗

(1) 외국어로만 쓰인 간판을 문제라고 인식하지 못하고, 외국어 공부를 열심히 해야겠다고 다짐한 윤아는 우리글을 자랑스러워한 주시경의 가치관을 알맞게 적용하지 못했습니다.

6 주시경은 1876년에 가난한 ❶선비의 아들로 태어났습니다. 열두 살이 되던 1887년, 주시경은 큰아버지를 따라 서울로 가 서당에서 ❷한문을 배우다가 차츰 우리글에 관심을 가지게 되었습니다. 1894년, 열아홉 살이 된 주시경은 ❸배재 학당에 입학해 새로운 학문을 배우며 본격적으로 우리글 연구에 몰두하였습니다. 갈수록 일본의 간섭이 심해지는 상황에서 우리글 교육이 중요하다고 생각한 주시경은 쉴 틈 없이 우리글 강의를 하러 다녔습니다. 1910년, ❹일본에 나라를 빼앗기자 주시경은 우리글을 지켜야 한다는 신념이 더욱 커졌으며, 1914년에는 그동안의 연구를 모아 『❺말의 소리』라는 책을 발간하였습니다.

어휘 다지기

2 (1)의 빈칸에는 '해당되는 모든 일마다.'라는 뜻의 '사사건건'이, (2)의 빈칸에는 '굳게 믿는 마음.'이라는 뜻의 '신념'이, (3)의 빈칸에는 '국가가 국내 문제나 대외 문제를 자기 뜻대로 자유롭게 결정할 수 있는 권리.'라는 뜻의 '자주권'이 들어가는 것이 알맞습니다.

어휘 키우기

3 '벌리다'와 '벌이다'는 뜻이 다르지만 글자가 비슷하여 헷갈리는 말입니다. (1)에서는 붙어 있는 입술 사이를 멀게 한 것이므로 '벌리고'가 알맞습니다. (2)에서는 일을 계획하여 시작한 것이므로 '벌인'이 알맞습니다. (3)에서는 모금 운동을 계획하여 펼친 것이므로 '벌였다'가 알맞습니다.

MEMO

추론독해 용선생 3

정답과 해설

추론독해 ^{용선생} 3